云南文库

学术名家文丛

苗启明学术文选

苗启明 著

雲南大學出版社
雲南人民出版社

作者简介

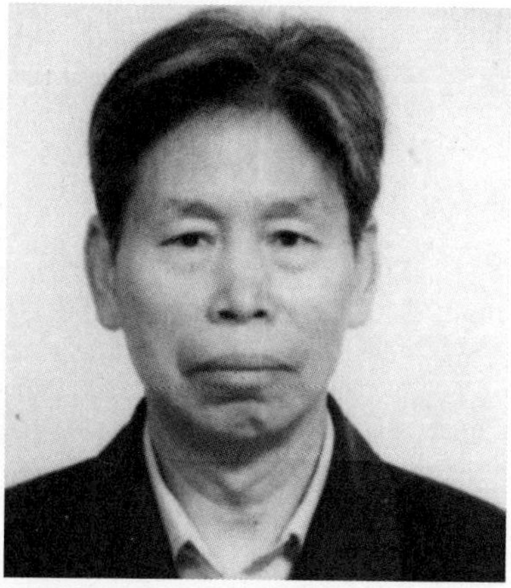

苗启明，河南省济源市人。云南省社会科学院哲学研究所研究员。1964 年毕业于云南大学中文系，1984 年考入云南省社会科学院。1995 年任哲学所长，1996 年获国务院专家特殊津贴。2001 年元旦退休。早期主要从事辩证逻辑、思维方式和美学研究，退休后主要从事重新理解马克思的研究，提出广义马克思主义和其哲学基础：人类学—哲学，在这几方面都有建树。“唯真理是求，格正义而张”，是平生所志。

总　序

中共云南省委书记 李纪恒

“盖文章，经国之大业，不朽之盛事。”一部承载责任与使命的好作品，必将是一部千古不朽的立言典范，也必将是一部历久弥新的传世教科书。千百年来特别是明代以来，许多贤人君子和名人大家在广袤的云岭大地耕耘、思考和写作，留下了闪光的足迹和丰厚的作品，足以飨及后进，启迪晚辈。在搜集、遴选和整理云南明代以来学术大家、学术名家著作的基础上，由云南宣传部门牵头推出了《云南文库》，这一丛书的面世诚为云南学术研究和出版界之盛事。

编纂《云南文库》是传承云南地域文明、提高云南文化自觉的有益尝试。“七彩云南”这片神奇的土地孕育了对中国乃至世界文明都有重要影响的古人类，造就了云南文化的丰厚积淀，从而构成了博大精深的云南文化艺术宝库。作为中华文化圈、印度文化圈和东南亚文化圈的交汇地，云南自古以来都不缺乏学贯中西的大师和博古通今的大家，从来都不缺乏魅力四射的光辉著作和壮美奇绝的文化遗存。其中，许多学术作品都凝聚了深邃的思想和超凡的智慧，体现了鲜明的地域特色和民族特色，彰显了有云南自身特点的知识谱系和学术传统。今天，我们将历史长河中的明珠拾起，用心记载云南学术史上的灿烂篇章，正是为了守护云南优秀的地域文化，为了汲取进一步繁荣发展云南哲学社会科学的养分和动力，进而筑牢云南文化自信的根基。

编纂《云南文库》是树立云南文化品牌、增强云南文化影响力的重要举措。云南文化是中华文化的有机组成部分，其悠久的历史文化、多彩的民族文化、独特的生态文化、包容的宗教文化，已经成为文化百花园中一枝流光溢彩、香飘四海的奇葩。千百年来，云南学者中英奇瑰伟之士以及众多寓居云南的外省学者念兹在兹，深植于云南沃土，扎根于传统文化，不懈探索、勤奋撰述，留下了一批经得住历史和实践检验的珍贵成果。特别是抗战时期，随着西南联合大学和相关研究机构的到来，昆明一时风云际会，云集了大批我国现代学术史上开宗立派的学术大师和著名专家，云南成为当时中国学术中心之一，诞生了大批学术经典。新中国成立后，云南学术研究取得很大进展，研究队伍空前壮大，学科建设卓有成效，学术成果日益丰硕，推出了一批享誉国内外的学术精品。近年来，《云南史料丛刊》《云南丛书》等一批历史文献和地方文献丛书相继刊印，云南文化的影响力和竞争力不断增强。今天，我们隆重推出《云南文库》，就是要为更多的人了解云南、熟悉云南、研究云南搭建一个平台和载体，为云南的经济社会发展、文化建设、文史学术研究等提供有益的历史借鉴，为在更广领域传播云南文化、打造云南品牌、增强云南软实力创造更好条件。

编纂《云南文库》是保障人民群众的基本文化权益的有效途径。文化建设的根本就是要用健康高雅的艺术、用智慧明辨的思想、用善良温厚的德行启迪人、引导人。编纂《云南文库》一个重要目的是丰富人民群众的精神文化生活、增进人民群众的幸福感。此次收入《云南文库》的著作，涉及哲学、历史、文学、语言、艺术、民族、宗教、政治、军事、外交等诸多方面，包含着丰富的自然、社会和人生哲理知识，体现了高度的人文关怀。阅读这些著作，有助于培育读者自尊自信、理性平和、积极向上的心态，有助于引导人们去发现、享用、珍惜世界和人生之美，能使大众的精神世界得以滋养和美化、人格得以陶冶和熏陶、心灵得以安顿和抚慰、情感得以丰富和升华，从而更好地满足人民群众多层次、多方面、多样性的审美需求。

编纂《云南文库》是推动云南跨越发展的必然要求。云南早在1996年就提出了建设“民族文化大省”的目标，是全国最早提出建设民族文化大省的省份之一。2000年，我省正式确立了“建设绿色经济强省、民族文化大省和中国连接东南亚南亚的国际大通道”的三大目标，把文化事业和文化产业的发展纳入了全省经济社会发展战略的范畴。2009年召开的中共云南省委八届八次全委会，作出了把云南建设成为“绿色经济强省、民族文化强省、中国面向西南开放的桥头堡”的重大决策，把云南文化建设推向了一个新的阶段。2011年11月，云南省第九次党代会进一步明确了科学发展、和谐发展、跨越发展的发展主题，要求更加自觉、更加主动地推动文化大发展大繁荣。当前，云南人民正豪情满怀地沿着建设民族文化强省的道路阔步前行，具有云南特色的文化模式已经也必将进一步焕发动人而耀眼的光芒。我们将以打造《云南文库》等一批社科品牌和文化精品为契机，继承优良传统，发挥优势，突出特色，以面向现代化、面向世界、面向未来的宏大眼光，锐意进取，积极开展学术研究，努力创造出无愧于时代、无愧于人民、无愧于历史的优秀学术成果和文化产品，更好地弘扬以高远、开放、包容的高原情怀和坚定、担当、务实的大山品质为主要内容的云南精神。

《云南文库》最终得以发行，首先是众位先贤心血和智慧的结晶。在此，我们要对创造了云南学术精品并因此而为中华文化做出杰出贡献的学者们表示崇高的敬意！在《云南文库》的编纂过程中，相关编纂单位、出版单位和参加整理的学者，以高度的责任感和使命感，兢兢业业地做好编校和出版工作，正是有了他们的辛勤劳动和精心工作，才有如今的翰墨流芳。在此，我要诚恳地道一声，大家辛苦了！《云南文库》从构想走向现实，离不开众多读者和社会各界人士的支持，我也一并向你们表示诚挚的谢意！同时，衷心希望同志们一如既往地为云南文化建设献智献策，欢迎更多的同仁志士参与到云南文化建设的伟大事业中来！

谨为序。

目 录
Contents

马克思人类学—哲学范式对人和人类社会的关注

导论：马克思主义哲学研究的新天地：人和人类世界

马克思作为在哲学上开天辟地的哲学家，对自己的哲学观和哲学理念有许多表述。1841年，他的博士论文借对古代原子论的评价，为自由创造精神探索本体论的根据。1842年，他表明了他的新哲学观，强调哲学对现实的干预性，称之为“真正的哲学”“当代世界的哲学”。1843年，他强调其哲学的人本性，强调“人是人的最高本质”和“全人类解放”。1844年，他强调其哲学的人类学特性：从人的人类学特质和它与自然界的关系出发研究人和人类世界。1845年，他明确强调其哲学是作为实践的哲学，是“改变世界”的哲学，并表示这是一种“新唯物主义”，它要以“社会化了的人类”为“立脚点”把握人和人类世界。然而，对所有这些极为宝贵的哲学思想，他只是点出，大多未作深入阐述。1846年，他进而深入强调这种哲学的历史观（而不是其全部哲学思想）是“唯物史观”，并在理论上对其作了明确的表述。1848年，他以“每个人的自由发展是一切人的自由发展的条件”来概括他的整个哲学精神。1859年，他在概述这一历史观时，以生产力的发展为动力指明了人类历史发展的一般规律。而在《资本论》中，马克思进一步强调了他的关于人类世界的辩证法。对此，我们曾经概括为社会人本论、人本实践论、人本历史观、人本辩证法和人本解放论及人的合理生存论等。然而，面对马克思这些极为重要的哲学构建，后继者是如何理解的呢？

一、对马克思哲学的不同理解

马克思哲学的后继者们，对马克思的哲学主要有如下几种理解：

（一）恩格斯的“唯物主义”与“历史唯物主义”

对马克思哲学思想的理解，决定性的是恩格斯。恩格斯一是对他和马克思的唯物主义有明确的强调，指出“唯物主义不过是抛弃任何不切实际的唯心主义怪想而已，除此以外没有别的”。这就否定了以物质世界为对象的旧唯物主义在马克思主义哲学中的合理性。但是，当恩格斯把黑格尔的辩证法改造成为对整个世界的普遍联系的把握，并试图创建“自然辩证法”时，他就又把他驱逐出去的以物质世界为本体的旧唯物主义哲学请了回来，成了自然辩证法的唯物主义基础。同时，由于他对自然辩证法的强调，就不能不疏忽了马克思关于人和人类世界的辩证法。二是对他和马克思的“唯物史观”比较重视，他后来称之为历史唯物主义，这一强调是完全符合当时的社会历史任务的。虽然，恩格斯是有社会人本论思想的，他对历史论的理解，虽然也以人为基础，属于人本历史观，但是，一旦上升为“主义”，就不能不成为以历史为本的独立的哲学，就不能走到社会人本论之外，成为超出人之外的历史观。所以，后来人们对历史唯物主义的建构，越来越强调物质生产和铁的规律，而忽视了马克思的人的本源性和能动性，这就不能不有所背离。

这样，在恩格斯那里，只突出了他和马克思的新唯物论和历史论，马克思的社会人本论、人本实践论、人本辩证法和人本解放论等等就大都被搁置。恩格斯曾经表明，他力图通过哲学方面的努力弥补马克思在这方面的不足，这表明他并不理解哲学的人类学转向和马克思在人类学—哲学范式方面的开创。恩格斯自己的哲学构建，即主要是后来的“辩证唯物主义”所概括的内容，马克思似乎从未表示过赞同，而只赞赏过恩格斯的经济学大纲。

（二）狄慈根、普列汉诺夫的“辩证唯物主义”

应当承认，发源于恩格斯的辩证唯物主义作为一种关于整个世界的世界观，概括了人类哲学认识的基本成果，在从总体上解释世界方面是有效的，也是较为完整的。但是，这只是对这一哲学产生以前的西方哲学成果的总结。就在恩格斯时代，哲学已从近代哲学跨向现代哲学，关于世界的物质性与辩证性问题，已从哲学的视界转入科学的视界。因而对于现代精神文化来说就已失去独立存在的意义。而这种概括（世界的物质性等）正是站在近代哲学的立场上的。正是由于这种把马克思主义哲学概括为辩证唯物主义，于是，马克思的哲学构建大都被遮盖。列宁同样认为，马克思的哲学是“哲学唯物主义”，是以物质为本体的唯物主义，他所讲的辩证法，也是建立在物质基础上的唯物辩证法。在此基础上，到斯大林时期，就形成了关于马克思主义哲学的“辩证唯物主义与历史唯物主义”这一“经典”形态。可以看出，除了被曲解的唯物主义历史观之外，马克思的其他哲学构建都被遮盖。在这种哲学里，只有客体、物质、规律、秩序、必然性、决定论、绝对性、阶级性、斗争论等等占据统治地位，在此基础上，当然只能建立一元性的政治理念和意识形态，而没有了人的自由、人的创造、人的尊严、人的价值等等人本性的东西。

可以肯定的是：所有这些理解和解释，都是站在近代哲学而不是马克思的现代哲学的立场上进行的，这对于马克思所达到的哲学境界来说是一种倒退（他们都不是严格意义上的哲学家）。

（三）伯恩斯坦的“解放哲学”

马克思的解放论，恩格斯当然是知道的，但是，他没有上升到人类学—哲学范式高度来理解。倒是伯恩斯坦，充分理解到“人的解放”在马克思哲学中的重要性，把马克思的哲学理解为“解放哲学”，从哲学上突出了马克思的解放理论。后来伯恩斯坦一直被作为修正主义者进行批判，“人的解放”“全人类解放”这一马克思哲学的最高关怀，也就一直不被重视，成了无产阶级解放的附属物，成了阶级解放论。

（四）卢卡奇的“人道主义”

对马克思主义哲学的重新理解，主要是卢卡奇和葛兰西。卢卡奇一方面正确地理解了马克思的辩证法是人本辩证法，说“认识到这种方法被限定在历史的和社会的范围内，是特别重要的”。另一方面也深深感受到了马克思的社会人本论，虽然他没能全面理解，但理解了它的精神实质，把它概括为“人道主义”。认为马克思主义哲学就是人道主义哲学。这就开辟了对马克思哲学理解的新方向。

（五）葛兰西的“实践哲学”

葛兰西深深认识到马克思实践论的重要，把它概括为否定其他观念的实践哲学。他指出：“实践哲学的创始人（马克思）是从来不把自己的哲学叫做唯物主义的。”

这就是说，实践哲学超越了唯物主义与唯心主义的对立。这同样是对辩证唯物主义与历史唯物主义的直接否定。他所提出的领导权理论，更是对唯物史观的新发展。这些，应当说是对马克思哲学理论构建的新的重要发现。此后，南斯拉夫的实践派，我国20世纪80年代中期兴起的实践哲学、实践本体论，只是强调实践的重要性，基本上没有达到独立的实践哲学的高度。

至此，马克思的重大哲学构建，除了人本辩证法和人的生存合理性之外，大都已被这样那样地发现，但是，由于社会历史的需要，它们分别以历史唯物主义、辩证唯物主义、人道主义、实践哲学（实践唯物主义）的理论范式走向世界，并为世界历史发展的一定阶段所需要，应当说，这是有它一定的合理性的。

（六）我国改革开放后对马克思主义哲学的流动理解

我国在全盘接受苏联20世纪30年代的体系之后，60年代通过“辩证法、逻辑、认识论的三统一”讨论，逐步走上对马克思主义哲学的认识论的理解模式，毛泽东也说“哲学就是认识论”（1965年）。20世纪80年代中期兴起了实践论的解释模式，随后，一些对马克思深有研究的学者，深感辩证唯物主义在马克思那里找不到根据，提出单独以历史唯物主义特别是以包含人的问题在内的广义历史唯物主义，作为对马克思主义哲学的概括，形成了历史论的解释模式。而最近这一解释模式又成了主流。20 世纪 90 年代则进一步兴起了生存论的解释模式。2000 年之后，解放论解释模式又再度兴起。这些都是向马克思哲学理念的步步深入。韩庆祥先生等主导的“人学”，高清海提出的“类哲学”，则直接把人类本性作为马克思主义哲学的探讨对象，前者从人的一般本性上研究人，注重个体的共同性。后者注重类和类本性。这就分别从两端接近了马克思的哲学理念。因为马克思的人本依据是个人与类群的统一。还在 20 世纪 80 年代初，就有不少学者提出：“人是马克思主义哲学的出发点。”近年来，又有人提出马克思哲学的“人类学思维范式”等。在当前，马克思的唯物论、辩证法、人本论、实践论、历史论、生存解放论等，都在各自理解的意义上被分别强调着。

但是，遗憾的是，所有这些主张，由于都只能站在各自的理论硬核或特殊立场上，即分别以辩证法、人本论、实践论、历史论、生存论、解放论为据点进行哲学构建，这就不能不排斥其他主张。从而使每种主张，都只能抱着马克思哲学构建的一环而反对另一环。从逻辑上来说，也是不能不这样做的。因为，它们都只是马克思哲学大树的枝干。只有抓住根本，才能把握马克思哲学构建的纲，顺着脉络把不同的哲学构建统一起来。

那么，这个根本是什么呢？这就不能不从重新理解马克思开始。

二、马克思的双重历史使命与“双重问题域”

马克思主义哲学形成于 19 世纪，鼎盛于 20 世纪，在进入 21 世纪之后，它如何能够与当代的世界历史发展相结合而进一步发展呢？即如何能够具有当代的时代精神呢？对此，笔者提出对马克思哲学的“人类学唯物主义”或“人类学哲学”（不是哲学人类学）这一新的理解范式。有的同志问：这一新的理解范式何以可能？对此，笔者又提出马克思的“一副重担、两大问题域”的隐喻，来理解这一新的哲学范式的合法性。更深入地看，马克思所处的时代背景，即当时的世界历史发展，向马克思提出了两个问题：一个是由于现代性的政治革命把社会权力由帝王私有制转化成了社会公有制这一政治解放道路，进一步提出了人类解放如何可能的问题；二是由于社会化的工业生产和产权的私人占有制度之间的矛盾，进一步提出了无产阶级解放如何可能的问题。这两大时代问题及其解决道路，自觉不自觉地形成了马克思的双重历史使命，而马克思自觉不自觉地对这两大问题的思考，就形成了他的双重问题域：前者形成了他的“人类性问题域”，后者形成了他的“阶级性问题域”。马克思毕生为解决这两大“问题域”而奋斗。但是，仅仅看到这一层还不行，还要看到：马克思挑着这副历史重担在崎岖的“世界历史”山路上攀登，力图把人类（它的各民族和每个人）引向世界历史发展道路，在“世界历史”高度上解决这两大难题。并且，马克思的雄心（也是问题），是力图把双重任务“毕其功于一役”，即通过无产阶级解放而实现全人类解放，实现“每个人”以及“一切人”的自由发展，从而把人类引出苦难，脱离异化，走向幸福和谐的自由人联合体。

回到哲学这个主题来看，过去我们只在那个“阶级性问题域”中翻检，首先看到了它的历史观的重要，就说是历史唯物主义。继而看到了辩证法的重要，就说是辩证唯物主义。后来有人看到了实践，就认为是实践哲学或实践唯物主义。有人看到了人道，就说是人道主义、人本主义等等。这就好像一个人进入一个大花园里，每看到一种自己喜爱的鲜艳花朵就认为整个花园都是这种花一样。这种孤立片面的理解也许不乏深刻、突出，但很难避免“只见一斑，不见全豹”的理论大忌，就将其称之为对马克思理论的“据点式的理解”。马克思的整个精神人格，他的整体思想，他的“人类性问题域”，也就很难在这种哲学中显露出来。其结果就使许许多多的马克思主义哲学理论，除了根据意识形态的需要而认准之外，就没有什么客观的标准了。

当前的问题是：如何根据马克思的双重历史任务和当代中国的改革发展与世界历史发展大势，进一步把马克思主义时代化，并适应21世纪的世界历史发展要求呢？这就需要全面深入地理解马克思。不仅要理解他的“阶级性问题域”，更要理解他的“人类性问题域”，以及他的人格，他为把人类从苦难中解放出来而牺牲了自己的“幸福、家庭和健康”的终生奋斗精神，即马克思伟大的人格理性精神（没有马克思伟大人格理性精神的马克思主义，不过是词句上的马克思主义），更要认识到他的“人类性问题域”的历史任务和它对于当代世界的重要性。这是马克思主义哲学时代化乃至中国化的关键问题。

三、从“两个马克思”到“马克思的双重理论构建”

马克思双重历史任务与双重问题域的提出，首先为全面理解马克思、解决“两个马克思”的问题奠定了理论基础。自从马克思的《1844年经济学哲学手稿》（以下简称《手稿》）在20世纪30年代发表之后，出现了“青年马克思”与“成熟马克思”相对立的“两个马克思”的理论论争。马克思《手稿》的发表被认为是“马克思的第二次降世”（胡克）。它的思想，与传统理解的马克思主义理论是如此不同，以至于1932年在苏联首次出版之后，以传统理论一统天下的苏联学者，要么对《手稿》的思想不屑一顾，要么没有人敢对《手稿》发表不同意见。与这种沉默相反，《手稿》立即受到西方学者的关注。以朗兹胡特、迈耶尔和德曼等为首的一批学者，把它与卢卡奇在20世纪20年代提出的马克思的人道主义联系起来，认为《手稿》展示了马克思的“人道主义主题”，提出“人道主义的马克思主义”以与传统理解的马克思主义相对立，认为“人们可以引证这个人道主义的马克思主义来反对（历史）唯物主义的马克思主义”①。从而形成了“两个马克思”的长期争论。

西方学者把《手稿》的核心精神理解为人道主义或人本主义，把它与以辩证唯物主义、历史唯物主义、科学社会主义为基础的传统马克思主义对立起来，是有它的政治深意的，那就是反对斯大林的专制极权制度。当然，大多数思想家没有走上这种极端的理解，他们一般都力图在青年马克

① 复旦大学哲学系编：《西方学者论〈1844年经济学哲学手稿〉》，复旦大学出版社1983年版，第4页。

思思想和老年马克思思想中发现共同的东西。其主要表现是：认为早期关于人的思想或人本主义同样是后期思想的根据。到了 20 世纪五六十年代，马尔库塞、弗洛姆等都在做这样的否定两个马克思相对立的理论工作。马尔库塞在其《论历史唯物主义的基础》中认为，人是马克思一生研究的红线。“对从德国哲学的最有生命力的阶段的直接关系中成长起来的马克思说来，全部人类历史实践中的问题始终是人自己的问题。”① 因此，“在马克思理论的所有阶段上，他的理论的基础都包括了哲学的基础”②。即都是以人本身的问题为基础的。这就是力图以人本哲学把马克思前后时期统一起来的理论思路。

接着是弗洛姆的更有力的论断。他在《马克思关于人的概念》一书中，以青年马克思关于人的思想统一老年马克思的思想。他说：“青年马克思在《手稿》中所阐述的人的本质的思想在马克思一生的思想中有连续性。”③ 他认为，“并不需要把马克思一分为二。事实上，在《手稿》中马克思所表达的关于人的基本思想和在《资本论》中所表达的老年马克思的思想之间并没有发生根本的转变”。这实际上是否定了“两个马克思”提法的合法性。

对这种以突出青年马克思思想反对或者统一老年马克思思想给予有力反驳的，不是苏联学者，而是法国的阿尔都塞。他的《保卫马克思》从“左”的方面重建了两个马克思的理论。

在《论马克思思想的发展过程》一文中，他以 1845 年为界，认为马克思思想出现了“认识论的断裂”④，此前的以《手稿》为核心的人道主义思想属于意识形态，而此后的思想则是科学理论，即传统的马克思主义。他断然否定青年马克思思想作为马克思主义的合法性。当然，更反对以青年马克思统一老年马克思的企图。虽然其理论有不少问题，但它成了对传统马克思主义的最有力的辩护。在阿尔都塞之后，“两个马克思”的

---

① 复旦大学哲学系编：《西方学者论〈1844 年经济学哲学手稿〉》，复旦大学出版社 1983 年版，第 121 页。

② 同上书，第 94 页。

③ 同上书，第 40 页。

④ 同上书，第 211 页。

论争渐趋沉寂，但是，他的思想却一直影响到今天。我们仍然把马克思1844年之前的思想视为不成熟的思想，视为费尔巴哈人本主义的反映，实际上这仍然在坚持两个马克思的立场。

从马克思的“一副重担、两个理论域”的立场看，两个马克思之争，根本在于不明白马克思的双重历史任务和他针对不同历史任务的双重理论构建，即以阶级性为根基的无产阶级解放理论和以人类性为根基的全人类解放理论。在笔者看来，只有一个马克思。他的双重理论构建，不过是针对不同问题举起了他的两个不同的拳头。马克思一开始秉赋的就是人类当时最激进的人类解放思想，这不是资产阶级民主主义、自由主义思想，而是自文艺复兴、启蒙运动以来反对神的压抑、反对现实社会压迫的关怀人类命运、人类自由、人类幸福、人类尊严的广义人类学思潮在马克思身上的激进体现。所以，他走上理论舞台的开始几年，主要的理论构建都属于“人类性问题域”。正是这一思想的深入彻底的贯彻，使他看到现实社会中“劳动与资本的对立”，看到无产阶级的悲惨命运，因而不能不转而从理论上解决这一问题，这就进一步产生了“阶级性问题域”，并且成了马克思、恩格斯的主要的现实斗争与实践任务。在他们看来，不解决这一问题，人类解放问题就无从谈起。但是，从根本上说，马克思是站在人类学高度上来要求无产阶级的，他要求无产阶级从世界历史的高度即人类学价值高度进行社会主义革命，完成人类解放事业。因此，马克思的阶级性理论，不过是他的人类性理论在阶级斗争激烈时代的理论表现。取其阶级性外表而遗其人类性灵魂，是不符合马克思的真精神的。

理解了马克思的双重历史使命、双重理论构建之后，就会明白所谓“两个马克思”之争，不过是从表面看问题的一种结果，他们没有看到世界历史发展赋予马克思的双重历史使命和马克思的双重历史任务，以及他的双重理论构建。

马克思的“阶级性问题域”和“人类性问题域”的双重理论构建，不过是马克思根据当时的世界历史任务而提出的互依互补的理论图式。所谓“断裂”之说，恰恰在于不明白马克思由对人类性问题的直接关注，转向对阶段性问题的直接关注，是他的理论关注的转向，并非哲学思想的断裂。即在前期，马克思把广义的“人类性问题域”置于当前关注的位置；

在中期（1847 年以后），由于现实斗争任务的迫切需要，马克思把狭义的“阶级性问题域”置于当前关注的位置。这是现实斗争需要的理论转换。但是，阿尔都塞没有认识到这一层，也没有认识到马克思与费尔巴哈的不同，认为“马克思把费尔巴哈的思想据为己有，并用费尔巴哈的思想进行思想”，与其说这是一种误解，不如说是以极“左”思想对马克思的曲解和指责，它一直妨害着人们正确理解马克思、全面理解马克思。以成熟、不成熟来区分马克思，不过是以阶级性立场（由于不明白而）反对马克思的人类学高度和人类性立场的表现。这是一切极“左”思想和糟糕实践的根源，是对马克思本身的肢解和伤害。

结合世界历史的当代发展，马克思时代风起云涌的阶级斗争不再存在，列宁时代的东方大国的前现代政治经济制度导致的政治黑暗与民不聊生的状况也不再存在。人类历史已经进入和平、发展的时代，知识经济、知识文明、民主平等的和谐社会正在走向全球化。如果说，马克思的“人类性问题域”在过去阶级斗争年代和教条主义延续时代不能不被埋没的话，那么，在今天这个全人类都不能不走向知识文明的全球化时代，只有突出马克思的广义的“人类性问题域”，才能把 19 世纪、20 世纪的马克思主义，发展为 21 世纪的马克思主义。这是摆在中国马克思主义者面前的历史任务。

四、马克思主义哲学研究的新天地：从马克思的“人类性问题域”出发

确认马克思有双重历史任务和双重理论构建，在当代如何创造性地发展马克思哲学也就比较明朗了。中央党校韩庆祥先生在总结最近十年来的马克思主义哲学研究状况时，用了一个极好的比喻。他以“天”比喻对马克思主义哲学理论的深入，以“地”比喻对现实问题的关注和研究。从而提出和区分了以下五种研究状况：第一种是“既不顶天也不立地”的研究，第二种是“顶天不立地”的研究，第三种是“立地不顶天”的研究，第四种是“顶天立地”的研究。其褒贬自明。而作者认为，当代需要的是

第五种：即“开天辟地”的研究。[1] 所谓“开天辟地”的“天”和“地”，自然与“顶天立地”的天和地有所不同。韩庆祥先生在这里很好地表达了人们创新马克思主义哲学的渴望。如何找到新的立足点，发展与21世纪的世界历史和中国改革相适应的马克思主义，是当代马克思主义者的迫切使命。

要从“顶天立地”这种比较杰出的传统研究，转向“开天辟地”的创新研究，条件有三：

一是要认识“地”，即当代世界与马克思、列宁时代相比已发生了“翻天覆地”的变化，世界历史已由无产阶级革命时代转向了全世界、全人类的“和平、发展”时代，这当然是世界历史的巨大进步。

二是要认识“天”，即马克思思想理念中哪些思想理论与当代世界历史之“地”相关，这就需要突破原有的思想观念和理论天地，在马克思那里有新的发现。“人类性问题域”应当就是这一新“天”。

三是要像马克思那样，对世界历史、对人类命运、对国家前途、对劳动大众的不平命运有强烈的责任感，对现实的不合理、非法性问题和关系抱着强烈的批判态度，力图为“每个人”和“一切人”的合理生存与自由解放而奋斗，即抱定马克思的人格理性精神和马克思主义者干预现实的哲学态度，只有这种精神和态度，才能把新的“天与地”结合起来。

有了这三点就会发现，马克思理论中原来的显性的阶级性理论，即所谓“阶级性问题域”，既不能解决当代的世界历史性问题，也不能解决我国当代的改革发展问题，无论在这个“天”中怎样详细巡察，只能是“顶天不立地”，即脱离实际的教条主义，这是真正的马克思主义者最应当反对的。不幸的是，当前大量马克思主义哲学或非哲学的研究，都未能跳出这一“天地”。也正是这一原因，当前的许多马克思主义中国化研究，不能不走着一条陈旧的传统“天地”的道路。这样的中国化只能是落后于时代精神的中国化，对解决中国问题不会有益。

那么，出路何在呢？这就是要以马克思所说的“人类性”“人类学”

① 韩庆祥：《当代马克思主义哲学研究的“中国图景”——近十年中国马克思主义哲学研究新进展》，载《马克思主义与现实》2009年第4期。

这种哲学范畴为立足点，展开对“人类性问题域”的研究。“马克思对人类学哲学的理论构建研究”这一国家课题的提出和批准，就是建立在对马克思的这一理论立场的理解基础上的。

然而，根据双重使命的理念，这一理论仅仅是马克思理论中的直接的、显性的理论。在这个理论背后，还有一种间接的、隐性的、深层的理论，这就是马克思出场伊始就站在世界历史高度即广义人类学高度，根据人类历史的进步方向即人类解放方向而构建的一整套理论，马克思称之为“人类精神的真正的视野”，笔者概括为“人类性问题域”。根据初步研究，它有丰富的、一系列的理论内容，如人类学价值观、人类学方法论，从人类学高度对于人的一般本性的研究，对于人类的社会特性如社会性、实践性、历史性、辩证性等等的研究，对于人类一般的生存发展问题的研究，等等。很显然，相对于前一种传统的已充分显现出来的“天空”来说，这是一种隐藏在这一“天空”背后的、更高更深广的“天空”。而只有这一“天空”，才能与全人类的生存发展问题以及它在今天这个全球化时代的现实之“地”结合起来，形成一种马克思主义研究的新天地。

然而，虽然这一以马克思的“人类性问题域”为根据的新天地已经提出，但是，人们对它的存在和意义还心存疑虑。这主要是对马克思的根本立场还不理解。马克思一开始走向世界，就是站在世界历史发展的立场、站在全人类进步的理论立场即人类学价值立场上立言的，而不是像有些人理解的那样是站在“资产阶级民主主义”或人道主义、人本主义立场立言的。他要“为人类的幸福”而工作，为人类“摆脱苦难”而奋斗。伟大的思想家之所以伟大，就在于他能站在这种超阶级的人类性立场上思考问题。他把德国封建专制制度比喻为“动物世界”，就是站在这一人类学立场上的批判。不理解他的这种人类性立场，在政治上就会把他归入民主主义、在思想上就会把他归入人道主义一流，从而不但降低了马克思青年时代伟大的人格理性精神，也会把他的理论视为人道主义、人本主义的旧理论而加以摈弃，这就自然看不到马克思伟大的人类性天空了。

这里，再一次使人想起“提出问题比解决问题更重要”的名言。改革开放后我们在哲学上提出的最重要的问题，不外就是重新发现了“实践”在马克思哲学思想中的地位，“实践唯物主义”的提出，在二十多年中竟然有两三万篇文章参与讨论，可见人们只要重视，每个人都会从自己的角度和立足点参与开辟这一天地，其理论价值性就会充分显现出来。然而，直到今天，实践唯物主义虽然成了大多数人的主张，其研究却“深入不下去”（李文阁），没有一个公认的理论体系可以提出，这说明了什么？一句话，在旧的“哲学天地”里的任何探索都不可能“开天辟地”。改革开放以来，中国的马克思主义哲学由原来的本体论思路，发展出认识论思路、实践论思路、生存论思路、交往论思路、解放论思路和价值论思路等，提出了一种又一种理论和学说。但是，纵观这些不能说没有创造性的研究，却都很难和当代的中国现实和世界历史发展现实结合起来。这表明，不超脱旧时代的立场就不可能取得现时代的生命力。只有自觉上升到人类学高度，才能与新时代结合起来。

总的来说，无论对马克思主义哲学的自身发展来说，还是就世界历史的当代发展来说，都承认马克思的双重历史任务和双重理论构建，把他在世时就大力发扬的、而后经过一百多年研究和发展的“阶级性问题域”暂时放一放，而集中研究一向被曲解、被漠视、被遗弃、被忌恨的“人类性问题域”，这一定会让马克思第三次降世，成为能够针对当代世界历史问题和中国改革开放问题的当代马克思主义。而这个“人类性问题域”，就是人和人类世界。

（原题为“论马克思哲学的深层意蕴”，载《云南社会科学》2012 年第 3 期，第 45－48 页，这里作为“导论”增加了第一部分）

马克思人类学—哲学范式的形成

西方哲学的人类学转向与马克思对人类学—哲学的开创

为什么把马克思创立的哲学理解为广义的人类学—哲学？这一研究有什么学理根据？有什么当代性的理论价值与实践价值？诸如此类的问题要从哲学的世界历史发展说起。

一、人类的“实践—精神”历史的发展促进了西方哲学的人类学转向

有人认为，哲学没有自己的历史，好像每一个哲学家都是独立在历史之外进行思辨的孤立思想家。但是，人类作为实践的存在物和精神的存在物，它的活动总会有它的“实践—精神”（马克思语）特征。这种“实践—精神”特征是历史地发展着的，从而形成为人们的实践—精神历史。[①] 哲学家们无论如何超脱，都不能摆脱他的时代的实践—精神历史的影响，因为他就是由这种实践—精神历史塑造的。因而，任何进步的哲学都是自己时代的实践—精神历史特征或者说时代精神的产物。这种实践—精神历

① 马克思以人的“实践—精神”来揭示人类活动的特征，因而人类的发展既不单单是实践史，也不单单是精神史，而是“实践—精神”历史。它不是指实际表现出来的编年的历史活动，而是内在的发展进步史，它在每一个时代的特征就形成那个时代的时代精神，它实际上是以世界历史面貌表现出来的人的自由解放的发展历程。这是我们提出“实践—精神历史”这一概念所表达的内容。哲学的发展就建立在人们的“实践—精神”历史的发展之上。

史在哲学上的表现，自古迄今主要经历了三大阶段：当人类的实践—精神历史走出神话信仰时代之后，由于慧眼初开，首先让人感到惊奇的是他所面对的客观存在世界，哲学作为当时人类理性的最高体现，就在于超越常识、超越一切存在现象而揭示其背后的形而上的存在，即作为“存在的存在”的万事万物的本体。于是，在古代，那“以客体为本位”的本体论哲学即形而上学就开始了。然而，在人类的实践—精神历史的影响下，一方面近代自然科学在人类不懈的探索中开始萌发，另一方面人作为认识主体和活动主体也鲜明地显现出了它的重要性。于是，人类如何认识世界，思维如何把握存在而达于真理，就成了当时的“实践—精神”主题，它迫使哲学不得不以其作为关怀的重点。这样，主体对客体的认识问题就不能不成为哲学思考的中心，“以主客关系为本位”的近代认识论哲学（包括逻辑学）就开始了。但是，随着实践—精神历史的发展，一方面，科学技术并不需要借助于哲学认识论而是自己通过实验获得了突飞猛进的发展；另一方面，人类借助于科学和技术的发展而构造出了自然界所没有的以机械力和电力为基础的神奇的工业时代，这个时代有以下特征：其一，是经济制度从以土地和经验为基础的农业生产，转向现代的以资本和科技为基础的大工业生产，这一转变使人的社会生产超越了自然界的直接限制，人的高于自然界的地位和能力凸显出来；其二，是政治制度从权力的帝王私有制转向现代性的权力的社会公有制，这一转变消除了贵族的、等级的、神圣的东西对历史的长期统治，开辟了人人平等得以逐步实现的平民时代；其三，是社会统治关系由专制霸权逻辑的余威转向资本逻辑的统治，这一转变使现代社会成为由资本统治的和在资本的合理性推动下飞速发展的社会；其四，是人的精神理念从宗教神权的统治转向世俗人权的支配，人自身的自由、平等与合理性要求成了历史的主题；其五，是社会由人的依赖关系转向以物的依赖性为基础的人的独立性的发展，这使人类的自由解放成了社会历史的主题；其六，历史上关于人的科学、人的哲学、人的思想以及当时的实证人类学也得到了相当的发展，人类问题得到了各种学科的关注，人类先进的实践—精神历史把人突出成为世界的主体。世界是什么，要根据人是什么来理解来解释，人的地位、人的价值、人的尊严、人的自由创造、人的平等和幸福等等人类性的东西，就成了人的实践—精神历史所关注的问题。于是，哲学思考就不能不进入“以人类为本位”来解释世界的人类学时代。人的存在、人和人类的生命意志及其生存实践，就成了这个时代的哲学思考的最重要的起点。这一历史发展过程，也就是人类的实践—精神历史所导致的哲学发展线索由本体论哲学、认识论哲学向人类学哲学的发展，从而开创了哲学的人类学时代。

而作为对这种实践—精神历史有所反映的主要哲学家，也都自觉不自觉地直接奔向了人类学，构建了从对人的关注、认识和揭示来理解世界的新哲学，促进了现代哲学的人类学转向。例如，叔本华直接抛弃黑格尔的“绝对理念”，而从人的生命、人的意志、人的表象来理解世界，创立了生命意志哲学，这是其一；克尔凯郭尔从“一切存在”一步跨入到“人的存在”，创立了存在主义哲学，这是其二；费尔巴哈把自然的感性的人连同他赖以生存的自然界作为哲学思考的主题，创立了哲学人本学，这是其三；弗洛伊德从人的心理意识和性本能来理解人类活动和人类的文化创造与文明发展，创立了性本源哲学，这是其四；而早在康德那里，就力图从人类学高度回答“人是什么”，这一思潮到了舍勒那里，就明确地从人的身心结构及其创造活动的视野来研究人类世界的文化、科技、宗教的创造以及其对人的身心发展问题，从而创立了哲学人类学，这是其五；等等。所有这些哲学方向的共同特点，都是把哲学思考的锋芒指向人或人的某种特征，并以此解释世界，叔本华的“意志”与“表象”代表了这一倾向。他以意志代表人本身，以人的表象代表人所理解的世界图像，开辟了以人为中心解释世界的人类学道路。所有这些世界历史性的发展，都把人提高成了历史的主体，从而也把人类学价值原则凸显出来。这是人类的实践—精神历史（在西欧）从近代性的外物文明转向现代性的人本文明的时代。这种思潮的共同进步特征，既超越了形而上学的以客观存在为本位的本体论范畴，又超越了建立在主客二分基础上的认识论范畴，而转向具有能动性与创造性的积极进行生存发展活动的人本身或人类本身，把它们作为哲学思考的主体。但是，前五个方面，主要是转换到人的个体存在、个体的精神内心世界，通过概括其某种抽象本性来解释世界。一则他们都还是从某种哲学的抽象和断想出发，以思辨逻辑代替事实本身的联系，缺乏实事求是的科学态度；二则他们都着力于构建某种普适的抽象理论，无意解决人类世界的问题，因而还不能建立真正的人类学哲学。与这些抽象地研究人的某些问题并以此解释世界的哲学方向相反，马克思开创了最关心人类命运的、全面研究人类问题的因而也最为重要的第六种人类学方向。

这种由于世界的实践—精神历史的发展而形成的哲学的人类学转向，是马克思哲学思考的真正的起点，但是，马克思并不是受这些哲学倾向的启发而转向人类学的。他所处的时代是人类学时代，他既是时代的开创者也是时代的产物，这使马克思不能不果断地抛弃那种针对一切存在的“孤寂冷漠的”哲学思辨，抛弃那种与时代无关、与人无关的对客观本体进行思辨和认识的形而上学哲学和它的认识论，而在精神深处直接承接了这种人类学的“时代精神”所凸显出来的问题和所提出的要求，从而不能不转向对“人类世界”的哲学关怀。加上他对人类命运的强烈关注，决定了他所创立的哲学不能不是人类学哲学。

但是，当人们从“哲学转向”的高度来理解现代哲学的发生时，却往往只关注其实证哲学转向、语言学转向等，而把最为重要的这一人类学转向丢掉了。如何理解这一转向？这一转向的性质究竟是什么？则还需要深入的讨论。

二、人类学转向的基本特征与马克思哲学开创的特点

由于不理解人类的实践—精神历史的世界历史性发展和它的哲学表现——人类学转向，因而，一谈到人类学，人们就把它理解为实证的作为具体科学的“人类学”或“哲学人类学”（有的学者甚至以此理解马克思的哲学），这当然不能理解哲学的人类学转向。所以，这里应首先注意到：我们所谈的人类学，是广义的人类学，不是狭义的人类学这门科学。海德格尔对此早有认识，他指出：

> “人类学”这个名称并不是指关于人的自然科学研究。它也不是指在基督教神学中被确定下来的关于受造的、堕落的和被拯救的人的学说。它标志着那种对人的哲学解释，这种哲学解释从

人出发并且以人为归趋来说明和评估存在者整体。①

这种“从人出发并且以人为归趋来说明和评估”世界就是广义人类学思想：它既是从广义的人类学高度上对人的哲学解释，又要以这种解释为中心来理解世界（存在者整体），并以此为人类的生存发展服务（以人为归趋）。这就是说，只要从哲学上解释人（或人的某种特性）并据此理解和解释世界，就表明其哲学发生了人类学转向。其特征就是“世界要根据人的形象来解释，形而上学要由‘人类学’来取代”。根据这一海德格尔准则，除了上面几位哲学家之外，早在费希特、黑格尔、青年黑格尔派中就已经有了人类学方向的萌芽。

这里应当注意到：海氏所说的“从人出发”和“以人为归趋”来“评估存在者整体”，作为哲学的人类学转向，早在马克思那里就已形成：马克思说：他的“新唯物主义”要以“社会化的人类”为“立脚点”，这就是“从人出发”；他所说的新唯物主义要“从人的感性活动”出发来理解“对象、现实、感性”即理解世界，正是“从人出发和以人为归趋”来“评估存在者整体”的同义语，是同一种现代哲学立场，是同一回事。它表明，这种自觉的现代性的人类学哲学立场，是从马克思就开始而越来越发展的过程。海德格尔还说：

在今天有一种思想是人人都熟悉的，那就是“人类学”的思想，这种思想要求：世界要根据人的形象来解释，形而上学要由“人类学”来取代。在这样一个要求中，人们已经对人与存在者的关系做出了一个特殊的决断。②

这种“特殊的决断”，就是马克思早就采取的从“人的感性活动”、从人的“主观方面来理解”世界，以及把自然界作为“人类学的自然界”来看待。所以，在马克思那里，早就发生了“形而上学要由‘人类学’来取

① 孙周兴选编：《海德格尔选集》下卷，上海三联书店1996年版，第903页。
② ［德］海德格尔：《尼采》下卷，孙周兴译，商务印书馆2002年版，第762页。

代”的现代性、革命性转换。正由于这种转换，他创立了广义人类学哲学。

西方哲学的人类学转向，是西欧的实践—精神历史长期发展的产物，是现代性发展在哲学上的表现。海德格尔不仅指出了这种人类学转向，也概括地指出了这一转向的主要特征：

> 对于现代之本质具有决定性意义的两大进程——亦即世界成为图像和人成为主体——的相互交叉，同时也照亮了初看起来近乎荒谬的现代历史的基本进程。这也就是说，对世界作为被征服的世界的支配越是广泛和深入，客体之显现越是客观，则主体也就越主观地，亦即越迫切地突显出来，世界观和世界观学说也就越无保留地变成一种关于人的学说，变成人类学。①

这段话对人类的“实践—精神”的历史发展作了很好的概括：其一是，由于人类广泛而深入地征服和支配了世界，世界已经不再与人相对立，而是转化为人的世界图像，转化为人的世界观；而与此同时，人也就迫切地、积极主动地要成为世界的主体，因而人在世界中的决定性地位不能不凸显出来，哲学作为世界观的学说也就不能不转化成为关于人的学说，转化成了人类学。这段话鲜明地表示出现代性和现代哲学的核心精神，俞吾金先生把它简析为“人成为主体”、“世界成为图像”和“哲学成为人类学”② 三大特征。正是这三大特征开辟了哲学的人类学时代。海德格尔虽然早就看出尼采对形而上学的否定早在马克思那里就已实现，但是，海氏在尼采哲学中寻求的这种人类学转向而形成的现代哲学特征，是对马克思早期哲学探索的忽视，他未能系统了解马克思的早期手稿中的这种现代性的人类学哲学精神。

顺便指出：海氏所谓“形而上学要由‘人类学’来取代”，表明这种“人类学”是代替形而上学哲学的哲学，因此应当加上“哲学”作为后缀，称之为人类学哲学，这是哲学本身的现代性变革。它与同在这一思潮

① 孙周兴选编：《海德格尔选集》下卷，上海三联书店1996年版，第902页。

② 俞吾金：《海德格尔的现代性批判及其启示》，载《江海学刊》2008年第5期。

中由哲学和实证人类学交叉而成的、作为现代哲学的一个部门或分支的“哲学人类学”有本质的不同（已专文讨论）。因此，我们特称之为“广义人类学哲学”、“实践人类学哲学”而排斥对马克思哲学的“哲学人类学”、“辩证人类学”等等的理解，后者降低了马克思哲学的层次和水平。这里所强调的“广义”，是为了与狭义的实证人类学相区别：它是对哲学发展的人类学时代的概括。这里之所以要强调“实践”，在于马克思从一开始就意识到“哲学家们只是用不同的方式解释世界，而问题在于改变世界”，而改变世界只能诉诸“革命的实践”。

所以，他无意构建解释世界的哲学，而是立意创建以实践“改变世界”为己任的新哲学。在马克思看来，“改变世界”不仅需要有科学的根据，他因此走向了经济科学；更需要“革命的实践”行动，他因此发掘了无产阶级。所以，马克思对哲学上的实践范畴给予了特别的关注，他把“实践”由道德性实践、理论性实践、认识论实践等，发展为人类学意义的人的生存发展方式的实践、改变世界的实践。在他那里，实践就是人类的生命本性，这种生命本性的实现形式就是“人的感性活动”“人类的感性活动”。这种对实践的人类学意义的理解，与“哲学成为人类学”是一脉相承的（更印证了这一层）。在这个意义上，我们可以把马克思开创的广义人类学哲学的特征，理解为实践人类学哲学。[1]

马克思广义人类学哲学与其他人类学转向的哲学的不同在于：他以人的“个体生命存在”和人的“一般本性”（马克思术语）这种广义人类学问题为基础，把哲学目光集聚在“人的社会存在”和“从事实际活动的人”身上，从而进入了人的社会关系和实际生存世界，即从人类的一般人类学特性进一步深入人的社会生存矛盾之中，研究人类的生存发展与自由解放问题，从而开辟了广义人类学哲学方向。马克思一方面通过批判费尔巴哈的自然人本论，把“类存在”“类意识”转换为“人类的存在”“人

① 这一理解从笔者2003年“重新理解马克思”时就已开始，当年在《云南社会科学》《云南大学学报》上的两篇文章对这一实践人类学哲学的理解作了阐述，但是，直到2008年看到俞吾金先生的上引大作时，才知道海德格尔早就为此奠定了理论基础。鉴于还很难见到学术界对这一哲学转向的论述，以及人们更难同意对马克思哲学的这一“人类学哲学”的新理解，特援引海氏理论来解释这一新概念。

类共同体”；另一方面通过批判施蒂纳的“唯一者”，转向对人的个体生命的关注，并把二者（个体生命与人类整体、与人的一般本性）在逻辑上统一起来，理解人和人的社会存在。于是，通过“人的社会存在”，人类的合理生存与自由解放问题，自然就成了马克思所开创的这一哲学所关注的根本问题。这与存在主义、生命哲学、意志哲学、性本源哲学等从个人存在，个人的生命、意志、性本能出发有根本的不同：马克思的“人”，既不是脱离社会的孤立的个体，也不是不食人间烟火的“抽象的人”，而是有着自己的生命、需要、意识、意志及为生存而进行劳动生产和不懈奋斗的、在重重社会关系中生存着与活动着的具体的“现实的真实的人”，是在一定生产关系中具体地进行生产和生活因而属于一定时代、一定社会、一定历史发展中的一切个人，是在特定的经济基础与上层建筑中活动的一切个人，这是从“人的社会存在”维度所应看到的首要方面，而不是抽象的生命、意志等等。这是马克思人类学转向的特有开拓。在马克思这里，用海德格尔的话说，真正达到了“人成为主体”“世界成为图像”和“哲学成了人类学”这样的现代哲学境界。

三、马克思人类学—哲学的当代意义

马克思所构建的广义人类学—哲学，建立在他所强调的五大支点之上：之一在于立足于“社会化的人类”，之二在于通过“人类的感性活动”来理解世界（“对象、现实、感性”），之三在于通过“革命的实践”来“改变世界”，之四在于从“人的社会存在”来理解人类社会，之五在于从人的生存关系来把握世界。在这五大支点之上，他创立了一整套关于人类世界的现代哲学理论，包括人类世界的辩证法、历史观、实践论、解放论等。马克思在哲学史上的重要性，就在于他走上了开辟这一真切认识人类世界的现代哲学道路：他首先从人的生活实践立场上关注整个人类，关注他们的生存和幸福、自由和创造，因而上升到整个人类学的价值立场上来了。虽然马克思没有明确强调他的哲学的这种人类学的价值特性，但是，他实际探讨了诸多的人类学价值原则，如“人是人的最高本质”“人的根本就是人本身”“创造人类存在的一切条件”，等等。历史的任务就落在这位以人类的自由、真理、正义精神为自己的哲学精神的、最关心人类命运的青年人身上。更为重要的是，马克思把“人类世界”置于它的生存关系中来理解：人类世界不仅“座架”于人与自然界的关系中，它自身也处于复杂的关系构成中。马克思从人类与自然界的关系、人类社会内部的关系、人在具体历史中的联系中探索人的生存境遇、生存态势和在现有的实践—精神历史中的合理生存发展问题，这就不能不涉及人类社会内部的生产资料所有制的合理性问题，以及社会结构与权力制度的合理性问题、社会历史发展的机制和规律问题（即唯物史观），等等，马克思首次把这些问题纳入哲学思考的范围。特别是，人类生存在当时所遇到的问题以及如何克服，人类应当如何更合理地组织自己的社会，如何走上自由自觉的合理发展道路以及如何逐步走向自由解放问题，等等，不能不形成马克思哲学思考的新问题、新方面、新方向，并最终形成了马克思的广义人类学—哲学的主要精神内容。

如果上面的考虑是对的，那么，这里立刻就会出现两个重要的理论结果。其一，那种把马克思早期的哲学思想错误地作为“不成熟的”“人道主义的”“人本主义的”“民主主义的”“自由主义的”等等来看待的东西方传统见解，既不理解西方哲学的这种人类学转向，又看不到马克思的人类学高度和他特殊的哲学构建。他们既曲解了马克思，又降低了马克思在现代哲学开拓中的崇高地位。而事实上，早在博士论文中，马克思就借对古代哲学的评价，表达他的人类学—哲学的价值立场（人的能动性、人的自由创造等等）。

其二，那种基于传统本体论和认识论的唯物主义情结而对马克思哲学的唯物主义理解，离马克思的上述现代哲学开拓很远。不错，马克思曾经说他是“唯物主义者”。然而，纵观马克思的哲学精神，他所说的唯物主义，不过是立场性、态度性、方法性的“新唯物主义”，即邓小平所总括的“实事求是”，亦即“从事实本身出发”的客观科学精神。马克思特别强调这是一种“新唯物主义”。马克思不会看不到：在人类的“实践—精神”历史地进入资本主义和以科技为基础的工业社会之后，一方面，物质自然界的奥秘已开始由自然科学加以探索，并且，自然科学和以技术为手段的人的生存实践，不断把自然界的秘密转化为人类头脑中的图像，因而无须再在被科学精确把握的物质世界之外构建一个哲学的形而上的“物质”世界。事实上，法国唯物主义哲学在现代自然科学面前早就“寿终正寝”了，让它在辩证法中复活不过是没有“实践—精神”基础的人为怀古理论。所以，他的“新唯物主义”，从来没有对“物质”这一形而上学范畴加以探讨。在他面前的客观世界，不外就是作为具体存在的与人的眼界有关的“对象、现实、感性”世界。马克思清楚地指出：费尔巴哈的伟大哲学功绩之一，就在于“扬弃了无限的东西，创立了现实的、感性的、实在的、有限的、特殊的东西”① 作为哲学思考的地平线，他正是从这一现代性的哲学视野出发的，一切抽象的形而上的哲学范畴，如物质、运动、本体等等，都失去了时代的光彩，在他的新哲学里都不可能继续存在。时至今天，哲学也早就超越了那种形而上学本体论的迷惑了。

马克思的这一哲学开拓不是凭空而来的，而是通过对哲学史和现实哲学的学理批判而达到的。具体地说，这是通过批判黑格尔、费尔巴哈、施蒂纳等等而达到的。他站在人类学的立场上，一方面批判地吸取黑格尔的辩证理性精神和费尔巴哈的人本价值精神，通过他自己的力图让人类摆脱苦难和实现幸福的“激情的理性”或“理性的激情”，而把全人类的解放事业置于首位；另一方面通过批判被施蒂纳歪曲了的个体性原则，把个人自由主义的价值精神，转化上升成为以劳动者的解放为基础的“每个人和一切人”的合理生存与自由解放的人类学价值精神，从而形成了他的最关心全人类的合理生存和发展命运的广义人类学哲学精神。

马克思对这一哲学的思考，是在当时哲学所关注的人类的自然存在和一般人类学特性的基础上，通过人的生命存在、人的生存实践活动而对人类世界的人类学高度的思考，人本性、人类性、实践性、辩证性、价值性、世界历史性、生存解放性等等，是这一思考的哲学特征。在此基础上，马克思直接把握了人类生存与人类社会历史发展的根本性问题，力图通过对这些问题的揭露和解决，推进世界历史在文明大道上发展。他一方面关注人类在社会历史中的生存实践与其历史发展的根基问题，从而在深

① 马克思：《1844年经济学哲学手稿》，人民出版社1979年版，第111页。

层次上解释了人类世界；另一方面在批判不合理现实中关注人类合理生存逻辑的实现问题，从而创立了旨在改变不合理的人类世界的新哲学。这一哲学的基本精神，不外乎是站在人类学价值立场上反对资本逻辑和权力逻辑对人的生存逻辑、自由发展逻辑的侵吞，力图通过对世界的不合理、非法性问题的揭露、批判和改变，实现“每个人和一切人”的合理生存、健全发展和自由解放的价值要求。这种从“时代的迫切问题”出发而站在世界历史发展前沿的伟大哲学开创，由于把握住了人类生存发展的基本逻辑，就成了此后任何时代、任何民族在考虑其世界历史性发展时，不能不引为规范的理论。他对人类社会的公共理性价值精神的追求，他的哲学所构建的社会公共人本主义价值精神和人类学思维范式，他的人本理性、人格理性、批判理性、生存理性精神等等，① 都应当成为现今全球化和生态危机时代的基本哲学精神。他对资本逻辑的批判，在资本奴役人的现象消失之前，都保持着重大的批判理性意义。因此，马克思的广义人类学—哲学，是适应于我们这个时代、适应于各个国家的世界历史发展要求的哲学。只有站到这一世界历史发展高度上，才能发现和理解马克思的这一伟大哲学开创。

马克思的广义人类学—哲学，它的核心精神，就是在批判不合理世界中追求每个人和一切人即全人类的合理生存、健康发展与走向自由解放的哲学精神。对于当代世界来说，对于马克思主义者来说，就是要以这一哲学精神重估一切价值，重建人与自然界的合理关系，重构各民族与全人类的合理生存与健全发展的人类学价值系统，以促进不同社会、不同文化都能逐步走向自由解放的方向，构建安全“座架”于自然界中的人类相对美好的、和谐的、有未来的社会。它对于当代世界的全球化发展特别是当代中国的改革发展来说是至关重要的。只有这样对马克思哲学和马克思主义做广义理解，我们才能避免“摸着石头过河”的理论困境，才能有符合时代要求的少走弯路的改革发展。(李立纲参与)

(原载《深圳大学学报》2012 年第 3 期特稿)

① 这些在马克思广义人类学—哲学中体现出来的新概念，我们都有论述，这里不作解释。

马克思“新唯物主义”的哲学视野：人类学—哲学视野

如果说，古代哲学的着眼点是客观世界、近代哲学的着眼点是人对客观世界的认识的话，那么，现代哲学的着眼点则在于生活着、活动着的人。研究人，研究人的种种性质，以人为出发点研究人类世界，表明了现代哲学的人类学转向。还在青年黑格尔主义风行的时代，人的问题就以“自我意识”的形式突出出来。叔本华对于生命意志的研究，费尔巴哈对于人的自然本性的研究，施蒂纳的孤立个体论，克尔凯郭尔提出的“人的存在”，以及舍勒的哲学人类学，正像当时的经验人类学的兴盛一样，属于人类学方向的哲学研究。而马克思在这一研究方向中居于特殊地位：他创立了他所说的“新唯物主义”哲学。那么，这种新唯物主义有什么与众不同之处呢？这就是他的人类学的哲学视野。

一、马克思人类学视野的立足点：“社会化的人类”

马克思从他的博士论文开始，到指导社会解放的《共产党宣言》，期间既关注市民社会与法（国家）、旧世界及其对人的专制奴役、私有制和劳动与资本的对立、物质生产与社会历史、资本主义与无产阶级解放这些社会政治问题；又上升到人类学高度，关注人类这种特殊的存在物，关注它与动物的区别、它与自然界的关系、它的自然性与社会性、它的存在和生成、它的生存基础与发展规律、它的生成历史与劳动实践、它的类特性与人的个体自由、人的异化及其克服、人的解放与全人类解放等人类学问题。这样，他就自觉地走上以人类学视野观察研究人类世界的人类学—哲学道路。只有在这种人类学高度上，才可能理解马克思所说的“新唯物主义的立脚点是人类社会或社会化的人类”① 这句话。这就是说，马克思自觉地把他的哲学立足点，定位在“社会化的人类”之上，观察研究人类的生存发展和自由解放问题，这就形成了他的人类学唯物主义哲学视野，建立了以人类性为立足点的观察研究人类问题的人类学唯物主义的哲学。

可以认为，马克思在1843年的《论犹太人问题》《黑格尔法哲学批判导言》中提出“人的解放”，提出“无产阶级解放”和“全人类解放”，就已经站到了人类学高度来观察研究人类根本问题的哲学立场上来了。而在《1844年经济学哲学手稿》中，又力图从总体上研究把握人类问题。他对许多具体问题的研究，也力图上升到宏观的哲学的意义上加以看待。他从有生命的个人出发，但他又总是要从“类”或“总体”的视野看待个人，这就顺理成章地把握住了“人类”。他所说的人，也就是指“人类”。他指出：人作为“一个特殊的个体……同时他也是观念的总体、被思考和被感知的社会的主体的自为存在，正如他在现实的存在中既作为社会存在的直观和现实享受而存在，又作为人的生命表现的总体而存在一样”②。

这表明，他是从人类的即人类学的立场来看待人、研究人的。因而，他的思考，都是建立在“个人”基础上的对于“人类”问题的思考，即上升到人类学高度和人类学关怀上对于人类问题的思考。而这，也就是建立在人类学基础上的人类学—哲学思考。因而，马克思所创立的哲学，从其深层次、广幅度上说，不外就是人类学唯物主义的哲学。马克思自己就强调他的“新唯物主义”的“新”，不在于物质，不在于精神，也不在于“辩证”“历史”或“实践”，而在于以“人类”为立足点：“新唯物主义的立脚点是人类社会或社会化的人类”这句话，最足以表明马克思哲学的对象。因此，其“新”就新在它是建立在人类学高度是和对人类的哲学关怀。从“人类”这个高度出发，把“社会化的人类”作为主体，所谓

① 马克思、恩格斯：《德意志意识形态》（节选本），人民出版社2003年版，第8页。
② 马克思：《1844年经济学哲学手稿》，人民出版社1979年版，第76页。

“辩证”“历史”“实践”“精神”等等，都不能不成为“人类”这一主体的特性，都不能不成为人类的功能、特性与活动。

这就是说，马克思的唯物主义，不是建立在物质基础上的唯物主义，也不仅是建立在社会的、历史的基础上的唯物主义，而且是建立在人类学基础上的唯物主义。它的哲学视野，是以“社会化的人类”为立足点的关于人类问题的唯物主义哲学视野。

二、马克思人类学视野的出发点：“个体”与“类”相统一的实践主体

哲学的人类学转向，哲学对人类问题的关怀，在它把立足点置于人类性上之后，进而有个从哪里出发观察把握人类问题的问题。我们知道，在这个问题上，费尔巴哈是从想象出来的“类本质”即人的自然的一般本性出发，这显然是一种抽象；而施蒂纳是从他想象出来的单纯的唯一的个体“唯一者”出发。这两者都不能进入人的真正的社会存在世界，从而不能把握人类的基本问题。马克思反对从“路·费尔巴哈和麦·施蒂纳使用的基本范畴如‘类’‘惟一者’‘人’等等”① 出发把握人类问题。马克思在三个方面与这些观点不同：他一再强调，他对人类问题的考察是：“从现实的、有生命的个人本身出发”“我们的出发点是从事实际活动的人”。“它的前提是人……是处在现实的、可以通过经验观察到的、在一定条件下进行的发展过程中的人。”②

这种个人作为“一个特殊的个体……同时他也是总体、观念的总体、被思考和被感知的社会的主体的自为存在”，即具有其类本质的现实的“真实的人”。

马克思表明，“从事实际活动的人”就是实践着的人，它作为“社会的主体”就是实践主体。这就是说，马克思人类学—哲学的出发点：是个

① 马克思、恩格斯：《德意志意识形态》（节选本），人民出版社 2003 年版，第 8 页。

② 同上书，第 17 页。

体与“类”相统一的实践主体。这就既超越了费尔巴哈想象出来的人的“类本质”“类本性”，人的“自然本性”，又超越了施蒂纳和克尔凯郭尔所想象出来的单纯个体性的、人的个体存在。从而找到了既不同于费尔巴哈的旧的自然人本主义，又不同于施蒂纳和克尔凯郭尔的“新人本主义”的新道路——就其注重人的社会性并借以深入人类社会言，可称之为“社会人本主义”（另文讨论）。它既扬弃了抽象的类，又扬弃了孤立的个体，而是通过个体与类相统一的实践主体，进入人类的社会存在世界，从而开辟了把握人类问题的社会人本主义的新的哲学道路。

说马克思开创了新的社会人本主义哲学道路，是由于马克思作为出发点的这种“从事实际活动的人”，即个体与“类”相统一的实践主体，有两大重要特性。

其一，他既是“每一个单独的个人”，又是“彼此相联系的个人”，因为任何正常的个人要“从事实际活动”，就得处在人与人相联系的社会关系中。因而，从“从事实际活动的人”出发，马克思就可以从个人与个人构建的社会关系中把握人，这就进入到人的社会性、人的社会关系中来了。《1844 年经济学哲学手稿》（以下简称《手稿》）所说的“个人是社会的存在物”就是这个意思。

其二，马克思这里所说的“从事实际活动”，以及在《手稿》中一再强调的人的“对象性的、感性的活动”，不能不是实践。作为主体的人不能不是实践的主体。这就开辟了从实践上理解人和人类世界的方法和道路。这种从实践上理解人和人类世界的思想，在马克思的许多著作特别是《手稿》中是随处可见的，如“自然科学通过工业日益在实践上进入人的生活，改造人的生活，并为人的解放做好准备”①，人对世界的“实践的、现实的关系”② 等。而在《关于费尔巴哈的提纲》中，更把它当成了中心议题：在《关于费尔巴哈的提纲》中，马克思进一步把实践上升到观察理解人类和人类所面对的世界的基点，建立了从实践上把握人类世界的实践人类学—哲学：“从前的一切唯物主义——包括费尔巴哈的唯物主义——

① 马克思：《1844 年经济学哲学手稿》，人民出版社 1979 年版，第 81 页。

② 同上书，第 53 页。

的主要缺点是：对事物、现实、感性，只是从客体的或者直观的形式去理解，而不是把它们当作人的感性活动，当作实践去理解，不是从主观方面去理解。”他要求“把人的活动本身理解为客观的活动”①。

这就建立了从实践上理解和把握人和人类世界的实践人类观、实践世界观。这特别体现在它通过人类学视野，对于人类学唯物主义哲学的创立方面。

三、马克思唯物主义的人类学—哲学视野

从中学时代，马克思的志向，就是为“人类的幸福”而奋斗。他一生都没有放弃这一伟大理想。抱着这一理想，马克思开始了自己的理论活动与实践活动。以“人类的幸福”为出发点，他形成了他观察把握世界的“人类精神的真正的视野”②。这个“人类精神”，是自文艺复兴以来反对神而弘扬人、关心人类命运、关心人类生存发展的广义人类学的而非神学的精神，马克思继承了人类发展的这一精神，并以这一精神为视野观察、把握人类世界。这就形成了马克思的人类学视野。所以，马克思所说的“人类精神的真正的视野”，就是对他的哲学性的人类学视野的表述。

在马克思那里，“人类学”一词，既是指“人类学”这门具体学科，是一个学科概念，又是一个哲学范畴，是与“自然性”“自然史”相区别、相对立的哲学范畴。这一范畴可以把马克思常说的“人”“人类”“人类性”“人类的”“人的”“人化的”“人本主义的”“人类世界的”这些针对人类的概念概括起来。他直接运用“人类性”“人类学”这些范畴，来界说人类活动的特质、人性的特质，表明他的思考的人类性。因而，他的哲学思考是关于人和人类世界的哲学思考。不仅对社会历史的看法是如此，对于自然界的看法也是如此。在讲到现今的自然界已非原初的本来的自然界时，马克思把它称为“人类学的自然界”就是这个意思。这

① 《马克思恩格斯选集》第 1 卷，人民出版社 1966 年版，第 16 页。

② 同上书，第 116 页。

就是说，可以用“人类学”这一范畴的“人类性”意义，来定义马克思关于人和人类世界的哲学思考。

这种唯物主义的人类学哲学视野，在马克思那里，具体体现在以下三个方面、九大视野：

（一）人与自然界的关系视野

视野之一，马克思从人是人和自然界的共同产物出发，表明人和自然界是同一个生存整体。马克思指出：“人以一种全面的方式，也就是说，作为一个完整的人，把自己的全面的本质据为已有。人同世界的任何一种属人的关系——视觉、听觉、嗅觉、味觉、触觉、思维、直观、感情、愿望、活动、爱——总之，他的个体的一切官能……是通过自己的对象性的关系，亦即通过自己同对象的关系，而对对象的占有。”① 这是“人对人说来作为自然界的存在和自然界对人说来作为人的存在”的双向塑造过程。②

即人是人通过与对象世界、与自然界的互为对象的关系，在长期的历史发展中生成的。在这种双向生成关系中，人生成了自己的自然特性而自然界也生成为人的特性。人的本质力量是人和自然界共同作用的结果。这进一步表明，人与自然界是同一个生存整体，在这个生存整体中，人不能离开自然界，自然界也不能离开人。这为人与自然的关系打下了生态学的理论基础。与这一点相联系的是：

视野之二，马克思把人在自然界中的生成关系视为人的生成本体论，因而人受自然界（包括人本身的自然）所规定、所限制。他指出：人的“对象如何对他说来成为他的对象，这取决于对象的性质以及与其相适应的（人的）本质力量的性质……眼睛的对象不同于耳朵的对象。每一种本质力量的独特性，也是它的对象化的独特方式，它的对象性的、现实的、活生生的存在方式”。即人的本质力量是人和自然界的相互作用、相互确证与相互呈现。“只有当物以合乎人的本性的方式同人发生关系时，我才

① 马克思：《1844年经济学哲学手稿》，人民出版社1979年版，第77页。
② 同上书，第84页。

能在实践上以合乎人的本性的态度对待物。”① 又说，“人的感觉、感觉的人类性——都只是由于相应的对象的存在，由于存在着人化了的自然界，才产生出来的。五官感觉的形成是以往全部世界历史的产物”②。

这样，马克思就把自然界提高到人的高度，也把人提高到自然界的高度来看双方的生成关系，把人与自然界的生成关系视为人的生成本体论。这是理解和研究人类问题的人类学本体论起点。

视野之三，马克思把人与动物相比较，指出人通过不同于动物的、特有而全面的生产而实现自己的生存：

> 动物只是在直接的肉体需要的支配下生产，而人则……只有在它摆脱了这种需要时才真正地进行生产；动物只生产自己本身，而人则再生产整个自然界；动物的产品直接同它的肉体相联系，而人则自由地与自己的产品相对立。动物只是按照它所属于的那个物种的尺度和需要来进行塑造，而人则懂得按照任何物种的尺度来进行生产，并且随时随地都能用内在的尺度来衡量对象；所以人也按照美的规律来塑造。③

《手稿》中以此为代表的关于人与动物的比较，不属于历史唯物主义，也不属于所谓的辩证唯物主义，而属于人类学的议题。但是，马克思并不是为了研究探讨人类学，而是为了借人类学议题建立他的哲学思想。

（二）人的生成与人的人类学特性视野

视野之四，马克思把人类的历史性生成归结为人类劳动、人类实践历史的结果，这为唯物史观的形成奠定了人类学的理论前提。他的名言是："全部所谓世界历史不外是人通过人的劳动的诞生，是自然界对人来说的生成。"④ 又说，黑格尔的正确之处在于“他抓住了劳动的本质，把对象

① 马克思：《1844年经济学哲学手稿》，人民出版社1979年版，第78页。

② 同上书，第79页。

③ 同上书，第50-51页。

④ 同上书，第84页。

性的人，真正的因而是现实的人理解为自己的劳动的结果”①。

这是由于：劳动、生产、实践，是人类“创造生命的生活”活动。即人的劳动、人的实践是人的生活活动本身、生产生活本身，是生命的创造本身的“生命活动”，因而是人之所以成为人的自然历史活动。这一观念是唯物主义历史观的形成前提，但它首先是在人类学高度上理解人的历史性生成而形成的。

视野之五，马克思强调人这种存在物的特殊性，即人的人类本质、人类特性是自由自觉的活动：“动物是和它的生命活动直接同一的……它就是这种生命活动。人则把自己的生活活动本身变成了自己的意志和意识的对象。他的生活活动是有意识的。……有意识的生活活动直接把人跟动物的生命活动区别开来。”② 正是这种自觉的区别，使人可以自由自觉地支配自己的活动，所以马克思强调指出：“生活活动的性质包含着一个物种的全部特性，它的类的特性，而自由自觉的活动恰恰就是人的类的特性。”③

在马克思看来，人是属人的自觉自为的存在者。这同样是人类学议题，但也是马克思哲学思想的根据。马克思把追求自由视为人的本性，其根据就在这里。

视野之六，马克思强调人通过自己的活动创造他赖以生存发展的对象世界。即人的生存价值世界。他指出：

> 实际创造一个对象世界，改造无机的自然界，这是人（以个体为存在形式的人——引者注）作为有意识的类存在物（亦即这样一种存在物，它把类看作自己的本质，或者把自己本身看作类的存在物）的自我确证。④

这里，马克思指出了人这种存在物的特性就在于改造自然界，创造自己赖以生存的对象世界，即我们在别处所说的“人的生存价值世界”。这

① 马克思：《1844年经济学哲学手稿》，人民出版社1979年版，第116页。
② 同上书，第50页。
③ 同上书，第50页。
④ 同上书，第50页。

同样是在人类学高度上立言，同样是历史唯物主义等传统哲学无法纳入体系之中的。所有这些，不是马克思回到了费尔巴哈，而是在社会人本主义基础上，上升到人类学高度对于人类的一般哲学问题的研究。它体现了马克思的人类学唯物主义的哲学态度。

（三）人类世界的辩证规律性问题与发展解放视野

视野之七，马克思从人类学高度，通过人自身的存在性矛盾、生存性矛盾以及人与自然界的辩证关系等等，创立了人类学辩证法。人自身的存在性、生存性矛盾体现在多方面：

其一，体现在人作为“自然存在物”与“社会存在物”的二重性。作为自然存在物，他是物质的、有机的、生命的，因而他必须与物质自然界处在物质与生命交流之中；而作为社会存在物，他是社会性的、交往性的、欲望性的、精神性的自由自觉的人，因而要处在复杂的社会关系之中，由此开始了人作为人的丰富的人类学辩证法。

其二，体现为人作为生命存在物的生命二重性。马克思说：

> 人一方面赋有自然力，生命力，是能动的自然存在物……另一方面，（人）作为自然的、有形体的、感性的对象性的存在物，人和动物一样是受动的、受制约的和受限制的存在物。①

人的这种能动性与受动性的矛盾是人类学辩证法的生命根源。

其三，体现在人和他的对象世界之间。即：

> 他的情欲的对象是作为不依赖于他的对象而在他之外存在着的；但这些对象是他的需要的对象……这就等于说，在他之外有对象、自然界、感觉……②

---

① 马克思：《1844 年经济学哲学手稿》，人民出版社 1979 年版，第 120 页。

② 同上书，第 121 页。

因而，人总是因为自己内在的需要和欲望而不能不处在与自然对象之间的感性的对象性的关系之中。因而，他与自然界不能不处在既对立而又依存的矛盾关系之中，并以他的众多本质力量，建立了他与自然界的众多生存关系。这样，人与自然界的矛盾关系的辩证法，也就成了人自身的辩证法。

其四，人解决这一矛盾的基本方式，是通过“人的本质力量的对象化”和“自然界的人化”的不断演练、不断占有自然而实现自己的生存的。在马克思看来，人的生存不是孤立的，人作为“自然存在物”与自然界是一体性存在，而人作为“社会存在物”又以自然界为生存对象，人和自然界的相互作用一方面体现为人以自己的本质力量加诸对象，即对象化；另一方面是人所引起的自然界的“属人的”改变，即自然界的人化。这是一种互相创造、互依互生的辩证过程。人的生存发展就实现于这一辩证过程之中。

其五，可以进一步引申的是：“人的本质力量的对象化”与“自然界的人化”，对人来说是在历史中、在人的社会关系中生成的，这就把人类学辩证法进一步延伸到社会历史的辩证法中来了，即它在人类学意义上涵盖了社会历史的辩证法。这里体现了马克思辩证法的深刻的人类性特质。它不是所谓的唯物辩证法所能概括的。这种人类学辩证法只有在人类学视野中才可以发现。它表明了马克思人类学唯物主义视野的哲学特质。

视野之八，马克思把人的人类学实践视为人们推进社会历史发展、消除人的异化、改变不合理世界和实现人的解放的基本途径。马克思在《手稿》和《关于费尔巴哈的提纲》中给了“实践”以特殊的地位，他关注人“同其他人的实践的、现实的关系”①，关注人同世界的理论的与实践的关系，并把实践置于优先地位，指出“理论的对立本身的解决，只有通过实践的途径，只有借助于实践的力量，才是可能的”②。要求从实践出发理解世界和改变世界。这种对实践的强调，表明他的人本主义正是他所说的“实践的人本主义”。这样，马克思就把人类的生产实践视为人类生存

① 马克思：《1844年经济学哲学手稿》，人民出版社1979年版，第53页。

② 同上书，第80页。

发展的基础，视为人构建其生存价值世界和其整个社会生活的原始性环节，在此基础之上构建其尽可能合理的社会物质生活、政治生活和精神生活，并在这一合理性追求过程中形成其历史发展的环节，不断求得生活的自由解放。他进一步从人类学高度，把以人为本的实践，看做推进社会发展、消除人的异化、走向人的解放的行动力量。这特别表现在他把共产主义（人的解放）视为“实现了的人本主义”方面。马克思的名言是：

> 共产主义是私有财产的即人的自我异化的积极的扬弃，因而也是通过人并且为了人而对人的本质的积极的占有。因此，它是人向作为社会的人即合乎人的本性的人自身的复归，这种复归是彻底的、自觉的、保存了以往发展的全部丰富成果的。这种共产主义，作为完成了的自然主义，等于人本主义，而作为完成了的人本主义，等于自然主义。①

在这里，“共产主义”显然是指需要不断实现的人的解放过程，是方向和理想。怎样实现呢？那就是依靠人的实践，克服私有制与劳动异化，把人的天然平等的追求自由的即“合乎人的本性的”关系还给人自己，此即“完成了的自然主义”“实现了的人本主义”，这是马克思人类学唯物主义的本质之所在。马克思所说的通过“属人的关系”“属人的占有”达到“合乎人的本性的存在即社会的存在”②，都是这个意思。因此，人类学唯物主义就是要不断按照人的自然性即合理性的要求，克服矛盾对抗，走向人的解放。要克服哪些矛盾呢？大而言之，就是“人与自然之间、人和人之间的矛盾的真正解决，是存在和本质、对象化和自我确立、自由和必然、个体和类之间的抗争的真正解决”。在这里，马克思以费尔巴哈人本学的一些术语，表达了他的人类学唯物主义哲学特质。

视野之九，马克思从人类学高度看待无产阶级，要求其成为全人类解放的“物质力量”，成为走向“自由人的联合体”的关键环节。

---

① 马克思：《1844年经济学哲学手稿》，人民出版社1979年版，第73页。

② 同上书，第74页。

马克思的人类学—哲学态度，促使他对全人类命运的关怀，促使他探讨人类生存发展的基础，而正是这一探讨，促使他发现了人的物质生产在社会历史中的基础地位。这样，马克思就从社会物质生产这一唯物主义立场出发，关怀人类合理生存和健康发展中的最重大的问题，这就是他对资本主义生产方式的研究。他由此发现了当时广大无产者的非人生活的根源——私有制的统治和剩余价值被资本独占。应当说，马克思发现了当时人类社会最重要的不平等，发现了人类合理生存与健康发展中的最重大的问题。鉴于冷酷的原始积累时期剥削的残酷性和当时阶级斗争的激烈性，所以，马克思认为，这个问题的解决只有依靠无产阶级的革命，“物质力量只有靠物质力量来摧毁”。所以，马克思的革命和专政的理论，是服从于他的人的自由解放这一人类学宗旨的。他是从人类学高度和人类学视野出发观察理解无产阶级解放与人类解放的关系问题的。否则，他就不会强调他的独特贡献在强调无产阶级专政是为了向无阶级社会过渡这一自由解放问题了。显然，无阶级不是无差别的人群，而首先不能不是各阶级、各阶层的和谐相处并从而都获得自由解放。

概而言之，马克思的人类学唯物主义哲学，是与人的解放（共产主义）直通的人本主义，是以人类解放为价值目标的人本主义。它的宗旨，可以用马克思在《黑格尔法哲学批判导言》中的一句话来概括：“必须推翻那些使人成为受屈辱、被奴役、被遗弃和被蔑视的东西的一切关系。”①“把人解放成为人”。

他把这视为他的人类学唯物主义哲学的“绝对命令”。正是在这一人类学高度上，才会有后来的从经济学、政治学角度所设想、所论证的通过阶级斗争而达于人类解放的基本思想。

还可以举出一些。不论怎样，马克思不是为人类学而研究人类问题，而是通过人类学议题，在人类学高度探讨哲学问题，或者说，他是在人类学议题上来建立他的哲学理念的，从而使他开创了人类学唯物主义的哲学视野。这就是我们至今尚未注意到的马克思特有的哲学创造。看不到这一点，就不能真正理解马克思。

① 《马克思恩格斯全集》第1卷，人民出版社1966年版，第45页。

然而，马克思为什么没有完成他的人类学哲学著作呢？从学理上看，人类学唯物主义视野由于站得太高，无法直接为当下急切的阶级斗争服务。所以，不久之后，马克思从“从事实际活动的人”出发，进一步深入更具体的人类历史发展的根源上来，这就是唯物主义历史观的创立。后者更能为马克思的切近目的和迫切任务服务。但是，从深层次看，如果说，后者主要是适应于无产阶级解放的理论需要的话，那么，前者不是应当被放弃，马克思也没有放弃，而是适应于更为广阔的人的解放问题的重大理论创造。我们在一些文章中已经表明：马克思实际创造了一种人类学唯物主义哲学，正是这一哲学，可以把在逻辑上互不相让的实践论、历史论乃至人类学的辩证法等等纳入同一个逻辑体系之中。

通过这些视野，马克思看到了一个人类合理生存的世界。

四、马克思的人类学视野所见到的人和人类世界

前面的讨论表明，马克思大都是从“人类性的”“人类学的”层次，来理解和把握人类世界的。从马克思人类学视野下所看到的哲学视域，不能不说的有：

其一，人类学的自然界。人类学的自然界，自然界的人类性，改造无机的自然界，自然界是人的无机的自身，自然界和人类生活的各个环节，自然界是人与人之间的纽带，人是直接的自然存在物，人的自然力、生命力，与人分离的自然界对人说来也是无，人和自然界的实在性，人类历史生成着的自然界，社会是人的实现了的自然主义和自然界的实现了的人本主义。

其二，自然界里的人。马克思论到的有：人是自然存在物、社会存在物、精神存在物、有意识的存在物、对象性的存在物、自由存在物；人的本质力量，人的主动性与受动性，人自身的辩证法；人的感觉、欲望、意识、思维、理性、认识、精神、观念；人的生命，人的需要，人的生存，人的发展，人的自由，人的活动，人的交往；人与动物的区别，人对自然的合理利用；人的本质力量及其对象化，自然界的人化，人本主义，等等，这是在人与自然界的统一中寻求解决人类问题的哲学思考，是人类学

唯物主义的自然基础和人的基础。

其三，人性（人的人类学特性）和人类。马克思论到的有：人、人性，个人，人类，社会化的人类，人的类存在；人是自然存在物，社会存在物，精神存在物，关系存在物；人的需要，人的尊严，人的本质，人的本性，人是人的最高本质，人的自由个性，人的全面发展；人类的劳动、生产、实践；人的独立性、创造性；人本主义，人道主义，人的解放，人类解放，等等。这是他追求人的、人性的合理发扬的人性解放、人类解放的人类学唯物主义理论，是人类学唯物主义的人的理论基础，也是第一方面向"社会化的人类"的深入。

其四，人的关系存在。马克思论到的有：关系，人的关系，物的关系，非人关系，关系和联系，对象性的存在；人的社会关系，人的生产关系，人的伦理关系，人的生存关系；人与自然、人与社会、人与人的关系，人与自然的合理关系；人对世界的认识的、实践的、审美的、宗教的掌握关系；人类社会的支配关系，社会的普遍交往；人类性的，人类学的，人类存在的辩证法，辩证方法，等等。这是他力求合理地理解人类世界、把握人类世界，推进人的解放的世界观、方法论方面的问题，是为了把人们从错误的思维方式和思想方法中解放出来的哲学理论；也是整个人类学唯物主义的方法论基础。

其五，人类的生产实践与其历史发展观。马克思论到的有：唯物主义，新唯物主义，辩证法，矛盾，实践，人的感性活动，从主观方面理解世界，理论与实践；人的需要，人的生活，劳动生产，物的生产，人的生产，精神生产；人类史，历史科学，人的科学；生产力与生产关系，经济基础与上层建筑，交往与交往形式，普遍交往，生产方式，历史前提，人类生存前提，社会经济形态；社会存在与社会意识，意识形态；社会，社会关系，人的社会存在；历史，历史观，社会历史规律；人的活动，具体的人，从事实际活动的人；古代社会，东方社会，封建社会，资本主义，社会主义，共产主义，历史发展的特殊规律，等等，这是追求人的思想合理性的唯物史观、社会发展解放观的人类学唯物主义理论，是人类学唯物主义的历史理论基础，是对"人类史"、人类历史的总的看法。

其六，现实社会的经济活动的本质与矛盾。马克思论到的有：生产资料，私有制，公有制，社会所有制；劳动，劳动价值论，剩余价值论；社会分工，雇佣劳动，异化劳动，无产阶级的贫困化，劳动与资本的对立；经济，经济学，利益，拜物教，商品、货币、资本，剩余价值的生产，利润，经济异化，政治经济学，等等，这是追求人类的经济合理性和经济解放的人类学唯物主义理论，是人类学唯物主义的经济理性基础。

其七，人和人类社会。马克思论到的有：人类，人类社会，社会化的人类；人类社会的不平等，马克思的反专制、反特权、反暴政，争自由，争民主，反对蔑视人，轻视人；民主，自由，平等，公正，人权，正义，出版自由；国家与法，国家与人民，人民与法，人民和国家，市民社会，人类社会，个人与集体，真正的集体、共同体，自由人的联合体，等等，这些表明他是人文主义的最进步的发扬者，是他追求人类的政治合理性和政治解放的人类学唯物主义理论；是人类学唯物主义的政治理性基础；显然，这是对人的更深入、更具体的社会政治探讨。

其八，人的异化与人的解放。异化，劳动异化，人的本质的异化，政治制度的异化，异化的产生与克服；人性，人的关系，人道主义，人的自由，人的解放；人的依赖，物的依赖，自由个性，人的全面而自由的发展；真正的集体，真正的共同体，自由人的联合体，共产主义，等等，这是追求人类的生存合理性的人的自由、人类解放的人类学唯物主义理论，是人类学唯物主义的人的解放的理论基础，这也是回归人本身的更深层的探讨。

其九，共产主义远景。如每个人与一切人的自由解放，人的自由而全面的发展，人与自然界、人与人的合理物质变换，等等。

这个人类学的视野不能说不广阔。正是在这一视野的基础上，马克思创立了他的人类学—哲学。（许鲁洲参与）

（原名“论马克思人类学唯物主义哲学视野”，原载《理论与现代化》2010 年第 2 期，第 43 –49 页，这里有所增加）

马克思的哲学革命：超越形而上学，转向人类学世界

1985年，在昆明召开的全国“马哲史”讨论会上，笔者曾以“哲学思考重心的演变与马克思在哲学上的革命”为题（发表于《云南社会科学》1986年第6期，收入本人文选《哲理求索录》第5～25页，云南大学出版社2001年版），较早地探讨了马克思的哲学革命和他所创立的哲学的实质，认为马克思突破了研究主观与客观的对立及其认识关系，以及由此规定的人和世界的共同本质的形而上学哲学，创立了从人对世界的实践关系出发把握人和世界的“实践唯物论哲学”，并把实践看做“人的生成本体论”“社会历史的生成本体论”。今日，人们对马克思的哲学革命已作了多方面的探讨，使我们能够更深入地从多方面思考问题，由马克思的哲学革命进展到他所创生的哲学。应当指出，马克思的这一哲学革命不是孤立的，它是西方哲学由“近代”向“现代”发展中的主导一脉。故，应从现代哲学的发生谈起。

一、现代哲学的创生：超越形而上学，转向人类学世界

要全面深刻地把握马克思在哲学上的革命和创新，首先必须明白，在黑格尔之后，马克思的同时代，西方哲学按时序发生了哪些开辟现代哲学之路的重要变化。不能不提到的有：

（一）叔本华创立了生命、意志哲学

黑格尔还在世的时候，比马克思早生 30 年的叔本华（1788—1860），就对他的哲学提出了明确的挑战。叔本华把讲述自己哲学的课程与黑格尔的排在同一时段，以争取黑格尔的听众。虽然他没有成功，但他却开辟了哲学发展的新方向，即由设定的、非人的、抽象的黑格尔绝对理念世界，转向实有的、人的、具体的非理性世界，即转向人的生命意志，这是对黑格尔哲学的第一个叛离。他把黑格尔的绝对理念形而上学哲学，看做是“荒唐的以及没有意义的东西”①。从其绝对精神的形而上学本体论，转向了个体人的生命意志，从而由抽象的整个世界，转向了特定对象的特定方面，即作为个体的人的生命意志方面，这就转向了存在的具体的境界和领域，可称之为具体境域。这成了现代哲学的主要特点。因此，叔本华开辟了哲学研究的新境遇（《作为意志和表象的世界》，1819）。他的以人的个体生命意志为对象的生命意志理论，此后经过尼采、柏格森的发展，使非理性的意志哲学和生命哲学成了现代西方哲学的重要一支。从哲学发展上说，他由绝对理念的“存在”、形而上学的抽象“存在”，转向了人的存在、人的生命意志的存在。它开辟了现代哲学的重要一支。

（二）孔德创立了实证主义

与叔本华从人的生命意志立场批判黑格尔思辨哲学不同，法国社会学家孔德（1798—1857），则从实证科学的立场反对黑格尔的抽象形而上学，他要求哲学思考要注重实际，不要空谈，要“致力于研究现象的规律——即现象的稳定的相互关系”②。他的《实证哲学教程》在 20 世纪 30 年代初开始出版，倡导实证主义、科学主义。此后，经过马赫、罗素、维特根斯坦、波普、拉卡托斯等，开辟了现代哲学的实证主义和科学主义潮流，形成了现代哲学发展的又一个具体境域。虽然孔德在政治方面比较反动，是个人独裁、帝国制度的代言人，马克思因此与他不共戴天，对他的哲学不

① 吴晓明主编：《20 世纪哲学经典文本·序卷》，复旦大学出版社 1999 年版，第 3 页。
② 同上书，第 305 页。

屑一顾，但是，马克思在自己的科学、哲学研究中，也反对形而上学，自觉不自觉地表现出实证的原则和要求。孔德比马克思早生 20 年，他在哲学上的科学实证态度开了一代先河。这就是由抽象的“一切存在”，转向了可证实的具体存在、实际存在，成了现代哲学的主流。

（三）费尔巴哈创立了抽象的自然人本主义

与此同时，对黑格尔的更重大的批判来自费尔巴哈（1804—1872），他强调黑格尔“思辨哲学的秘密是神学”①，他从批判神学、弘扬人性的角度对黑格尔的唯心主义思辨形而上学体系展开了批判（《黑格尔哲学批判》，1839），提出感性直观原则与其对抗，呼吁哲学从抽象世界回到客观的自然界，回到人的感性的具体的世界，回到人本身。从而建立了唯物的以人为本的人本主义哲学。但费尔巴哈也力图建立无所不包、解释一切的自然本体论哲学体系，对人的理解也主要是从人的自然存在、人的自然本性来理解人，从而也只能抽象地把人理解为他的类本质，没有真正进入人的具体世界。他没有超出近代哲学的形而上学思考方式。所以，施蒂纳指出他的“人”仍然是“神”，提出“唯一者”即孤立的个人与其对抗。但是，他对人的重视，他的自然主义和人本主义，同样对现代西方哲学思潮发生了重大影响。从哲学发展上说，他由统治一切的绝对理念的存在，转向了实实在在的具体的自然存在物，转向人的自然存在，创立了以人的类本质为基础的哲学人本学。他对人的类本质的不当偏重，促使了施蒂纳的起而反对，相反地提出了“唯一者”即孤立的个人来反对类本质，并力图以此为根本，创建新的人本主义哲学。这两种倾向都受到马克思的批判。马克思既站在费尔巴哈的反形而上学的具体世界和人本立场上，又反对他偏向人的自然本性而走向人的类本质世界；马克思既重视人的个体生命的存在，又反对把人视为没有社会联系的孤立个体，他从人的个体生命与类本性的统一出发，找到了“真正的人”，即包含其类群本性于个体生命中的实实在在的“从事实际活动的人”，从而创建了关于人类世界的现代

① 吴晓明主编：《20 世纪哲学经典文本·序卷》，复旦大学出版社 1999 年版，第 465 页。

哲学。

（四）基尔凯戈尔等开创了新人本主义：从人的存在到存在主义

在马克思之前出生的开辟了现代西方哲学的重要哲学家，还有一位比马克思大5岁的丹麦的基尔凯戈尔（1813—1855），他也不研究“一切存在”，而是从人、从人的主观精神上展开了对黑格尔的绝对理性和思辨形而上学体系的批判。他认为，哲学不应当沉浸在抽象理性领域而不关心人生，不应当强调抽象本质而忽视真实的具体的人的“个体存在”，他提出“人的存在”并把它理解为“有限和无限、暂时和永恒的综合”，从而开辟了从个体的人的丰富的生命存在、精神存在上研究个人的存在主义哲学潮流。这是一种从个体性上超越费尔巴哈的、新的具体的人本主义哲学潮流。但他的思想对当时的欧洲几乎没有影响，只是在他身后多年才传出丹麦，得到哲学界的重视，当然也不可能对马克思产生影响。存在主义经过海德格尔、萨特等的发展，也成了现代西方哲学的主流。但基氏首先树起“人的存在”的大旗，并具体研究了人的个人存在，虽然与费尔巴哈的类本质相反，但也实在是对现代哲学的一大开拓。而同样代表了这一方向并对马克思产生了影响的德国的施蒂纳，则把个体强调到极端，成了“唯一者”，这一层受到马克思的强烈批判。

简言之，存在主义、生命意志主义、人本主义等都可归入现代人本主义哲学潮流，它和以实证主义乃至后来的以分析哲学为代表的科学主义潮流，共同形成现代西方两大哲学思潮。而这两大思潮的共同特点，就是叛离形而上学的普遍主义，转而关怀比较具体的存在方面和人的存在，特别是人性的具体方面的问题。这一超越形而上学走向具体境遇的探索，是哲学发展向具体存在的深化，它开辟了现代哲学发展的新方向。马克思对费尔巴哈与施蒂纳（在一定意义上也包括对基尔凯戈尔）的批判与超越，使他也独立地参与了这一现代哲学新潮流的开拓。

此外，后来的弗洛伊德创立的性本源哲学，用以解释人类文化生命世界，以及尼采的意志哲学，都是哲学思潮向人类世界、向人类学转向的产物。

二、马克思对现代哲学的期望（马克思的哲学观）

像前几位较早的同时代哲学家一样，马克思在青年时代早期，也深受黑格尔哲学的影响，但他的哲学活动也是从批判黑格尔哲学开始的（《黑格尔法哲学批判》，1843）。马克思没有受到叔本华、孔德、基尔凯戈尔等人的影响，但他深受费尔巴哈唯物主义、自然主义、人本主义思想的影响，同时也独立地提出了科学实证的哲学要求和对于人的命运的关怀。他把当时进步的哲学精神集于一身。

马克思所处的时代，是个理论异常活跃发达的时代。黑格尔以绝对理念为根基的绝对理性主义的哲学精神，使一般理论家都倾向于脱离实际的理论思辨，而马克思强烈的历史使命感和唯物主义的科学精神，使他首先关注的是哲学与现实的联系，哲学与人的关系，是时代的现实问题及其解决的途径。马克思在他初出茅庐时（1942 年），就强调一种超越传统的哲学解放精神：

> 假如你们愿意明白事物存在的真相，即明白真理，你们就应该从先前的思辨哲学的概念和偏见中解放出来。①

由于黑格尔思辨哲学是全部传统哲学发展的顶峰，这里所说的从思辨哲学的概念和偏见中的解放，实际上就是从一切形而上学哲学传统中解放出来，而不仅仅是指从黑格尔或从唯心主义中解放出来。在马克思看来，哲学不应当再是传统的脱离实际的思辨，而应当是人民的和时代的最深层的精神理念：

> 哲学家……是自己的时代、自己的人民的产物，人民最精

① 《马克思恩格斯全集》第 1 卷，人民出版社 1965 年版，第 33 页。

致、最珍贵和看不见的精髓都集中在哲学思想里。①

根据这一哲学信念，马克思则要求这样一种“用双脚站在地上”的关于“当代世界的哲学”：

哲学不是世界之外的遐想……哲学首先是通过人脑和世界相联系，然后才用双脚站在地上。任何真正的哲学都是自己时代精神的精华，所以必然会出现这样的时代：那时哲学不仅从其内部即就其内容来说，而且就其外部即就其表现来说，都要和自己时代的现实世界接触并相互作用。那时，哲学对于其他的一定的体系来说，不再是一定的体系，而正在变成世界一般的哲学即变成当代世界的哲学。……这种哲学思想冲破了固定不变的、令人难解的体系的外壳，以世界公民的姿态出现在世界上。②

在这几句言简意赅的话里，马克思表明了他的新的哲学理念：他要求创立一种“用双脚站在地上”的、“和自己时代的现实世界接触并相互作用”的哲学，即由抽象的关于一切存在、整个世界的思辨，回到具体的、现实的、有关人类世界的哲学上来。正是这样一种回归现实的哲学精神，促使他开辟了新的关于人类世界的哲学，此即人类学—哲学范式。

三、马克思哲学的对象：人和人类学世界

（一）现实的个人是马克思哲学的出发点

但是，马克思没有停滞在自然界里。他对思辨唯心主义和直观唯物主义批判的原因之一，就在于它们都疏远了具体的现实的人。他批判黑格尔

① 《马克思恩格斯全集》第1卷，人民出版社1965年版，第120页。

② 同上书，第121页。

忘记了人，“把人的一切活动消融在思辨辩证法中”①，也批评培根之后的“唯物主义变得敌视人了”②。更批判“青年黑格尔派”把人变成空洞的“自我意识”，而对那作为思或心的载体的具体的人却漠不关心。他特别批判施蒂纳的把人变成孤立的个人——“唯一者”，从而抹杀了人的关系、联系和社会性。有鉴于此，马克思一开始就把握住了现实的、活生生的、互为对象的人，他把“现实的人”作为出发点，他的一切思考都是与人有关的，从人出发的。

（二）人是“属人的”即为自己的生存而活动的存在物

现代哲学是从对人的关心开始的。马克思从互为对象的、具体联系着的存在世界出发，就自然进入了同样互为对象而存在的人类世界：人“作为自然存在物，而且是有生命的自然存在物，人一方面赋有自然力、生命力，是能动的自然存在物，这些力量是作为秉赋和能力，作为情欲在他身上存在着的”③，是“属人的自然存在物”④。

因而，人天生就是“为人的”，即为了人的生存而自觉活动的存在物；成为一个为生存而主动活动的自为的主体，即有其生命性、主体性、能动性的存在者，有其“我”性，有其人格性、思想性的具体的存在者。这样，马克思的哲学世界，就不再仅仅是互为对象的“存在物”的具体关联世界，而进入了互为对象、结成关系的具体地生活着的“存在者”的关联世界，即人的世界。

在马克思看来，“物的世界”与人的世界有本质的区别：马克思说，前者（存在物）是“作为客体的自然界”而存在着的；后者（存在者）是“作为主体的自然界”（同上）而存在着的，马克思在存在物及其相互关联的世界中所看重的，正是“作为主体的自然界”的互为对象的存在者世界，即以个体的人为表现的结成关系和联系网络的“人的具体世界”。于是，马克思就从物的存在出发而又超越物的存在而进入人的世界，这是

① 马克思：《神圣家族》，人民出版社 1962 年版，第 67 页。

② 同上书，第 164 页。

③ 马克思：《1844 年经济学哲学手稿》，人民出版社 1979 年版，第 120 页。

④ 同上书，第 126 页。

马克思所开拓的人类学—哲学的第二重规定性。

进而，从人的具体世界来看，人不仅仅是人的自然存在，更是人的社会存在；不仅仅是人的“个体存在”，而更是既有个性又有类性的人的“类存在”。这里，就马克思也关注人的存在、个体的存在而言，可以说，他同样开创了存在主义的哲学境界。但是，马克思所关心的要比个体存在更进一步，他的彻底性使他深入了个体存在的更深一层的规定：个体与个体、个体与类的社会关系。这样，马克思对个人的把握也就是对于类群性的把握，而对于类群性的把握也就是对于个体的把握（详后）。这是马克思所开拓的人类学—哲学的第三重规定性。

（三）人是由社会关系所规定的存在物

马克思的“人的世界”，是由人的种种关系所构成、所规定的世界。在马克思看来，人是社会关系的存在物，他总是处在与自然的、与社会的、与他人的、与物的、与类群的种种关系中。人只有处在这种种关系中才能生存。同时，人的这种关系是“为我”即为了人的生存而存在的，因而它是符合人的需要、促进人的生存的关系。在马克思看来，“人跟世界的关系是一种合乎人的本性的关系”①。换言之，马克思的人类世界，是由种种合乎人的本性的关系支撑着的、包含了人的全部丰富性的活生生的人的现实生活世界，是一个具体地、有机地相互关联、相互联系地存在着、创生着的人性化的关系世界。它表明马克思的人类世界是由人的关系和社会联系所规定的人性世界，这就形成了关于人类世界的关系规定论或关系本原论。马克思哲学的人类学性就奠定在这里，这是他的哲学第四重重要的规定性。

（四）人是实践的、生活的存在物

人们都强调马克思的实践观。这里要强调的是：马克思是从人的立场来看实践的。由于人感到在他之外存在着的“对象是他的需要的对象”②。

① 马克思：《神圣家族》，人民出版社 1962 年版，第 52 页。
② 马克思：《1844 年经济学哲学手稿》，人民出版社 1979 年版，第 121 页。

紧接而必然的问题是：人如何实现自己对于自然物的需要？马克思的回答是：人的能动性使人可以通过他的劳动活动、通过物质生产实践的感性物质活动，来实现自己对于对象的需要。这就是人类实践活动。在这个人类生存的意义上，人是实践的存在物。当马克思称自己的哲学是唯物主义时，他“所唯之物”不是别的，不是客观物质世界，而是人为了自身的生存发展的物质实践活动。这是马克思“唯物”含义的真实所在。于是，马克思就由人的自然存在的唯物主义，进展到了人的社会存在的唯物主义即以实践为生存手段的新唯物主义立场上来了。这是马克思哲学的第五重规定性。

通过以上层层深入的规定，从人的自然存在进展到人的社会关系存在，再进展到人的为生存而实施的实践存在，马克思哲学就成了关于人类世界的哲学了。这就实现了马克思的哲学理念：哲学要和“自己时代的现实世界接触并相互作用”。“以世界公民的姿态出现在世界上。”① 这就是马克思真正的哲学世界。

具体而言，马克思在哲学上对于“人类世界”的开辟，建立在他的哲学思考的八大转换之上。

（原名“马克思哲学在具体境遇上的创新：实践的人类学—哲学”，原载《云南社会科学》2003年第6期，第27－32页，内容在选入时有所增删）

① 《马克思恩格斯全集》第1卷，人民出版社1965年版，第121页。

马克思的人类学价值观与人类学思维范式的形成

哲学是人们的精神根基，一种新的哲学不仅为人的精神提供新的精神理念，开拓新的视域，对世界产生新的看法，形成新的思想和新的世界观，而且建构出新的思考框架，创生出新的思维方法，从而形成新的思维范式。马克思的实践人类学—哲学，就具有这种世界观与思维范式的功能。因此，在阐述了这一哲学的基本理念之后，我们应当上升到它特有的世界观和思维范式的视角加以考察。因为任何一种独创的哲学，都不仅有它的思考对象、思考原理，还特别有它的思维方式。要探索一种哲学，首先就要探索这一哲学的思维方式。那么，马克思的人类学—哲学，有怎样的思维方式呢？人们已经认识到马克思的思维方式是人类学思维方式，那么，他的人类学思维方式是怎样形成的呢？有什么特征？这里，可以简单谈谈。

一、马克思的人类学价值立场

从1835年到1846年，是马克思在哲学思想上不断成长发展的几年。如果要问，马克思这些年哲学思考的对象和主题是什么？是康德的认识论吗？是黑格尔的理念论吗？是青年黑格尔派的自我意识吗？是费尔巴哈的类本质吗？是法国的物质和运动概念吗？都不是，这些既有的抽象的哲学都没有进入他关注和思考的视野，为什么呢？这些哲学都不是对人和人类世界的直接关怀，都不是以人类为对象、为主题的，都与他中学毕业以来就确立的为人类幸福而奋斗的志向无关。所以，在博士论文之后，马克思没有直接写过哲学文章，只是在这里那里涉及哲学问题时，顺便表达一下他内在的哲学理念。

从中学时代，马克思就吸收了西方文艺复兴以来人类历史发展的进步精神，即宗教与神学的地位日趋下降而人和人类学的精神日趋上升的时代。这种精神在中学生马克思身上的体现，就是立志为“人类的幸福”而奋斗，确立了一种关怀全人类命运的伟大志向。大学时代的马克思进入了追求真理、正义的学术领域，但他大学毕业的博士论文，不过是“借古讽今”，用他的话说是“出于政治的目的”，到古代原子论中探索人的自由创造精神的自然基础。看似抽象，但却是为了人，为了人的自由创造精神的发扬。此后，马克思一直以这种人类学立场观察理解人和人类世界，明确强调要“从人类精神的真正的视野”观察人和人类世界。这特别表现在他对人类学价值原则的选择上。在涉及人的地方，他都强调人的地位、人的价值，建立了一种人类学价值原则。而这是人类思维方式或者说“范式”的灵魂。马克思多方面地表明了他的这种人类学价值理念：

（1）提出以人为本的人本价值观、人类学价值观：马克思在1843年的《黑格尔法哲学批判导言》中强调：“人是人的最高本质”“人的根本就是人本身”。他强调一切进步的革命，应当是达到“人的高度的革命”①。

这是马克思人类学价值观的人本立足点，由此确立的“以人为本”的价值立场，是马克思对人和人类世界的问题进行思考的最高价值根据。

（2）马克思要求“从社会自由这一必要前提出发，创造人类存在的一切条件”②。

这“一切条件”，当然包括从物质条件、制度条件到精神条件、生活条件及自由创造和发展的条件等等，但这些都不能不以“社会自由”为必要前提。由此可以看出，马克思把人的社会自由置于何等重要的地位。同时，它表明马克思进一步把他的人类学价值要求，理解为人的社会自由、

① 《马克思恩格斯全集》第1卷，人民出版社1965年版，第460－461页。
② 同上书，第466页。

人的存在即人的生存的一切条件，这就确立了人类学—哲学的价值追求目标：通过社会自由满足人类的合理生存。可以看出，这是适用于一切社会的价值目标。

（3）马克思要求推翻一切不合理的关系，追求人的合理生存。马克思强调："绝对命令：必须推翻那些使人成为受屈辱、被奴役、被遗弃和被蔑视的东西的一切关系""把人解放成为人"。

"受屈辱、被奴役"，表明现实世界没有平等和自由；"被遗弃和被蔑视"，表明现实世界没有公平和正义。这里，马克思以"必须推翻"的否定态度，指控了导致人类世界不平等、不自由、不公平、非正义的使人不能合理生存的现存关系，并通过批判这种不合理世界，提出了保障人的合理生存的平等、自由、公平、正义这种现代性的人类社会生活的普遍价值原则。对于马克思来说，自由，这是人作为"有意识、有意志"的存在物并以此支配自己生存的必然要求，是一切创造的必要前提（不能忘记，马克思在其博士论文中，曾把自由奠定在原子的偏斜运动中，即在自然必然性中追溯自由的基础）；平等，是人作为人而存在的、由"自然法"所赋予人的"人人生而平等"的自然表现（如恩格斯所说，他和马克思都支持法学世界观。但他们是从人类学高度理解自然法的"人人生而平等"的价值要求的）。因而，自由与平等首先是人作为人而生存的人类学价值。同样，公平和正义，是人的自由、平等的社会价值要求，也是人作为社会存在物在其社会生存方式中的最高价值要求，因而同样是人作为社会存在物而生存的人类学价值原则，它要求以社会的制度和法律规范的形式规范出来。这些使人成为人的价值原则，就是马克思确立的人类学价值原则，是人类合理生存、合理存在并走向自由解放的精神理性前提。马克思在这里以批判旧制度、旧关系的形式表达了人类合理生存的普遍价值要求，体现了马克思高度的人本理性精神或者说人类学价值精神，从而也使他的哲学构建成为人类学的价值哲学构建。

（4）马克思要求把人的世界和人的关系还给人自己，实现人的人类学的合理生存要求。马克思强调："任何一种解放都是把人的世界和人的关系还给人自己。”①

何谓“人的世界和人的关系”？即自由、平等、公平、正义的世界和保障这一世界不受任何人、任何集团侵害的制度性关系。一切解放都是为了“人的实现”，即实现人的“自由自觉的”生存、创造和发展。马克思把这种人类学价值原则，作为其解放哲学的最高价值追求。它表明，马克思当时所说的“思想解放”“政治解放”“阶级解放”以及“人的解放”“全人类解放”，都是为了把这种“人的世界和人的关系还给人自己”。在马克思看来，人的最高追求就是自由解放，这是马克思人类学价值观的最高体现。马克思由此创立了他的自由解放哲学和其最高价值原则。

还可以举出一些。但这几项人类学价值论断，已表明了马克思的哲学立场不外是人类学价值立场，他要求把这种价值关怀落实在具体的人的生存活动中，落实在人的“个体的感性存在”② 即他后来所说的“有生命的个人的存在”中。所以马克思这时所说的“人”，从一开始就与其他哲学家不同，不是指抽象的人，而是指包含一切个体在内的人类。它表明，马克思的人类学价值观，是立足于人的个体生命的对于全人类的关怀。他后来强调无产阶级革命通过暂时的专政过渡到无阶级社会，以及对于共产主义社会的追求，不过是他所认定的以上人类学价值原则在世界历史发展环节中的时代性要求。

马克思的这些思想不仅没有中断，在后来还得到进一步的发展，成了他关于人的健全发展的目标理念。马克思后来在《共产党宣言》中所说的以“每个人的自由发展成为一切人的自由发展的条件”③ 而形成的“自由人的联合体”，在《资本论》中所说的“人的自由而全面的发展”，都不过是这些人本价值原则的进一步体现，他把这理解为全部历史运动的价值目标。

另外应当注意，马克思的这些哲学思想不是直接表述出来的，往往是在批判现实社会的不合理与非法性时而表述出来的。所以，他的哲学创造与哲学批判是同时进行的，是同一回事。他正是从这种人类学价值立场出

① 《马克思恩格斯全集》第1卷，人民出版社1965年版，第443页。

② 同上书，第451页。

③ 同上书，第260页。

发批判一切、批判德国封建专制特权社会和资本主义社会的。这种批判更激发了他对自由、真理与正义的强烈追求；而也正是这一追求，又不能不转化为对一切不合理、非法性东西的强烈批判。他对于人的至高无上地位的强调，对于人类学意义的自由、真理与正义精神的强调，与他对践踏人的，没有自由、真理与正义的封建专制特权制度的批判，是同一个硬币的两面。强调之热烈与批判之切齿同样深刻。这特别体现在他把专制特权统治比喻为“使世界不成其为人的”“动物世界”，认为这种制度“已经沦落到了政治动物的水平”①。它对人的统治就只能是动物般的暴政统治、庸人统治。这是马克思的“绝对命令”所首先针对的东西。由此可以提出，对于马克思来说，弘扬人类学的价值原则与反对专制特权制度对人的奴役，同样是一个硬币的两面，是不可分割的一体，其目的都是为了争取人的合理生存。

（5）马克思把人的自由创造、自由解放作为他的终生价值追求。1842年是马克思入世而参与社会斗争的一年。马克思的基本的理论的与实践的斗争，都是以自由创造精神为内在核心的斗争。他从 1841 年的本体论的自由开始，1842 年返回到现实的社会学、政治学的自由中并力图建立以其为核心的作为世界公民的哲学。而到 1843 年，“人的自由”已经上升成为“人的解放”——“无产阶级解放”和“全人类解放”。此后，他终生都在为这两大解放而斗争，而“解放”不过是为了“自由创造”的社会实现。此后，1844 年进一步从人的本性、人与自然界的关系和人类生存发展视角要求克服劳动异化，实现人的复归，指出了解放的人类学意义。1845年提出以实践改变不合理的人类世界，其目标也是指向人的自由解放。1846 年以生产力的历史发展和交往关系的改变来理解人类走向自由解放的历史道路。直到 1848 年的《共产党宣言》，在号召以无产阶级实现人类解放这一历史性的斗争中，力图通过无产阶级的现实斗争，把劳动从资本的奴役中解放出来，打开人类自由解放的大门。他把这一斗争的目标确定为以实现每个人与一切人的自由发展为目标的自由人的联合体即共产主义，也就是为了实现人的自由而全面的发展。所以，人的自由、人的创造、人

① 《马克思恩格斯全集》第 1 卷，人民出版社 1965 年版，第 412 页。

的发展是马克思哲学精神的核心。

以上，是马克思在1844年之前的哲学创造的最积极、最重大的成果。它表明，马克思的强烈的人格理性精神，就是对于自由—真理—正义这一人类学价值精神的追求。正是这一追求使他为他的人类学—哲学奠定了人类学价值原则。

（6）马克思以“每个人”与“一切人”的合理生存、健全发展与走向自由解放为最高价值目标。马克思在《共产党宣言》中强调：人类社会应当向这样的方向发展：“在那里，每个人的自由发展成为一切人的自由发展的条件。”① 这句话代表了马克思的核心精神，它的内在价值精神可以这样理解：即“每个人”与“一切人”的合理生存、健全发展与走向自由解放。因为，任何自由发展者都不能不以合理生存与健全发展逐步实现自由解放为前提。这是马克思人类学—哲学的最高价值目标。马克思后来在《资本论》中所说的“人的自由而全面的发展”，也是这个意思。所谓“自由而全面”的发展，就是健全发展，即人与社会的健康发展。并通过这种发展而形成“自由人的联合体”，即共产主义的实现，等等。

事实上，马克思1843年以前的这些思想是很集中的，他对于人的至高无上地位的强调，对于人类世界的自由、真理与正义精神的强调，与他对践踏人的，没有自由、真理与正义的封建专制特权制度的批判，是同一个硬币的两面。强调之热烈与批判之切齿同样深刻。

上述人类学价值观，也就是马克思思考把握人和人类世界的人类学价值立场或者都是一样——人类学价值原则。从这些立场或原则出发进行思考，就形成了马克思的人类学思维方式。

二、马克思的人类学方法论

马克思从他的人类学价值立场观察把握人和人类世界，目的就是要以这种立场为原则对待问题、认识问题、处理问题，即把它转化为分析问题

① 《马克思恩格斯选集》第1卷，人民出版社1966年版，第260页。

的人类学价值原则。作为一种原则，它就是一种分析问题、衡量问题的价值尺度。而根据人类学价值立场和人类学价值尺度分析把握问题，就成了把握问题的人类学方法。通常认为，马克思创立了唯物主义的辩证法的方法、历史分析方法、阶级分析方法等等，这些当然是不错的。但是，马克思这些方法的创立，都是建立在他的人类学方法之上的更具体的方法。马克思把他的人类学方法以“人类精神的真正的视野”来概括。这一视野是如何来的呢?

我们知道，从中学时代，马克思就吸收了人类历史从“神本”时代向“人本”时代发展的进步精神，立志为“全人类的幸福”而奋斗。怀抱着这种关怀全人类命运的伟大情怀，开始了他的“因为人而为了人”的理论活动与实践活动。所以，1842 年，马克思一踏入社会，就提出了“用人的眼光”来观察世界，参与对现实世界的非人的、不合理现象的斗争。何为“人的眼光”? 显然不是宗教，不是神的眼光，不是某种哲学、某种政治的眼光，不是生物的自然的眼光，也不是国家或其任何统治阶级的眼光等等。这里的“人”，显然是指人类学意义上的人，是指整个人类。这表明，马克思从一开始就确立了他的人类学方法，这是他“为人类幸福而工作”的人类学立场的体现。因为马克思紧接着就表明他的“人的眼光”，不外就是以“人类精神的真正的视野”① 观察世界。

那么，何为马克思理解的“人类精神”? 显然，它不是指神的精神，不是指国家精神，也不是指人类的精神创造物，如文学艺术科学哲学精神等等，更不可能是指作为精神性的人或人类的精神现象，而是指在人类历史中日渐增强的对人的尊重和理解、对人的地位和价值、对人的自由和创造、对人的人性和光辉的欣赏与赞美，是人超越神而成为自然与社会的主导力量的一种精神体现，这只能是在历史发展中形成的一种广义的人类学精神。它是自文艺复兴以来反对神而弘扬人，关心人类命运，关心人的生命、自由、价值、创造与尊严的人类学精神，是西方哲学的精神历史的人类学转向的体现之一。马克思继承了推动人类发展进步的这一伟大的人类学精神，并以这一精神观察把握人和人类的生存世界，这就形成了马克思

① 《马克思恩格斯全集》第 1 卷，人民出版社 1965 年版，第 116 页。

哲学的“人类学精神的视野”。因而，“人类精神的真正的视野”，只能理解为人类学视野。所谓人类学视野，就是站在全人类连同他赖以生存的自然界的立场上看问题，这是从全人类的发展进步立场来观察理解人类世界的哲学视野。在这一哲学视野之下，马克思看到的是关于人、关于人性和人类、关于人与自然界、关于人的自由、关于人类社会的问题、关于人的合理生存、关于人的异化与人的解放、关于现实社会的经济政治活动的本质与矛盾等人类性的东西。所以马克思的人类学方法是深厚的历史基础和价值选择的方法。

最后，马克思的人类学价值立场、价值原则和人类学方法，形成了他观察把握人和人类世界的制高点。即马克思总是从这种人类学价值高度观察理解人和人类世界的问题。正是站在这种制高点上，产生了他后来的把握人和人类世界问题的立足点（社会化的人类）、出发点（从事实际活动的人）和归宿点（自由人的联合体）。正是站在这种制高点上，他对“唯物史观”的基本原理的把握，要从“有生命的个人的存在”和他的物质需要开始；他对人的历史活动的把握，要从人的需要的满足与“新的需要的产生”开始；他对资产阶级的历史功勋和无产阶级历史使命的看法，他对生产力的发展和世界历史发展规律的看法等等，都是从这种人类学价值高度观察把握问题的具体体现。从这个制高点观察把握世界历史，全人类的生存发展及其在每一个时代的迫切问题就会了然于胸。能不能看到马克思的人类学—哲学构建，关键就在于能不能上升到这种制高点上看问题。

总之，马克思的这六项人类学价值论断，不是空洞的，他要求把这种价值关怀落实在具体的个人的生存活动中，落实在“人的个体感性存在”① 即他后来所说的“有生命的个人的存在”中。从而，马克思确立了人本价值视界，奠定了他的哲学的正确的人类学价值观视野。它表明，马克思的人类学价值观，是立足于人的个体生命的对于全人类的关怀。他后来强调无产阶级革命通过暂时的专政过渡到无阶级社会，以及对于共产主义社会的追求，不过是他所认定的以上人类学价值原则在世界历史发展环节中的时代要求。

① 《马克思恩格斯全集》第1卷，人民出版社1965年版，第451页。

三、建立在人类学价值立场上的人类学思维原理

马克思的人类学价值原则在思维方式中的体现，就形成了他所特有的人类学思维方式：它作为一种典范的思维方式而言，就是人类学思维范式。一般讲来，人们的思想理念规定着人们的思维和思维范式，思维和思维范式是人们既有的思想理念与现实的思考对象相互作用而掌握对象的工具。因而，人们有怎样的哲学，怎样的世界观，也就会有怎样的思维范式。一种哲学的精髓，往往就体现在它的思维范式里，只要这种思维范式还能为人们运用以把握现实，这种哲学就有现实的生命力。

一种思维范式，除了它进行思考的价值立场之外，还有它的思考原则、思考态度、衡量问题的思考尺度、思考方法诸多方面。只有对这些方面加以分析，才能揭示出这种思维范式。这里不能不指出的主要有：

（一）思考起点：从“人的社会存在”开始

马克思的人类学—哲学，是对人和人类世界的种种问题的思考。对此，他不是从物质、从精神出发进行思考，而是从人的现实的存在即人的社会存在进行思考。“人的社会存在”，是马克思提出的重要范畴，也是他思考把握人类问题的起点。仅仅从这一层次看，可以说马克思已在哲学观上开辟了一个全新的天地，否认了由客观精神的信仰世界观和直观的自然物质世界观，创构了全新的以人的社会存在为根据把握人类命运的人类学思维范式。这是人类学思维范式的唯物主义起点。

（二）思考原则：从人的生存合理性出发看待人类的存在和发展

人类学价值观的基本理念是：人类的生存应当是合理的生存，人类的发展应当是既符合自然生态又符合社会生态的合理的健康发展，即走向自由解放的发展。因此，人类学思维范式的思考原则，应当是从人的生存合理性出发，看待人类的社会存在和社会发展。

人类的生存合理性问题，在每一个时代都潜存于其社会的不合理状态

中。革命的思想家总是首先看到其不合理性加以批判，以求合理性的实现。马克思就是以生存合理性为原则进行人类学思考的典范。他在学生时代立志为人类幸福而工作，但初出茅庐，就发现了社会的最大不合理在于没有自由，进而，他发现了“落后于世界水平”的德国专制政治统治，愤怒地以“动物世界”“动物崇拜”斥责其不合理性。更进，他发现了在发生了政治革命的国家，由于私有制的存在，劳动异化使占人口大多数的整个无产阶级不能不过非人的生活，以致全社会都被人的异化所扭曲。在马克思看来，整个人类的关系异化为非人关系，从而他提出了使其走向合理的无产阶级解放和人类解放的思想。这表明，人类的合理生存与自由解放这一合理生存理念，是马克思思考人类社会的一切问题的理论核心，这不仅是个宏观的理念，即对人类社会进行总体把握的理念，也是个微观理念，即对具体问题进行具体的分析评价的理念。前者如提出由无产阶级完成人类解放的主张，后者如对资产阶级民主的不彻底性的批判，对巴黎公社的评价，以及对一些思想家的评价，对一些革命实践事件的策略性指导，其内在的理念都这样那样和当时的生存合理性及其历史表现——历史合法性有关。因此，可以认为，生存合理性是马克思人类学思维范式的最基本的思考原则。一个人以这一原则对人类的社会存在状况，特别是其历史性的存在和发展进行思考，那就进入了人类学思维范式的范畴。这就是从生存合理性出发，看待人的和人类社会的存在和发展。马克思就是进行这种哲学思维的一位人类思想家。这是人类学思维范式的最基本的要求。当然，这一原则应是在“人的社会存在”这一唯物主义前提下进行的。

（三）思考态度：对现存的一切进行合法性批判

人类学价值观的基本态度是：人类社会现存的一切都应当是合法的，凡是不合法的都应当受到批判。因此，人类学思维范式的基本思考态度，就是要对现在的一切进行合法性批判。

马克思的人类学思维态度也是很丰富的。马克思一方面对人的异化和物化现实极端反感，一方面秉承人的个人自由、合理生存与人的解放这一人类社会的应然状态，开始了他的“批判一切”的理论活动。他的全部理论目标，就是如何消除前者而实现后者。因此，马克思青年时代主要就以批判哲学家出现，他批判了当时资产阶级的哲学、国民经济学、资本主义社会、专制制度、劳动异化、私有制等等以及代表它们的思想家。重要的是，马克思在对这些现存不合理世界进行批判时，也就同时建构了它的相反的合理性理念：他批判专制彰显了自由，批判唯心论彰显了唯物论，批判形而上学彰显了辩证法（方法）。他以事实批判概念，以共产主义批判资本主义，以公有制批判私有制，以人的解放批判人的异化，等等，在批判中实现了他的哲学的多方面建构。他首先拿起的是哲学武器，对其寄以重要的希望。但是，马克思的科学态度，进一步使他注意到经济学和社会历史，他又以这两大类学科的研究，对现实社会的不合理不合法进行批判，力图实现自己的也是全人类进步的价值理想。在这些批判中，人类的合理生存，整个人类的自由、幸福与解放，始终是他关注的重心。在哲学上，马克思则从实践和人的社会存在出发，彻底地批判了形而上学和以往的全部哲学的不合理与非合法性，把哲学转向了人类世界。而他的人类学价值观，又使他从人类在自然界中的合理存在开始，对人的现存的异化的生存状态予以批判，强调人的自由、人的价值，力图“把人的世界和人的关系还给人自己”，这就是经由阶级斗争、生产发展而达于人的解放。值得注意的是，马克思正是在这一批判中，实现了哲学价值观的转换，把哲学从追求整个世界的形而上学本质，转向了追求具体的人类社会的真理；从追求宇宙本体，转向了关注人的生存状态，建立了关注人的合理生存与自由解放的人类学—哲学世界观。

因此，人类学思维范式的思考态度，也就是要对人类社会中现存的一切进行合法性批判。人类学思维范式，就是要以人的解放的尺度衡量一切，特别是衡量社会历史发展。这就把关于人的哲学思维，锁定在人的社会经济生活、社会政治制度这种制度存在方面了。因为人类世界最重大的不合理性，都存在于这两个领域。这是我们在强调人类学—哲学的思考态度时，必须注意到的方面。

（四）思考尺度：以生产力尺度、人的尺度与自由解放尺度衡量一切

人类学价值观用以批判衡量事物的基本尺度，是生产力尺度、人的尺度与自由解放尺度，因此，人类学思维范式的思考尺度，也不能不以生产力尺度、人的尺度与自由解放尺度来衡量一切。从思维范式上说，以生产力尺度而言，这就是要以其生产力发展的要求，思考其生产关系和建立其上的各种社会关系、统治—从属关系以及上层建筑的合理合法性。这样一种思维范式，在马克思的唯物史观中就形成了，但它也是人类学思维范式的思维尺度。

概括而言，人类的合理生存、健康发展与自由解放，作为人类学世界观的核心，作为一切批判的根据，它在实际运用中就具体化为三大衡量尺度：生产力尺度——主要用于衡量现实事物的历史发展；人的尺度——主要用于衡量社会政治事物的价值分析；自由解放尺度——主要用于衡量历史发展的应然功能。通过以这三大尺度对事物进行分析、权衡，以保障这一原则的实现。人类学思维范式，就是要求以这三大尺度分析衡量事物。

（五）思考方法：以关系思维、关系分析法把握人类问题

人类学价值观从人的社会关系出发理解人类社会，因此，人类学思维范式的基本特征，就是从关系规定论出发，以关系思维、关系分析法把握人类问题。

看到关系的重要，形成关系规定论，以关系为本源分析把握事物，这是马克思思考方法的秘密所在。马克思总是对人进行物的关系分析，对物进行人的关系分析；对人、对事物进行社会关系分析，对社会进行物的关系和人的关系分析；对一些关系又进行辩证的关系分析即矛盾分析，对复杂的东西进行系统关系分析和关系的结构分析，对结构进行逻辑制约关系分析，对逻辑制约进行从简单上升到复杂、从抽象上升到具体的上升关系分析，对上升关系又进行历史的、实际形态的制约关系分析，达到逻辑的与历史的一致，对实际事物又进行最基本的决定作用与相互作用的关系分析，等等。这一切，可以概括为马克思的深层关系分析法。人们通常所说的马克思的辩证分析方法和系统分析方法，实质上也都是关系分析法在辩证性和系统性中的特殊表现。因为所谓辩证性、系统性，也都不过是一种特殊的关系集合。马克思开创了关系分析法的先河。他创立的生产关系、交往关系、经济关系等关系分析概念，成了现代社会关系分析的基础。现代科学和哲学的思维方式，也正是从关注“实体”进展到关注“关系”，

从关注存在物到关注存在方式，从关注“是什么”到关注“如何是”，即在某种“关系中”的“是”，从“实体思路”进入“关系思路”，形成关系思维。注意关系及其联系、结构、系统、信息交换等关系状态，是现代哲学和科学不同于近代、高出于近代之所在。这就使哲学从此超越了实体本体论范畴，而进入了关系规定论范围。从上面的分析可以看出，这种新的关系分析方法及其思维方式，是马克思人类学哲学最重要的分析方法。风行一时的阶级分析方法、历史分析法，也是这种关系分析的具体体现。上述生产力尺度、人的尺度、自由解放尺度，都只有运用关系分析法才更便于把握。

例如，在经济学上，马克思就是从经济关系分析看待问题的。他说：“社会生产过程既是人类生活的物质生存条件的生产过程，又是一个在历史上、经济上独特的生产关系中进行的过程，是生产和再生产这些生产关系本身，因而是生产和再生产这个过程的承担者，他们的物质生存条件和他们的互相关系，即他们的一定的社会经济形式的过程。”这里强调的是：社会生产是在一定的关系中进行的，而生产本身又生产着新的关系。马克思看到的是关系的机制和关系的再生。而马克思所说的“生产”，也是指物质资料的生产与生产关系的生产，这里强调的同样是关系。马克思对历史进行分析的结果，是得出了生产力与生产关系的关系，而生产力也是人和工具的关系结合物。总之，在马克思那里，脱离开关系，就不可能对人、对社会、对经济、对历史进行分析。马克思的人类学思维范式是关系思维方式。它以关系分析为基础。

由以上可以看出，概括马克思的哲学思考方法，最根本的词不是“辩证方法”，不是“系统方法”，不是“实践思维方法”，不是“唯物方法”，不是“历史方法”，也不是“辩证思维”“系统思维”“实践思维”“历史思维”等，因为这些都只能在一定意义上使用。从根本上说来，马克思的思维方法，是关系分析法，或深层关系分析法，是关系思维方法。它建立在马克思的关系规定论或“关系本源论”的基础上。上述方法、方式都不过是关系分析方法在不同关系境遇中的具体表现而已。

有的同志说，新世纪的哲学不仅应当反映时代精神，更应当“塑造和引导”时代精神，笔者认为，这就只能是人类学—哲学精神，它集中表现在人类学价值观及其思维范式里。而经过哲学赋型化的思维范式，对人类行为有一种范导作用，哲学通过其赋型的思维范式范导着它的时代。如果能做到这样，可能真的如有的同志所作的乐观的估计：在新世纪，“人类学思维范式将可能成为主导型的哲学范式”。福柯早就认为，人类学在现代思维中具有构建作用，人类学从有限的个人存在出发，分析人的问题。它显然对我们的时代有范导意义。人类学—哲学更是这样。全球化把人类共同的问题凸显出来，需要能针对人类共同问题的人类学思维范式。

总之，由马克思在一个半世纪以前奠定的人类学价值观和人类学思维范式，在全球化的21世纪有可能得到发扬光大，有可能上升成为一种支配性的精神理念和思维方式。(许鲁洲参与)

(原名“试论马克思的人本理论和人类学思维范式”，收入陈振明主编《马克思主义与当代社会科学》，社会科学文献出版社第121-132页)

马克思的哲学理念及其内在的逻辑上升关系

要研究马克思的哲学，首先要明确马克思哲学思考的对象。是自然界、普遍的物质世界还是精神意识世界？是物质与精神的一般规定、共同规律还是它们的辩证法？是整个世界的普遍法则、特殊规律还是我们对这个世界的一般观念？是人类的自然存在、生命、意志还是人类的一般特性？……这些对象都曾经是哲学的对象，并且都是很迷人的。但是，它们在马克思那里都找不到文本依据。事实上，马克思所关注的，用中国哲学的语言来说，是在人—天关系（人与自然界）、人—人关系（人的社会关系）和人—自关系（人与自身的关系）中对于人和人类世界的关注。

一、马克思在哲学上的批判与搁置

伟大的理论创造往往要从深刻的批判开始。马克思在哲学上的开拓，像现代哲学的其他开创者一样，也是从批判黑格尔开始的。他批判黑格尔把抽象出来的人类精神及其能动性，脱离开人而上升成为客观精神实体，即绝对理念，并以绝对理念的发展推移而生成一切事物的思辨唯心主义；也批判黑格尔和青年黑格尔派把人变成“自我意识”，而对那作为思或心的载体的人本身却不予关心；他也批判近代直观的、抽象的唯物主义，即见物不见人的“唯物主义”，以及由它们构成的抽象形而上学哲学及其方法。在马克思看来，“抽象的物质”方向与“唯心主义方向”①，认为这两

① 《马克思恩格斯全集》第1卷，人民出版社1965年版，第355页。

种片面的主张在本质上由于极端相合而成了相同的："抽象的唯灵论是抽象的唯物主义，抽象的唯物主义是物质的抽象的唯灵论"，因为，"任何极端都是它自己的另一极端"①。

由此可以看出，马克思不是站在传统唯物主义这一极端的立场上与唯心主义相对立，而是力图超越它们各自的片面性，寻求一种新的哲学方向。

那么，马克思以什么样的精神为根据进行这一探索呢？这就是从西方科学、哲学进步精神中吸取的科学化了的实证态度和能动的辩证法精神，并以此面对世界，力图创立以人类实践为基础的"实证的""新唯物主义"哲学。除了这种能动的、唯实的哲学—科学精神之外，马克思还集中了西方文艺复兴以来的人文主义、人道主义、人类解放三大进步思想于一身，形成了他深切的社会人文关怀精神，开始了他的以"社会化的人类"为"立脚点"的哲学创建。

同样重要的是，马克思在对这些脱离人的抽象思辨的哲学进行批判的同时，还批判地搁置了许多他认为已经没有意义的哲学论题，如传统哲学的"物质""精神""运动"等概念，世界的本原、本质、本体与现象，抽象思辨的形而上学本体论，对世界的形而上的哲学追求，脱离了实践的认识论，客观自在的辩证法，与人无关的自然界，脱离人的视界的世界观，对宗教的批判，唯物与唯心孰是孰非，等等。搁置的原因，在于抽象地讨论这些东西不仅已没有现实意义，而且不合理、不科学。马克思明确表示："唯灵论和唯物主义过去在各个方面的对立已经在斗争中消除，并为费尔巴哈永远克服。"② 这就是说，在马克思看来，它们已没有现实意义，已成了明日黄花，它们是近代抽象的形而上学哲学的对象，而不应当再是现代的、走向具体境遇的未来哲学所应关心的问题。

重要的是，通过这些批判与搁置，马克思清扫出一个哲学新天地。显然，我们不能在马克思批判和搁置的理论中寻找他的哲学，而必须仔细分析他在这个哲学新天地里所开拓、所建构的新东西是什么。

① 《马克思恩格斯全集》第1卷，人民出版社1965年版，第355页。
② 马克思：《神圣家族》，人民出版社1962年版，第120页。

二、马克思的现代哲学理念

马克思在青年时代早期，深受黑格尔哲学的影响，但他的哲学活动则是从批判黑格尔哲学开始的（《黑格尔法哲学批判》，1843）。马克思没有受到早于他的叔本华（生命、意志哲学）、孔德（实证主义）、基尔凯戈尔（存在主义）等人的影响，但他深受费尔巴哈唯物主义、自然主义、人本主义的思想影响，同时也独立地提出了科学实证的哲学要求。

马克思所处的时代，是个理论异常活跃发达的时代。黑格尔以绝对理念为根基的绝对理性主义的哲学精神，使一般理论家都倾向于脱离实际的理论争辩，而马克思强烈的历史使命感和唯物主义的科学精神，使他首先关注的是哲学与现实的联系，是时代的现实问题及其解决的途径。马克思在他初出茅庐时（1942 年），就强调一种超越传统的哲学解放精神：

> 假如你们愿意明白事物存在的真相，即明白真理，你们就应该从先前的思辨哲学的概念和偏见中解放出来。①

由于黑格尔思辨哲学是全部传统哲学发展的顶峰，这里所说的从思辨哲学的概念和偏见中的解放，实际上就是从一切形而上学哲学传统中解放出来，而不仅仅是指从黑格尔或从唯心主义中解放出来。在马克思看来，哲学不应当再是传统的脱离实际的思辨，而应当是人民的和时代的最深层的精神理念："哲学家……是自己的时代、自己的人民的产物，人民最精致、最珍贵和看不见的精髓都集中在哲学思想里。"② 根据这一哲学信念，马克思则要求这样一种"用双脚站在地上"的关于"当代世界的哲学"：

> "哲学不是世界之外的遐想……哲学首先是通过人脑和世界

① 《马克思恩格斯全集》第 1 卷，人民出版社 1965 年版，第 33 页。
② 同上书，第 120 页。

相联系，然后才用双脚站在地上”，“任何真正的哲学都是自己时代精神的精华，所以必然会出现这样的时代：那时哲学不仅从其内部即就其内容来说，而且就其外部即就其表现来说，都要和自己时代的现实世界接触并相互作用。那时，哲学对于其他的一定的体系来说，不再是一定的体系，而正在变成世界一般的哲学即变成当代世界的哲学。……这种哲学思想冲破了固定不变的、令人难解的体系的外壳，以世界公民的姿态出现在世界上”。①

在这几句言简意赅的话里，马克思表明了他的新的哲学理念即哲学观：他要求创立一种“用双脚站在地上”的、“和自己时代的现实世界接触并相互作用”的新哲学，即由抽象的关于一切存在、整个世界的思辨，回到具体的、现实的、有关人和人类世界的哲学。正是这样一种回归现实的哲学精神，促使他开辟了新的关于人和人类世界的“新唯物主义”哲学方向。

三、马克思哲学理念的逻辑上升关系

（一）马克思开拓的哲学地平线：存在物“互为对象”的具体联系世界

那么，如何理解马克思所说的“新唯物主义”呢？马克思在批判黑格尔唯心主义哲学时，已经表明他的新唯物主义的哲学地平线，与普遍的抽象的“存在”、与普遍的抽象的“物质”或“精神”相反，而是作为包括人在内的实际存在的“自然存在物”，这是从事实出发的新唯物主义精神。它是自然的、现实的、感性的、实在的、有限的、特殊的即具体的“自然存在物”②。马克思之所以要从这一视界出发，在于费尔巴哈早就“扬弃了无限的东西，创立了现实的、感性的、实在的、有限的、特殊的东西”

① 《马克思恩格斯全集》第1卷，人民出版社1965年版，第121页。

② 马克思：《1844年经济学哲学手稿》，人民出版社1979年版，第121页。

作为哲学的出发点。[1] 而现代哲学的基本倾向，就是从无限的东西回到有限的具体的境域（在这个意义上，马克思的哲学方向是现代性的）。

但是，马克思与费尔巴哈不同，他不是从自然存在物中寻找它们的共同本质，而是强调这种“自然存在物”是“互为对象”的，即相互关联的存在物，任何存在物都不是孤立的存在物，都有它的对象性存在，否则就不是自然的存在物，就不能参与自然界的生活。马克思强调：“一个在自身之外没有对象的存在物，就不是对象性的存在物。一个本身不是第三者的对象的存在物，就没有任何存在物作为自己的对象，也就是说，它就不能作为对象来行动，它的存在就不是作为对象性的存在”，就是一个非存在物[2]。而“非对象的存在物是一种［根本不可能有的］怪物”[3]。他举太阳与植物这一明显的例子说：“太阳是植物的对象，是植物所不可缺少的、保证它的生命的对象，正像植物作为太阳的唤醒生命的力量的表现，作为太阳的对象性的本质力量的表现是太阳的对象一样。”[4] 这样，马克思就进入了关系的世界。

因此，马克思没有停留在孤立的存在物上，这不是哲学的态度。他的哲学视界，是存在物背后的“互为对象”，即相互依存、相互关联的各种具体联系形成的具体存在境遇，具体的关系，这就是新哲学所关注的东西。因为，正是这种存在物背后互为对象的相互依存的关系和联系，才构成了真实的世界。在这里，既不能只要存在物而不要它背后的关联，也不能只要关联而不要存在物，只有它们的联结一体才是具体的真实的存在世界。这样，马克思就由“在者”进展到了那决定它“何以在”的“存在因”；由“存在物”进展到了存在的互相关联的关系和联系的世界。换言之，这种互为对象、互相依存正是一种规定着存在物因何存在、何以存在的“存在因”，正是这种存在物背后的依存关系、相互关联，形成了具体的存在物的存在根据。只有把握对象的关系和联系，才能进入对象的具体境遇。这样，马克思就从抽象的形而上的普遍领域，走向了具体世界的具

① 马克思：《1844年经济学哲学手稿》，人民出版社1979年版，第111页。

② 同上书，第121页。

③ 同上书，第121页。

④ 同上书，第121页。

体境遇，并由此开辟出了以具体的存在境遇为根基的哲学地平线。这是现代哲学摆脱形而上的抽象而回到具体真实世界的重要开拓。仅从这一层次上看，我们也可称之为从存在物出发而把握其相互联系的具体境遇的存在唯物主义，具体唯物主义。这是他的“新唯物主义”的第一层规定性。

确认马克思哲学的地平线是具体的存在境遇这一点非常重要，它表明马克思的新唯物主义之所以新，首先在于它扬弃了哲学两千年来的形而上的追求，而回到了形而间的具体联系世界中来。从而为正确的哲学认识找到了实证的前提，创立了“实事求是”的哲学立场。这正是他借费尔巴哈的词语称之为“彻底的自然主义”①“真正的唯物主义”② 的东西，是他的“既有别于唯心主义，也有别于唯物主义”的哲学新地基。他的哲学慧眼所看到的不是精神，不是物质，而是具体的关系和联系的世界。这就从近代哲学的抽象的无限性世界中走出，回到了具体存在、具体境遇的现实世界中来，开辟了现代哲学的地平线。

但是，马克思没有停滞在这里。他对思辨唯心主义和直观唯物主义进行批判的原因之一，就在于它们都疏远了具体的现实的人。他批判黑格尔忘记了人，“把人的一切活动消融在思辨辩证法中”③，也批评培根之后的“唯物主义变得敌视人了”④。有鉴于此，马克思一开始就把握住了现实的活生生的互为对象的人，他的一切思考都是与人有关的。他的互为对象的存在世界，不过是人类生存活动的自然前提（它就是一个个感性的、有形有体的对象背后的互相关联组成的具体存在世界）。

（二）马克思哲学构建的起点：从具体联系世界走向人类世界的关系

现代哲学是从对人的关心开始的。马克思从互为对象的存在世界出发，是为了把握同样互为对象的“作为自然存在物”的人，即既有受动性又有能动性的人：人“作为自然存在物，而且是有生命的自然存在物，人一方面赋有自然力、生命力，是能动的自然存在物，这些力量是作为秉赋

---

① 马克思：《1844 年经济学哲学手稿》，人民出版社 1979 年版，第 120 页。

② 同上书，第 111 页。

③ 马克思：《神圣家族》，人民出版社 1962 年版，第 67 页。

④ 同上书，第 164 页。

和能力，作为情欲在他身上存在着的；另一方面，作为自然的、有形体的、感性的、对象性的存在物，人和动物一样是受动的、受制约的和受限制的存在物”①。这种能动性与其天然受动性之间，就形成了人之为人的初始矛盾。这种矛盾使人成为自觉的“有我”的存在物，成为一个存在者；成为一个主动的自为的主体，在这个意义上，人是“属人的自然存在物”②。人天生就有“为人的”能动性，成了自觉地为了人的生存而活动的存在者。一个以人的生存、人的关系、人的人格而自为地生存着的存在者。

人作为存在者，像自然存在物一样，与其他的存在物、存在者处于不可分割的关系中，每个人都有他的生命性、主体性、能动性（有其“我”性、有其人性、精神性和具体性）。这样，马克思的哲学世界，就不再仅仅是互为对象的“存在物”相互关联的世界，他从这里出发，而进入了互为对象、结成关系和联系的具体地存在着、生活着的“存在者”的关系世界，即人的世界、人类世界。“物的世界”与人的世界有本质的区别：马克思说，前者（存在物）是“作为客体的自然界”而存在着的；后者（存在者）是“作为主体的自然界”③ 而存在着的，马克思在存在物及其相互关联的世界中所看重的，正是“作为主体的自然界”的互为对象的存在者世界，即以个体的人为存在形式的结成关系和联系网络的具体的“人的具体世界”。从物的存在出发而又超越物的存在而进入人的世界，是马克思所开拓的现代哲学的特质。

更为重要的是，马克思的“人的世界”，从一开始就与现代其他哲学家不同：他的人的世界，是人的具体关联的世界，即既是个体存在又是类的存在的“人类世界”。马克思说：

> 人的个体生活和类的生活并不是各不相同的……因此，如果说人总是以他的特殊性使他成为一个现实的单个的社会存在物，那么，同样地他也是总体、观念的总体，可以被思考和被感知的

① 马克思：《1844年经济学哲学手稿》，人民出版社1979年版，第120页。
② 同上书，第126页。
③ 同上书，第126页。

社会之主体的、自为的存在，正如在现实中，他既作为社会存在的直观和对这种存在的现实享受而存在，又作为属人的生命表现的总体而存在一样。①

对人的这些表述，表明马克思所借以出发的，不仅仅是人的“个体存在”，而更是既有个性又有类性的人的“类存在”；不仅仅是人的自然存在，更是人的社会存在。这里，就马克思也关注人的存在、个体的存在而言，可以说，他同样开创了存在主义的哲学境界。但是，马克思所关心的要比个体存在更进一步，他的彻底性使他深入了个体存在的更深入一层的规定：个体与个体、个体与类的关系。这样，马克思对个人的把握也就是对于人的关系的把握、人的类的把握；而对于“类”的把握，也就是对于个体的把握。因而，在马克思面前展开的人的世界，就成了以个体为体现的人的关系和人类世界。它表明马克思哲学是以人的关系和人类世界为对象的，马克思哲学的人类性就奠定在这里，这是他的哲学第二层重要规定。要理解这一点，就必须对其关系加以更深入的讨论。

（三）马克思的人类世界：由关系规定的世界

如前表明，马克思所说的存在物“互为对象”，即两个相互区别开来的存在物之间，有某种具体的同一性，并因这种同一性而互为存在的条件。人类社会更是这样。马克思指出：“人是对象性的存在物”②，即以其他的存在物、存在者为自己的存在前提的存在物，这就总要与它们处于不可分割的关系和联系中。即任何个人都不能不与其他物、其他人结成形形色色的关系和联系。于是，人总是处在某种具体的关系和联系中的人。各方在这种关系和联系中相互中介，以某种方式交流着、交往着，从而成就双方的特质，实现双方的生存。由于人的广泛的互为对象的存在，从而使人的世界成为一个有着种种具体的关系和联系组成的活生生的关系世界。通过这个关系世界，马克思由存在的物质性而深入了实物存在的关系性，

① 马克思：《1844年经济学哲学手稿》，人民出版社1979年版，第76页。
② 同上书，第121页。

进入了那规定着人的存在、人的本质的关系际、人际、主体际的世界。人在这种“间际世界”（姑且这样名之）中交流着、生活着，被种种关系规定着。

因此，马克思的人类世界，不是形而上学的本体世界，而是由“互为对象”、相互中介的人组成的关系世界，是由具体的关系和联系规定着的、作为人的全部丰富性的人类世界，是个既包括物质活动又包括精神活动的丰富的人类世界。在这里，人不仅是物质的存在者，也是精神的存在者。不仅是一种社会的存在者，还是政治的存在者，伦理的存在者，宗教的存在者，精神的存在者，艺术的存在者，乃至情感的、生活的、需要的存在者，等等，[1] 而所有这些存在都是由他的具体的关系所规定的。正是这些关系的规定，人才成为“现实的人”“具体的人”“从事实际活动的人”。换言之，马克思的人类世界，是由种种关系规定着的人的生命存在、社会物质存在的，包含了人的全部丰富性的活生生的人类的现实世界。是一个具体地、有机地相互关联、相互联系地存在着、创生着的关系世界。他是否由此形成了一种关系规定论或关系本源论？如果这一点可以肯定，这就成了马克思哲学的第三层规定性。

（四）从关系规定论深入实践关系论

人作为关系的存在物，他总是处在人与自然的、人与社会的、人与人的、人与物的、人与权的、个人与类群的种种关系之中。在马克思看来，“人跟世界的关系是一种合乎人的本性的关系”[2]。马克思表明，人凭借人的本性和世界之间发生“全面的关系”。而这种全面关系的建立，在于人的需要：人感到在他之外存在着的“对象是他的需要的对象”[3]，这种需要迫使人不能不与自然世界发生关系。

找到了人基于自然而实现于自然的“需要”，紧接而必然的问题是：人如何实现自己对于自然物的需要？马克思的回答是：人的能动性使人可以通过劳动活动、通过物质生产实践的感性物质活动，来实现自己对于自

① 马克思：《1844 年经济学哲学手稿》，人民出版社 1979 年版，第 126 页。
② 马克思：《神圣家族》，人民出版社 1962 年版，第 52 页。
③ 马克思：《1844 年经济学哲学手稿》，人民出版社 1979 年版，第 121 页。

然物的需要。

这样，马克思就进一步把人与自然的对象性的关系，上升成为需要与满足需要的物质关系，而这种关系对人来说是靠生产实践关系来实现的。因而，人与世界的最重要的关系是基于人的生存需要的生存掌握关系。

在《神圣家族》中，马克思把这种生存关系区分为“理论关系和实践关系”①，在《政治经济学批判》中，马克思进一步全面地把这种关系区分为“头脑的、艺术的、宗教的与实践—精神的”② 四种生存掌握关系，即认识的、审美的、宗教信仰的、实践活动的四种掌握关系，这就概括了人对世界的最基本的生存关系。

更为重要的是，马克思在这里一反仅仅从认识关系上看待人与世界的哲学传统，而强调要从人对世界的物质生产实践关系出发看待人和世界，这从马克思的下述批判可以看出：“在一个学究教授看来，人对自然的关系首先并不是实践的即以活动为基础的关系，而是理论的关系”③，在马克思看来，这两种关系是绝不能颠倒的。

把人对世界的生产实践关系看做人对世界的根本生存关系的意义是重大的，它表明，马克思所“唯”之“物”不是别的，而是人对自然、对世界的物质实践关系。因此，实践关系论是马克思哲学的又一特质。在这里，马克思所看重的是作为自生产、自建构的、进行物质生产活动的人，这是马克思“唯物”含义的真实所在。马克思正是从人对世界的实践关系看待世界的。在这个意义上，又可以说马克思创立了实践世界观。于是，马克思就由人的自然存在的唯物主义，进展到了人的社会存在的唯物主义即实践的唯物主义的立场上来了，它以人的物质生产实践这种特殊存在为对象、为基础，这是马克思“新唯物主义”的第四层新颖的规定性。

（五）从人对世界的实践关系上升到唯物史观

更进一步看，马克思把人的满足需要的物质生产活动，看做是第一性的历史活动。并进一步发现了生产力的重要性和生产力与生产关系的矛盾

① 马克思：《神圣家族》，人民出版社 1962 年版，第 191 页。
② 《马克思恩格斯全集》第 1 卷，人民出版社 1965 年版，第 216 - 217 页。
③ 《马克思恩格斯全集》第 19 卷，人民出版社 1965 年版，第 404 页。

运动，这就顺理成章地进入了社会历史。于是，马克思就从最初的自然史，上升到了人类的社会历史即人类史中来了。从而，马克思的“新唯物主义”，也就随着对象的改变（由自然史转化为人类史），而转化成为历史形态，他称之为“唯物史观”。这是马克思“新唯物主义”的第五层新颖的规定性。问题是，到了这里，以前的规定性是否都被否定了呢？在这里，前面的各种规定，宁可说都不过是从不同层次审视的马克思“新唯物主义”所得到的不同深层的内容，因而它们是马克思唯物史观的基层内容。如果丢掉了前者，后者的存在就没有了根据。因为历史不能不建立在人的自然存在、人的社会存在、人的关系存在、人的社会生活和人的物质生产的基础之上。

那么，唯物史观是不是马克思哲学的最终规定呢？当马克思把它叫做他的“唯物史观”时，就表明他只是把它作为自己哲学思想的一部分看待的，即它关于历史的唯物主义观点，而不是全部哲学思想。显然，这只是马克思人类学—哲学思想的历史观。我们应当进一步从唯物史观上升到它的总体形态——人类学唯物主义上来。

四、从唯物史观上升到唯物主义人类观

有一种相当广泛的意见，认为马克思的哲学就是历史唯物主义。这里，笔者想强调的是：可以把包含前面五种规定性的新唯物主义，进一步概括为唯物主义人类观。因为，马克思最看重的物质生产关系是人类最基本的关系。马克思所说的实践，只能是人类的实践，人类的生存方式。人类是这一切的主体。从这个高度出发，马克思的“新唯物主义”就上升成了以人类的物质生活实践为基础的人类学唯物主义，这才是马克思哲学真正的起点和特点。正是在这个以物质生活为基础的人类世界上，正是在这个人类学唯物主义的基础上，马克思才能真正成就了他的哲学之“新”：建立了他的一整套人类学—哲学。这里要强调的是：马克思的“唯物主义历史观”，也就是从历史来看的唯物主义人类观。这从马克思的文献就可以推断出来：

（一）“唯物主义历史观”不是无主体的历史，它的主体就是人类

它只能是人类的历史，即人类史。马克思对这一点表述得很明白：“我们需要深入研究的是人类史”①，它的对象就是历史地生存着的人类，马克思自己表明：“历史”“不过是追求着自己目的的人的活动而已”②。因而，“历史唯物主义”也就是关于人类的唯物主义理解体系，因而可以更深入地概括为人类学唯物主义。

（二）人改造自然与人改造人的人类性活动，是马克思哲学关注的主题

马克思在创立唯物史观的《关于费尔巴哈的提纲》一稿中，作了几十页的讨论之后说：“到现在为止，我们主要只是考察了人类活动的一个方面——人改造自然。另一方面，是人改造人”，即“交往和生产力”③。马克思所关注的，是在历史中进行的人类群体既改造自然又改造人的“人类学”的活动状况，是人类生存活动同他的环境和他的所有制的关系。所有制不过是人类受生产力和交往方式规定和制约的人类的生存活动的组织形式，是“人类活动”的一种形式。所以，马克思的“唯物史观”的实质，不过就是历史地看待的“人类活动”，是历史地对人类活动现象的把握，因而也可以概括为人类学唯物主义。从这个方面可以说，人类学唯物主义，不外就是从“人类活动”的基本方面和其历史发展来研究人类现象的哲学。它可以进一步概括为人类学—哲学（详见他文）。

（三）人类历史的第一个前提也就是人类生存的第一个前提

马克思明确强调“全部历史的第一个前提无疑是有生命的个人的存在”④，而这也就是“人类生存的第一个前提”⑤。由此可以看出，他对“历史”的研究是以人类生存为本的研究，这也就是说，“历史唯物主

① 马克思、恩格斯：《德意志意识形态（节选本）》，人民出版社2003年版，第11页。
② 《马克思恩格斯选集》第2卷，人民出版社1966年版，第118页。
③ 马克思、恩格斯：《德意志意识形态（节选本）》，人民出版社2003年版，第32页。
④ 马克思：《1844年经济学哲学手稿》，人民出版社1979年版，第11页。
⑤ 同上书，第22页。

义”，从基础上看，也就是关于“人类生存”的唯物主义，“人类存在”的唯物主义，“人类社会”的唯物主义，是以人类为本体的“人类学”唯物主义。

（四）马克思的历史思考方法是“从现实的、有生命的个人本身出发”

马克思一再强调：“发展着自己的物质生产和物质交往的人们，在改变自己的这个现实的同时也改变着自己的思维和思想”，而唯物主义的方法“就是从现实的、有生命的个人本身出发”①。这再明确不过地表明唯物主义历史观的实质不过是唯物主义人类观。

（五）马克思要求从人类的感性活动理解世界

马克思要求新唯物主义把“对象、现实、感性”，即一切存在，当做“人的感性活动”、当做“人的实践”去理解。这里所谓“人的”，也就是指“人类的”，即从人类性、人类学的角度来理解“对象、现实、感性”。这同样表明马克思哲学是立脚于人类的人类学唯物主义。

（六）马克思的以“社会化的人类”作为他的人类学—哲学的立足点

在《关于费尔巴哈的提纲》中，马克思明确地宣告：“新唯物主义的立脚点是人类社会或社会化的人类。”这表明，他直接宣布了他的“新唯物主义”是以“人类”为立足点的人类学唯物主义。换言之，历史不外是人类的历史，人类不能不是历史的主体、主语，因而归根结底，历史唯物主义不过是关于人类物质生活的唯物主义，即人类学唯物主义。

（七）马克思以“历史”概括他的人类观，不过是由于现实的理论斗争需要

马克思好像是偏重历史的。但他对他当时不得不借重“历史”一词作了说明：他“之所以在这里比较详细地谈论历史，只是因为德国人习惯地

① 马克思：《1844年经济学哲学手稿》，人民出版社1979年版，第17页。

用‘历史’和‘历史的’这些字眼”①，他是为了针对这些人的“习惯”而更多地采用“历史”一词并强调其为唯物史观的。也就是说，他是针对唯心主义历史观才把他的观点叫唯物史观的，“唯物史观”的强调只不过由于当时的时代背景、理论背景的需要使然。他所关心的，不外就是唯物主义地看待人类生存发展活动，因而，可以把他的思想的实质概括为人类学唯物主义。人和人类世界，是马克思哲学思考的核心。早就有人指出，人在马克思哲学中占据中心地位：“人是马克思历史观的价值辐辏，没有了人，这种本质上不过在于阐解‘现实的人及其历史发展’的历史观，便既无从作意义的甄辨，也无从确定逻辑上的起始。”②。但是，长期以来，人们为什么看不到或不愿意看到这一点呢？

看来，这里出现了颠倒：人们以“人类的历史”遮盖了“历史的人类”，从而以“历史唯物主义”遮盖了人类学唯物主义。事实上，马克思没有用过“历史唯物主义”这个词。他讲的只是关于“人类活动”的“唯物史观”，即唯物主义地看待的人类活动，以及从人类活动的视角观察世界，把它概括为人类学唯物主义更符合马克思的原意。如果说，马克思当时的哲学思想还有所不成熟的话，那就在于他没有自觉认识到他的唯物主义的人类学特征，因而没有创立“人类学唯物主义”这一词。

进而，上节的讨论表明，马克思的“新”唯物主义，作为人类学唯物主义，它是包含了从人类存在的自然前提到人类历史的社会前提即物质生产实践在内的唯物主义，因为它是人类最基本的活动，包含着从人的视界来看的存在物世界、存在者世界和渗透于它们的关系规定性以及生产实践论、两种生产论于一身的人类学唯物主义哲学。他曾用费尔巴哈的词语不恰当地称之为“实证的人本主义”“彻底的自然主义”。仅仅说马克思哲学是历史唯物主义，就既把上述丰富内容排挤在外，又遮蔽它的人类性特征。因此，马克思的“新唯物主义”，用人类学唯物主义加以概括，会更符合它的实质，从此更可以发现马克思哲学许多新的特质。事实上，历史无非是人类的历史，“历史唯物主义”从更高层次上看也就只能是人类学唯物主义。

---

① 马克思、恩格斯：《德意志意识形态（节选本）》，人民出版社2003年版，第22页。

② 黄克剑：《人韵》，东方出版社1997年版，第247页。

更进，确认马克思的哲学是人类学唯物主义，还应当强调如下方面：①马克思的人类学唯物主义不是以自然为基点，而是以作为自然的一部分的人类为基点；不是以自然物质为基点，而是以人类的物质生产活动为基点。②马克思人类学唯物主义决定性地使哲学由整个世界转向了人类世界，开创了哲学的人类学时代。③马克思的人类学唯物主义哲学，立足于对人类的社会人文关怀，这种社会人文关怀是宏观的，是对人类个体及其总和——全人类的关怀，以这一关怀为基础的哲学，只能是关于人类合理生存与健全发展的人类学—哲学，因而，只有用“人类学唯物主义”一词才能把握其特质。

通过以上几方面，马克思的“新唯物主义”哲学，就完全摆脱了空洞抽象的主观精神、漆黑一片的客观物质，而进入了以人类为视点的互为对象、充满关系、生机勃勃地感性地活动着的自然存在与社会存在的内部世界，就其现实性上讲，这其实就是感性地、活生生地在人的实践面前展开来的自然世界和人类世界。而人，作为“属人的自然存在物”，就是这个世界的最有生机的活动者和创造者。这个包含着自觉的、能动的、富有创造精神的人在内的、有着种种关系和联系的，特别是包含着人与存在物之间的辩证法的关系世界，就是马克思所开创的哲学新天地。笔者认为，这只有人类学唯物主义一词才能担当得起。因为在这里，即使自然界也是人类学的自然界。它看似简单，但正如马克思所说：

> 只要这样按照事物的本来面目及其产生情况来理解事物（即从实际出发），任何深奥的哲学问题……都会被简单地归结为某种经验的事实。①

这“本来面目”就是存在物、存在者及其内部存在的关系世界，即以“事实”“实事”为根据的“新唯物主义”精神。只有在这个哲学世界观的根基里，马克思才革除了“自我意识、宇宙精神或者某个形而上学怪影”即传统物质概念这种哲学的“抽象行为”，代之以“可以通过经验确

① 《马克思恩格斯选集》第1卷，人民出版社1966年版，第47页。

定的事实”①，实现了哲学根基、哲学方向上的转变。

最后，更为重要的是：马克思这一新唯物主义的主要思想，就是从人的感性活动——人的物质生产实践及其对象化出发观察世界，把世界的意义看做是人的实践、人的创造的产物。特别重要的是，从生产实践的对象化、从人与对象世界的关系看待世界，看待一切存在物，也就是从人与世界的关系内部和这种关系的不断创生看待世界，而这也就是现代哲学所强调的从人与世界相互作用内部、从“场内”观察世界。这样一来，马克思的存在唯物主义、关系唯物主义、实践唯物主义、历史唯物主义，或概括这一切的人类学唯物主义，都是建立在人的实践眼界、实践棱镜这一视点之内的、在人与世界的关系场内的、以“合乎人的本性的”方式所把握的人类学—哲学世界。只有在这个意义上，我们才能合理地理解马克思的话：“整个所谓世界历史不外是人通过人的劳动而诞生的过程，是自然界对人说来的生成过程。”②

这样，唯物主义人类观，也就是人类学唯物主义，人类学—哲学。作为人类学—哲学，就是一个多层次的理论逻辑建构。它在逻辑上需要从具体的存在物、存在者进入它们相互联系的关系世界，认识到它的关系规定性，以及具体的生产实践论等等，才能把握它的人类学特质。因为这些是它的坚实的哲学理论的逻辑基础。

通过这些逻辑递进关系的转换，我们看到，马克思就进入了从人—天关系、人—人关系和人—自关系对于人和人类世界的把握范畴上来了。

（原名“论马克思所开创的现代新哲学：关于人类世界的哲学”，原载《云南社会科学》2005 年第 6 期，第 29－34 页）

① 《马克思恩格斯选集》第 1 卷，人民出版社 1966 年版，第 49 页。
② 马克思：《1844 年经济学哲学手稿》，人民出版社 1979 年版，第 84 页。

马克思人类学
—哲学范式的特质

论马克思的“新唯物主义”

马克思1841年完成的博士论文，是他研究哲学问题的开始。如何创立“真正的哲学”，是他哲学探索的核心。他虽然深受黑格尔哲学的影响，也深爱唯物主义的态度，但他既反对二者（以及一切哲学）的形而上学追求，也反对那种脱离实际的孤寂冷漠的哲学思考，要求哲学参与到世界的“现实生活”中来，成为干预现实、改变现实的精神武器。他希望新的哲学要“不仅从内部即就其内容来说，而且从外部即就其表现来说，都要和自己时代的现实世界接触并相互作用。……变成当代世界的哲学”，并“以世界公民的姿态出现在世界上”。①

19世纪40年代初中期的青年马克思，不仅关心人类和人类解放问题，更重要的是力图为观察分析人类世界和人类解放问题寻找新的哲学基础。1843年，他写下了《论犹太人问题》和《黑格尔法哲学批判导言》等，这是批判旧世界追求人类解放的哲学著作，紧接着写下了他最重要的哲学手稿《1844年经济学哲学手稿》。在这些哲学论述的基础上，1845年，马克思进一步写下了《关于费尔巴哈的提纲》（以下简称《提纲》），既批判了以费尔巴哈为代表的消极直观的旧唯物主义，也批判了只研究“思想客体”而不知道“现实的感性活动本身”的唯心主义，从而完成了对旧哲学的批判，创立了自己的从实践的眼界来理解世界的“新唯物主义”哲学。紧接着，他以“新唯物主义”分析人类的社会历史，与恩格斯合写出《德意志意识形态》，进一步形成唯物史观。通过这一深入发展，完成了自己在哲学上的革命。马克思所强调的上述哲学精神，在这两大理论中都得到

① 《马克思恩格斯全集》第1卷，人民出版社1965年版，第121页。

了体现。但是，在马克思时代及其以后，唯物史观由于更贴近现实历史，而得到了充分的阐述，发展成历史唯物主义，而更为基础、更为重要的“新唯物主义”的哲学意蕴，则一直没有被充分认识。当代世界历史的发展，凸显了马克思“新唯物主义”哲学的本源性和重要性。

一、新唯物主义哲学的哲学立场

（一）“新”：以人和人类世界为对象

新唯物主义哲学的对象是什么？这是一个非常重要的问题。当马克思强调新唯物主义的立脚点是“社会化了的人类”时，表明它是以“人类”为立足点观察理解世界的哲学，这个世界当然不会是与人无关的、脱离开人的自然界或物质世界。马克思说过：“与人无关的自然界对人说来也是无”①，而是人类的历史性活动和他在活动中所理解、所把握、所建构的世界：即“对象、现实、感性”，亦即一切与人有关的存在世界。这个世界，只是人类世界的一部分。人类本身以及人类在活动中所理解、所把握的世界，就是人类世界，这当然是历史地存在和发展着的世界。这也就是他的“新唯物主义”哲学的对象。因此，马克思实际上开辟了一个新的以“人类”和他的对象世界为对象的哲学，开辟了从整体上把握人和人的世界即人类世界的哲学。这一哲学的创立，使哲学由抽象的形而上的物质或抽象的形而上的精神，转向了具体的人类世界，从而完成了哲学史上的重大的人类学转向，一种以人类世界为对象的人类学—哲学就由这里开始了。

这也就是说，新哲学既不是客观地以整个世界、以物质世界为对象的旧唯物主义以及辩证唯物主义哲学，也不是以人类的社会历史为对象的历史唯物主义哲学。那么，它是不是像目前人们所认为的那样，是以实践为对象的实践哲学或实践唯物主义哲学呢？

在《提纲》的十一条中，的确有七条讲到实践。但是，第一、五、九

① 马克思：《1844年经济学哲学手稿》，人民出版社1979年版，第131页。

条都把实践定位成“人的感性活动”、“人类感性的活动”，这是对实践的人类学解释，它表明“实践”只能是人的实践，人是实践的主体。同时，第一条主要是要求以实践去理解世界；第三、四条主要讲实践是改变人和环境、克服社会矛盾的手段；第二条和第八条，主要讲实践是验证真理的标准。这些都是把实践作为人们理解和把握事物的手段和视界来看待的，同样没有把实践当成主体。它们的目的都不是为了研究实践，而是以实践为理论手段和观察视界研究人类世界。正如第十条所总结的，新唯物主义是以“社会化了的人类”为立足点的哲学。从总体上看，十一条提纲主要是批判费尔巴哈哲学的。费氏把自己的哲学称为人本学，马克思称之为“实证的人本主义”，其对象不是物质世界而是人类，这一层马克思非但没有批判，反而从整体上表明新唯物主义的对象也是人类——不是自然化了的人类而是“社会化了的人类”。马克思着意批判的主要是两点：其一是费氏没有正确的实践观点，不能以正确的实践观观察理解人类和人所面对的世界；其二是费氏把人理解为抽象的个体和自然的类，没有从社会关系上理解人和人类世界。这两大批判都是对费氏的方法论批判，而不是对象论的、“本体论”的批判。马克思的创新在于他把哲学的立足点从费氏的自然化了的人类上升到“社会化了的人类”，“人类”依然是马克思哲学的对象，“实践”不过是把握这一对象的实践眼界、实践思维方式而已。总之，正如高清海所认为的那样，马克思的重大创新在于提出了研究人类世界的实践思维方式。说一种哲学是什么哲学，不应当脱离它的研究对象而从它的方法论或思维方式来界定。因此，它只能是以人类世界为对象的哲学。

进一步看，由于这一哲学以人类世界为对象，它就不能不以“人类性”“人的类特性”为根基（详见他论），即站在变化发展着的人类和“人类本性”的立场上研究人类世界。我们把这种以人类性为根基的、以历史地发展变化着的人类世界为对象的新唯物主义哲学，称之为人类学唯物主义哲学。“人类学”这一定语不是指“人类学”这门学科，而是指与本体论相对立、与自然性相对立的人类性的世界，例如，马克思所说的“人类学的自然界”“自然界的人类性”“感觉、情欲……的人类学规定”，等等，它是“关于人的科学”。[1] 它的对象不是别的，而是连同其生存发展条件的人类和他所理解的对象世界。这样，这一哲学就完全走出了形而上学的阴影，走出了传统本体论范畴，而深入了形而间的具体世界。

这样一种以唯物主义态度构建的关于人类世界的新哲学，当然不能不研究把握人类的根本问题。而由于人类的根本问题不外乎是以实践为开拓形式的生存发展问题，因而，从更深层次看，它应当是研究人类生存发展问题的哲学；而人的生存发展的基本问题，不外乎是人类如何不断实现自身的自由解放问题，因此，这一哲学的核心，不能不是关于人类自由解放问题的哲学。

（二）唯物性：以实事求是的态度对待人和人类世界以及一切事物

在《提纲》中，马克思特别批判了以费尔巴哈为代表的消极直观的旧唯物主义，强调以他的“新唯物主义”态度对待世界。这种新唯物主义，当然不再是以客观的物质世界为对象的本体论唯物主义，而是方法论的唯物主义。它体现在三个方面：其一，是“按照事物本来的面目及其产生情况来理解事物”[2]。“唯物主义”在这里成了对待问题的立场、态度和方法，即以实证精神和实事求是的态度对待事物，根据事实说话，从实际出发，而不是对物质世界进行研究。邓小平把马克思主义哲学的实质概括为“实事求是”，真是一语中的。其二，是“把人的活动本身理解为客观的活动”[3]。即把人的活动与人所面对的自然存在、社会存在、人性存在，都作为客观存在的东西加以尊重，要求从它们的特征产生出我们的思想观念。其三，是以实践为根据分析把握人类问题。因为实践作为人的感性活动在本质上不能不是一种社会性的、物质性的活动。以实践为根据即是其唯物性的体现。正是以这种方法论的唯物主义态度分析人类社会，马克思才发现了物质生产的发展对于社会历史发展的重要性，形成了他的“唯物史观”。到了这里，马克思才进一步把在历史中所“唯”之“物”，理解为

---

① 马克思：《1844 年经济学哲学手稿》，人民出版社 1979 年版，第 103 页，第 114－115 页。

② 《马克思恩格斯选集》第 1 卷，人民出版社 1966 年版，第 47 页。

③ 同上书，第 16 页。

社会的物质生产，把物质生产理解为社会存在的基础。

（三）人类学世界观的生成：对“对象、现实、感性”要“从主观方面去理解”

马克思的新唯物主义之“新”，更在于他反对旧唯物主义那种对待事物的纯客观的因而脱离人的眼界的哲学态度，在他看来，真正的哲学总是从人的眼界即“从主观方面去理解”世界的哲学。所以，马克思特别要求对“对象、现实、感性”，即人能感受到的一切存在，不再从直观的、纯客体的方面去理解，而要“从主观方面去理解。”① 因为，“对我说来，任何一个对象的意义（它只是对那个与它相适应的感觉说来才有意义）都以我的感觉所能感知的程度为限”②。

马克思的辩证态度就在于：他既要求唯物地客观地理解事物，又要求从主观方面理解人和人的对象世界，这就改变了传统唯物主义那种直观的、纯客体的即脱离人的立场来理解事物的视角，而是吸收了唯心主义那种重视人的因素的能动性与合理性，即以人类学的立场理解世界；因为他所强调的“主观方面”，不外是人的方面、人性的方面，即人类学方面，特别在这样的话体现出来：任何一个对象的意义，只是对那个与它相适应的感觉说来才有意义，以人的感觉所能感知的程度为限。这种从人的生理心理这种本质力量的层次上来理解的感觉，只能是人类学的感性。因而，马克思这里的“主观方面”，是指人的人类学方面，而不可能是指人的主观意识（否则就成了唯心主义）。这种从人的人类学方面来理解“对象、现实、感性”即一切存在，就自然形成了一种人类学世界观。这就是要求从一定历史阶段的人的活动场内、实践场内即以具体的历史的人类学立场观察理解自然、观察理解社会、观察理解一切事物，把自然世界在人眼中的本质、自然与人的关系，理解为历史发展着的本质和关系，从而形成人类性的、实践性的、历史性的、时代性的人类学世界观。这是对旧唯物主义立场的彻底改变，是哲学史上的重大革命：它把唯物主义与唯心主义的

① 《马克思恩格斯选集》第1卷，人民出版社1966年版，第16页。

② 马克思：《1844年经济学哲学手稿》，人民出版社1979年版，第79页。

合理性统于一身而超越了唯物与唯心的对立。他早就说过，“抽象的唯灵论与抽象的唯物主义”是同样的谬误。① 正是凭借这一新的哲学立场，马克思开辟了现代哲学的哲学立场和把握世界的基本方式。并最终形成了现代性的人类学世界观。

二、新唯物主义的实践观

（一）实践视界：通过人类的实践，把握实践的人类

统观马克思的十一条《提纲》，其顺序虽然有它的批判逻辑，但其精神不外两方面。首先是讲人类的实践，它包括：第一、五条主要是对于实践性质的界说；第三、四条是讲这种实践对于人和世界的改造作用；第二、八条是讲实践对理论的优先关系，来体现它的唯物性。进而讲的是实践的人类，它包括：第一、六、七条讲这一哲学对人和人的活动的理解；第九、十两条是讲新唯物主义的立脚点在于人类社会，在于全人类；第十一条是讲这种哲学的目的和功能在于改变人类世界。而这几个方面，都是结合对费尔巴哈（和一切旧唯物主义）的批判来讲的。费尔巴哈哲学是讲人的，但他不理解实践对人的重要性，而是从自然本性上讲人。马克思的提纲也是讲人，但反对从自然的立场出发，他引入人的实践，从实践的立场上理解人，理解“人的感性活动”。因而，其总的精神，不外乎就是通过人类的实践，把握实践的人类。因而开创了以实践为基础、以人为本的人类学哲学的思考。

问题是，马克思的哲学究竟是讲人的实践还是讲实践的人，认为是讲人的实践，以实践为本，那就会得出“实践哲学”“实践本体论”或“实践唯物主义”的结论。笔者在 1985 年初研究这一问题时，也称之为“实践唯物论”（见拙文《论哲学思考重心的演变与马克思在哲学上的革命》，《云南社会科学》1986 年第 6 期）。但仔细想来，并不符合马克思的哲学

① 《马克思恩格斯全集》第 1 卷，人民出版社 1965 年版，第 355 页。

思想。因为，马克思的理论目的，如前所说，不是研究“人类的”实践而是研究“实践的”人类。他之所以强调实践，是因为人的“社会生活在本质上是实践的”①，因而只能从实践的视界来理解和把握人类社会、人类世界。

更重要的是：马克思的人的视界与实践视界，在本质上都是人类学视界。或者说，二者结合就构成了马克思的人类学视界。因为，马克思对“实践”本身的解释，也是人类学的解释：实践不过是“人的感性活动”而已。这样，实践视界与人的视界在深层次就是一致的。从实践出发，不过就是从“人的感性活动”或者说感性活动的人出发。实践的本质在于人，它不过是人的特性而已。所以，马克思所讲的实践，本质上也是在讲人的特性。因而，他的哲学不是以实践为本的实践哲学或实践唯物主义哲学，而是以人为本的关于人类世界的哲学，只有称之为人类学唯物主义哲学，才比较恰当。实践只是这一哲学把握人类问题的方法论原则。当然，这还需要深入的讨论。

（二）实践就是“人类的感性活动”

马克思的新唯物主义，站在以上四大哲学立场上，首先需要解决的问题就是如何理解实践。康德、黑格尔都讲过实践，但是，他们所理解的实践不过是理论的道德的活动。马克思对实践有更宽泛的人类性的、人类学的理解，这就是把“实践”理解为“人的感性活动”“人类感性的活动”，而这种活动只能是人类的实际生活活动。这就把除了理论思考之外的人的一切实际活动都包括在内了。事实上，人的一切活动都可以说是“感性的活动”，甚至理性沉思也是一种感性活动，因为它是感性生活的一个环节。人的行为，人的生产，人的生活，人的生活世界，人的生存方式，都是通过“感性的活动”实现的。而人的感性活动不是别的，就是实践。马克思正是要求“把感性理解为实践活动”以及相反的说法：把“实践”理解为“人类的感性活动”而把二者统一起来。即既把人类一切实际活动理解为感性的活动，又把人的感性活动理解为实践的活动。在这个意义上，马

① 《马克思恩格斯选集》第1卷，人民出版社1966年版，第18页。

克思的新唯物主义，也就是以人的实践为根基的人类学唯物主义，它要求从人的实践出发理解人类世界。这就为以实践为根基理解和解释人类世界奠定了哲学基础。

（三）把实践即“把人的活动本身理解为客观的活动”

马克思不仅从实践出发理解人和理解人的世界，还把实践理解为客观的活动。所谓客观的活动，就是自在的有自己的规律的活动，是“自己走着自己道路的”活动。他批评费尔巴哈的基本缺陷之一是：“他没有把人的活动本身理解为客观的活动。”① 在马克思看来，人作为自然存在物，像自然界的其他客观存在物一样是客观存在的。人的活动本身即实践，也是人这种客观存在物的客观存在的活动。这就是说，人的自由自觉的活动是“自己走着自己道路的”，有自己的目的和规律的活动，而不是由人的主观意志任意支配的没有规律的活动。这不仅为唯物主义历史观奠定了理论基础，也为客观地理解人的活动奠定了理论基础。它表明，人的客观的活动与世界上其他客观的有规律的过程是一样的。不同的只是人有智慧，可以“自由自觉地”对待自己的活动。只有这种把人的活动、人的实践理解为客观的有规律的活动，才能上升到哲学的立场把握人类活动、人类世界。

那么，这个规律是什么呢？马克思表明，这就是人通过自己的实践活动而不断从人的依赖关系向人的独立性发展、从物的依赖关系向人的自由个性的方向发展。唯物史观进一步指明了社会历史受生产力推动的客观发展过程。在这个意义上，马克思的哲学不仅仅是人的哲学，也是人类生存发展规律的哲学，是人们自觉不自觉地依循社会规律而追求自由解放的哲学。

（四）实践的世界是人与自然界相互改造、相互结合、相互统一的世界

人作为自然存在物，实践活动就是自然界的一部分，总是在自然界中的活动。因此，人的实践作为客观的活动，其一边是主观的人，一边是客观的自然界，人通过实践把自己的本质力量对象化，并因此引起自然界的

① 《马克思恩格斯选集》第1卷，人民出版社1966年版，第16页。

人化，在这一过程中人本身也被改造，从而，通过实践，人与自然界在一种更高的人性的意义上结合起来。马克思指出：通过实践，“人对人说来作为自然界的存在和自然界对人说来作为人的存在，已经具有实践的、感性的直观的性质”①。这就把人与自然在实践中结合成了一体，人和自然界在实践中统一起来。因此，在实践中，对自然的把握应当是从人的立场上的把握；对人的把握，应当是从自然的立场上的把握。这是马克思实践论的一大特征，是人类学唯物主义的一大原则。它为从实践出发理解人和理解世界奠定了理论基础。也正由于这样，从实践出发把握人类世界，就能从人与世界的统一界面把握人与世界，就能既把握人，又把握世界。

最后，是实践对于理论的优先性。马克思所说的实践，不仅仅是人的生成论意义的实践，也是认识论意义的实践。这特别体现在他强调实践对于理论的优先性：“人的思维是否具有客观的真理性，这并不是一个理论的问题，而是一个实践的问题。”② 马克思在其他著作中，强调人对世界的理论关系与实践关系，并且强调实践关系的根本性，表明马克思是从实践上来解决认识问题、理论问题的。这方面传统理论已作了深入的研究，此处从简。

三、新唯物主义哲学：以实践为手段改变世界的哲学

（一）新唯物主义哲学的目的：以实践为手段改变人类世界

实践作为人从主观上推动的活动，作为人的感性活动和客观地进行的活动，它的根本功能，就是能够实实在在地改变世界。所以，马克思不仅要求以实践为根基解释人类世界，还更要求以实践为手段改变人类世界。马克思强调：“哲学家们只是用不同的方式解释世界，而问题在于改变世

① 马克思：《1844 年经济学哲学手稿》，人民出版社 1979 年版，第 84 页。

② 《马克思恩格斯选集》第 1 卷，人民出版社 1966 年版，第 16 页。

界。”① 怎样改变呢？这就是对人类的现实世界本身。

> 首先从它的矛盾中去理解，然后用排除这种矛盾的方法在实践中使之革命化。②

“新唯物主义”就是以发现和解决人类世界的基本矛盾而实际地改变世界的哲学。一句有名的但是被普遍错误理解为实践唯物主义的话是：

> 对于实践的唯物主义者即共产主义者说来，全部问题都在于使现存世界革命化，实际地反对并改变事物的现状。③

这句话说的就是一方面对于正视社会不合理性并因而从事革命活动的人（实践的唯物主义者）来说，就是要以实践的手段改变非人世界的现状。另一方面这种对世界的改变，显然只能建立在对世界的正确的理解和解释的基础上，否则只能是盲目的改变。因此，它同时也不能不以解释世界为前提。这种解释，当然也只能是以实践为根基的解释。因而，马克思实际上通过实践创立了既能解释人类世界，又能改变人类世界的哲学。

（二）实践改变：以人为本的人与环境的双重改变

马克思强调以“革命的实践”手段改变世界，但是，这种改变不是片面地改变客观世界。这种改变是环境与人的活动的双重改变：“环境的改变和人的活动的改变的一致，只能被看作是并合理地理解为革命的实践。”④

正是实践的这种双重改变性，使人类的生存发展和自由解放不能不在客观方面与主观方面同时展开。这种双重改变，就自然的一面说，就在于改变与人对立的自然环境，在自然界中创造“属人的”即有利于人类生存

① 《马克思恩格斯选集》第1卷，人民出版社1966年版，第19页。
② 同上书，第17页。
③ 同上书，第46页。
④ 同上书，第17页。

发展的生存价值世界，这是以人为本的改变；就人的主观的方面说，就是改变人的那种无知、无能和无独立性的状态，使作为主体的人在这种改变世界的过程中走向自由、丰富、发展，走向“全面的关系和多方面的能力”的实现，即实现人本身的“自由而全面的发展”。就作为自然与人的统一的社会方面说，主要是改变那种压抑人的关系和秩序、阻碍人的自由和创造性发展的非人性的东西，“把人的世界和人的关系还给人自己”①。创造人性得以自由实现的世界，这同样是以人为本的改变。我们可以看到，这三方面改变，都不能不是以人为本的改变。而只有以人为本地改变世界，才能走向人类的自由解放。

（三）“改变世界”的方向：逐步实现人的自由解放

马克思对人有深切的认识。他的两句名言是：“人的本质并不是单个人所固有的抽象物，在其现实性上，它是一切社会关系的总和。”②“自由自觉的活动恰恰就是人的类的特性。”③ 前一句话是对于人的个体特性的揭示，它要求从人的具体的社会关系中把握现实的人。后一句话是对于人性、人类性、人类本性的揭示，它表明，对自由解放的追求是人的本性。两句话结合起来进一步表明：人的自由解放要通过人的社会关系逐步转变为“人的关系”“人性关系”而实现，表明了人类解放的基本道路，在于对非人的、压制人的自由本性的不合理社会关系的改变。也就是说，改变世界要以实现人的“自由自觉的活动”为本，即走向自由解放。这也就是要求在任何情况下，都要坚持改变不合理性对人的统治，“把人的世界和人的关系还给人自己”，逐步实现人的解放。

从客观上说，人类世界本身是复杂的、矛盾的、二重性的，它既有符合历史发展、符合人性即合理性的一面，又有不符合历史发展、不符合人性要求的即不合理的一面。改变世界，在任何时候都只能是对世界、对人本身的非人性、不合理性的改变，从而在一定历史条件下“把人解放成为人”。在这里，“任何解放都是把人的世界和人的关系还给人自己”这句

① 《马克思恩格斯全集》第1卷，人民出版社1965年版，第443页。

② 同上书，第18页。

③ 马克思：《1844年经济学哲学手稿》，人民出版社1979年版，第50页。

话，最足以表明马克思创立的“改变世界”的哲学是人类解放哲学。它为“改变世界”找到了正确的实践方向。

说马克思“改变世界”的方向在于人的自由解放，与他当时的思想是相一致的。在19世纪40年代初中期，马克思最关心的是“全人类的解放”问题，他的《黑格尔法哲学批判导言》就是强调这一问题的。他要求“哲学（人类解放哲学）把无产阶级当作自己的物质武器，同样地，无产阶级也把哲学当作自己的精神武器”①。实现“全人类的解放”。“改变世界”不过是对这一精神的再肯定，它代表了马克思当时的全新哲学理念。1848年之后，马克思转而把无产阶级解放作为当时的首要问题，力图通过无产阶级解放开辟人类解放的道路。但历史发展的辩证法是：无产阶级并未能实现这一任务，科学与经济的发展反倒走上了解放无产阶级的道路，也使人类解放在今天有了更为现实的意义。

总之，马克思强调的“新唯物主义”，就是以实事求是的立场、态度和方法，以实践为基础，研究分析人类世界的发展规律和解放途径，并指导人们改变世界的哲学。它的基本问题是人类解放问题，而不是研究物质世界或整个世界的问题，“物质”或“整个世界”早就进入自然科学的怀抱了。由于它以人类世界为对象，以人类问题为己任，概括为人类学唯物主义哲学是最恰当不过的。由于以人类解放为目的，因而也可概括为是以人类性为根基的人类解放哲学。它是整个广义马克思主义的哲学基础。

四、“新唯物主义”的辩证方法论

新唯物主义在一定程度上通过它所阐述的理论也转化成了新唯物主义的方法论。所以，新唯物主义的方法论也表现出了多元性和非决定性。其主要方法有：①唯物主义方法：实事求是。②人类学方法：从人的立场即“从主观方面”观察理解世界（事物、现实、感性）；以“人的感性活动”解释人类实践；以实践理解人类世界。③社会性、客观性方法：“把人类

① 《马克思恩格斯选集》第1卷，人民出版社1966年版，第14页。

的活动本身理解为客观的活动”。④辩证方法：一方面注重社会的“自我分裂和自我矛盾”，“从它的矛盾中去理解”和分析把握事物；另一方面注重具体的关系和联系，要求从事物的具体“社会关系”去理解事物，反对“孤立地观察”理解事物。⑤历史的方法：不能“撇开历史进程”理解世界。⑥实践的方法：不仅要求从实践出发理解人类世界，更要求以实践为手段改变不合理世界。⑦批判的方法：以人为本批判一切不合理、不合法的东西等等。而所有这些方法，也都有它相应的思维方式。其中比较重要的，就是唯物的、实践的、辩证的、人类学的思维方式。这些思维方式在马克思以后的理论活动中都得到了发展。从而，马克思在这里不仅建立了新唯物主义哲学，也形成了新唯物主义的多元性的方法论。从今天的立场看，其中最重要的则是人类学的方法论和人类学的思维方式。马克思在他的最后10年，也主要是运用人类学的思维方式研究人类问题，这就形成了他的篇幅巨大的《人类学笔记》。

另外，从把马克思的这一哲学概括为实践人类学—哲学出发，我们应当强调：马克思在这一理论中透露出来的辩证方法，不是人们通常所说的“唯物辩证法”，而是具有复杂内容的人类本性的辩证法、人与自然关系的辩证法。如人的自然性与社会性、主动性与受动性的辩证法，劳动与资本的对立，人与自然、与社会、与他人、与自身关系的辩证法，这些在《1844年经济学哲学手稿》中有充分论述。在他的《资本论》时代，也非常关注人类社会内部的以生产关系为核心的系统的关系与联系，辩证的制约关系与系统联系等等。这些对于社会内部的辩证性与系统性的把握，都可以概括为人类学辩证法。历史的辩证法（生产力与生产关系的矛盾运动），只是人类学辩证法在历史发展中的体现。正是由于肯定这种人类学辩证法的存在，他才建立了以关系分析（只有人才有关系）、矛盾分析、系统分析为主的辩证方法，用以把握人类世界的辩证性与系统性。《资本论》就是以这种辩证分析形成的，又经过辩证的理论建构方法处理的概念从抽象上升到具体的运动来把握资本主义生产的典范之作（见拙著《辩证思维方式论》，高等教育出版社1990年版）。进一步看，其辩证分析方法针对阶级社会的应用，又形成了阶级分析方法，它成了无产阶级革命理论的组成部分。

概括讲来，“新唯物主义”把形成它的方法与它所形成的方法都结合在一起，它以社会化了的人类为立足点，以人对世界的实践关系和实践所引起的人与对象世界的双重变化为基础解释人类世界。自然界、人类、实践性、辩证性、唯物性、客观性、人本性等都规定着新唯物主义理论的特质，因而它是多元论的、非决定论的、辩证的哲学理论。它超越了一元论的、决定论的局限。因此，马克思强调的“新唯物主义”，作为人类学唯物主义和人类学—哲学，就是以适用于人类世界的实事求是的立场、态度和方法，以实践为根基、以辩证方法为手段研究分析人类世界的根本问题的哲学，而不是研究“物质世界”或“整个世界”的哲学，“物质”或“整个世界”早就进入实证的自然科学的怀抱里了。从这一认识出发，作为马克思哲学方法论的辩证法，也就不能是关于物质世界或整个世界的辩证法，不是唯物辩证法，而是关于人类世界的辩证法，即人类学辩证法。

（原载《云南社会科学》2008 年第 2 期，第 61－66 页）

如何理解马克思创立的人类学—哲学

在其他文章中我们谈到，马克思所完成的哲学革命，一是在哲学立场上，从自然的物质本体论转向社会的实践本源论，创立了实践世界观；二是在社会历史观上，由精神意识立场转向物质生产实践立场，创立了以生产实践为基础的唯物史观；三是在哲学功能上，由传统的只能“解释世界”的哲学，通过实践和人对世界的实践关系而转向了追求“改变世界”的哲学，创立了人对世界的实践改造哲学；四是在哲学对象上，马克思由整个世界转向了“社会化的人类”这一具体境域，创立了以人的社会存在为基础的人类学—哲学。然而，为什么说马克思创立的哲学是人类学—哲学而不是别的哲学，以及马克思如何创立了这一哲学以及它的主要对象和内容，尚须进一步研究。

一、马克思哲学的范围确立：从“一切存在”转换到“人的社会存在”

一种哲学如果有它的对象，它就应当从它的对象的“存在”开始。近代传统哲学，以“整个世界”为对象，它就不能不从“一切存在”开始。作为黑格尔哲学的逻辑起点的“存在”，就是一切存在。它追求“一切存在”的形而上的一般性质，这就不能不进入抽象空泛的哲学境界，所以，黑格尔说，作为他的哲理逻辑起点的“存在”，还只是空洞无物，以致“存在”等于“非存在”。马克思看透了这种哲学的空泛不实，它要求哲学从这种虚幻的天上回到实在的人间，进入具体存在的具体境域进行哲学思考。马克思的哲学革命表明，马克思实现了这一哲学视域的转换，他不再理睬关于一切存在的哲学，他宣告："新唯物主义的立脚点则是人类社会或社会化的人类"①，以"社会化的人类"为立脚点，就不能不首先注视"人的存在"；由于人是"社会化的存在物"，因而，也就要从"人的存在"进展到"人的社会存在"。马克思把人看做"社会存在物"，因而对人的研究要从"人的社会存在"出发。把人的社会存在作为新哲学的出发点，就实现了哲学视域的转换更新。所以，马克思哲学的出发点，不是形而上学的"一切存在"，也不是作为孤立个体的"人的存在"（克尔凯郭尔），马克思注意到了"人的存在"，但他没有停留在这里，而是进一步关注作为个体与类的统一和交融的"人的社会存在"。而人的社会存在，就是人的关系、人的社会交往、生产关系、族类关系、物质生活活动等等，这就通向了人的关系领域或人类的社会交往关系网这种人的具体存在境域中来了。

具体地看，马克思所关注的"人的社会存在"，是在一定关系中的劳动，是物的生产和人的生产，其中最根本的社会存在，就是人的物质生活的生产和再生产。它的现实表现，在《1844 年经济学哲学手稿》中，是工人阶级生存的非人性、私有制及其克服、异化劳动、社会不平等、劳动与资本的对立、物质生产、社会实践、共产主义运动等等这些在马克思哲学中具有纲领意义的事实。其中最根本的社会存在，就是人的物质生产实践（已如他文所述）。而这些社会存在，就是马克思创立人类学—哲学的社会基石。总之，马克思在哲学立场上的革命性开创，首先在于完成了哲学的视域转换，即从整个世界、从"一切存在"的形而上学视域，转换到"人的社会存在"这一具体境域中来了。在这里马克思展开了他的哲学世界。

二、马克思哲学思考的本质领域：从人的类本质转换到人的生产—交往共同体

从"人的存在""人的社会存在"出发，把"社会化的人类"作为新

① 《马克思恩格斯选集》第 1 卷，人民出版社 1966 年版，第 18 页。

唯物主义的立脚点，就自然确立了“新唯物主义”哲学的对象，这就是人类的生存共同体。因为，“社会化的人类”就是指人类的存在共同体、人类的生产—交往共同体。因此，当马克思把哲学视域从一切存在转向“人的社会存在”后，他也就确立了自己哲学的对象：社会化的人类的生存共同体。“共同体”是马克思常用的词，如古代共同体、封建共同体、专制共同体，“冒充的共同体，如国家”“虚假的共同体（国家，法）”“虚幻的共同体”等。可以说，以在一定的共同地域中生活的一定的家庭、氏族、民族、国家乃至现代的企业、单位等都是以共同体的形式存在的，它实际上就是指人们由于某种关系和联系结合起来的共同的生存方式。它们显然既可以充满强制、矛盾和斗争，马克思用“冒充、虚假、虚幻”来形容它；又可以——按它本来的意义说，应当是人们相互平等、互相依存的生存方式。马克思所赞赏的是后者，是由自由个性的自由联合而形成的共同体，即“真正的共同体”：它是“各个个人在自己的联合中并通过这种联合获得自己的自由”的共同体。① 这与“自由人的联合体”同义。马克思还说，“共同体就是生活本身，也就是物质生活和精神生活、人的道德、人的活动、人的快乐、人的实质。人的实质也就是人的真正的共同体”②，这里又是指包罗万象的人的生活。在另一些地方，他又强调交往，称之为人类的“普遍交往”和“交往共同体”，这里又是指人类以关系和普遍联系结合起来的整体，可以统称之为人类的“生产—交往共同体”，因为共同体是不能不受生产力和交往形式制约的。事实上，任何社会共同体，都是人们赖以生存的生产—交往的整体，他们的各式各样的总和，就是人类的生存共同体。马克思虽然没有用“人类的生存共同体”这一概念，但在包含“虚假”和对抗的意义上，人类显然是一种共同存在并在客观上相互依存的共同体。马克思的哲学作为思考“全人类解放”的人类学—哲学，不能不以人类的生存共同体为对象。为了点明这种共同体的实质，我们以“生产—交往共同体”指称之。

在马克思之前，没有以“人类的生存共同体”“生产—交往共同体”

① 马克思：《德意志意识形态（节选本）》，人民出版社 2003 年版，第 63 页。
② 《马克思恩格斯全集》第 1 卷，人民出版社 1965 年版，第 487 页。

为对象的哲学，只有以“人的类本质”、人的一般本性为对象的哲学。康德首创的哲学人类学——《实用人类学》，是以人的一般本性（类本质）为前提的。费尔巴哈的人本学，也以抽象的人性为对象。他关心的是人的共同的“类本质”，这是一种追求人的属性、人的抽象共性的哲学。而以人类的生产—交往共同体为对象的哲学，则超出了这种本质主义的束缚，上升到相互交往即社会关系中来了。马克思的“人”或“人类”，不是抽象概念，而是由具体的人总合起来的集合性概念，是由一个个单个的人通过复杂的社会关系而组织起来的“交往共同体”，它所追求的，是其内部和内外的交往关系，这就由僵硬的属性上升到了关系规定性，进入了那规定了属性的关系世界。正是由于这一点，马克思才能把握“社会化了的”人类。这是一个极其重要的转变。如果说，青年马克思在创立自己哲学之初，还不能不运用费尔巴哈人本学术语如人的“类本质”“类存在”等等，来表达自己的哲学思想的话，那么，当马克思提出其哲学以“人类社会”即人类的社会交往关系为对象时，他就已经超越了费尔巴哈人本学，超越了人的类本质，而上升到了人类的生存共同体的立场上来了，这就上升到了人类学—哲学的高度，建立了人类学—哲学，即关于人类的社会历史活动和交往关系的历史发展的哲学。它不同于以抽象的人类本质为对象的哲学—人类学或人的哲学。

以人类的生产—交往共同体为对象，仍然可以因不同的基础而走向不同的方向。马克思是以人类的物质生活的生产和社会历史的交往实践关系为基础思考问题的。他从人类的生存共同体中的物质生产关系和社会历史交往实践关系出发，研究人类社会、人类的生存共同体中的“生产、交换、分配、消费”以及由此形成的社会经济关系、社会的经济基础和上层建筑，社会的、阶级的矛盾斗争和所导致的历史发展，以及在这一过程中人的自由和解放的不断实现等等，从而在唯物主义基础上创建了一门新的关于人类的自由和解放的哲学，这就是人类学—哲学。这样，马克思就以这一哲学否弃了关于“整个世界”的形而上学哲学臆语，终结了形而上学两千年来的统治地位，创造了以人类物质生产实践关系为出发点的、从宏观上研究流变的“人类世界”、人类生产—交往共同体的人类学—哲学。

马克思的这一转向是对费尔巴哈形而上的人本学的超越，由他的抽象的自然性的人，回到现实生活中的、实际从事生产和交往的人，回到具体的、实践关系中的人；由抽象的形而上的人本学，回归到由于人的交往关系而形成的人的具体存在境域，并在交往关系和具体境遇中研究人类的历史发展，从而完成了西方哲学传统由理性论、认识论向人类学—哲学的转向。同时，这一转向，既是从人对世界的认识关系转到人对世界的实践关系，属于实践转向；又是由人的精神意识的决定论转到物质生产实践的决定论，属于社会物质转向，这就使马克思所创立的这一哲学，成了唯物的、实践的人类学—哲学。人类学—哲学的转向，是马克思实践转向和物质生产转向的完成。

值得注意的是：可能有人不承认马克思哲学的人类学转向，提出：马克思所开辟的现代哲学究竟是实践哲学（实践唯物主义、历史唯物主义）还是人类学—哲学？进而追问现代西方哲学的实质到底是什么，是否也能概括为人类学—哲学？事实上，“人类”是现代哲学的最终主题，当代西方哲学中的意志主义、存在主义、现象学、生存哲学、实用主义乃至语言哲学、分析哲学、科学哲学等，都不过是研究人类不同方面的哲学。只有马克思，由于抓住了生存实践，也就从本质上、整体上抓住了人类。因为，实践不能不是人类的实践，对实践的哲学研究，也只能归结为对人类的哲学研究，以实践为对象，也就是以人类的感性活动、存在方式、社会生活为对象。“实践世界观”，也就是以人类历史形成的生产方式为基础的人类学世界观。事实上，大部分现代西方哲学所研究的，都只是人类这棵大树上的不同枝叶。因此，实践转向只是人类学转向的前提。人类学转向是马克思哲学的最根本的转向，它是马克思哲学的主题，标志着马克思哲学的完成。从这个意义上说，马克思哲学不是辩证唯物主义，不是历史唯物主义，不是实践唯物主义，也不是人道主义、实践哲学，而是人类学唯物主义，人类学—哲学，是实践的人类学—哲学。

三、人类学—哲学的思考框架：人类生存与人类发展活动

人类的生产—交往共同体，不仅是一种存在，也是一种活动。因为人

是实践的存在物，而实践是一种活动，一种“感性活动”，因此，人的生产—交往共同体，也就是人类生存发展活动的共同体。以人类的生存共同体为思考对象，也就是把人类的生存发展活动作为人类学—哲学的思考框架。

从人类实践、人类生存活动的视角看，人类的生存发展活动，不外是人本身的生产活动（生育，人的再生产）、物的生产活动（物的再生产）、精神生产活动（精神再生产），和制约这一切的制度、组织的再生产活动。

对这几方面，马克思重点考察了人类的物质再生产活动及其规律。他通过“生产力与生产关系”“经济基础与上层建筑”这些概念，考察了人类的物质生产活动的规律以及由此形成的国家制度等等。不仅如此，马克思还考察了这四大活动的制约关系：人的生存与物的生产、物质生产活动与精神生产活动、生产力与交往形式以及它们与制度组织的关系等等，马克思发现了生产力对生产关系的决定作用，经济基础对上层建筑的决定作用，从而创立了他的唯物主义历史观。马克思没有否定它们之间的相互作用，而这种相互作用，特别是在具体历史环境中的具体的相互作用，在人类生存活动中起着规定作用，它是人类学—哲学把握人类生存发展活动的最基本的思考框架。在这个意义上可以说，人类学—哲学就是研究人类生存活动的基本方面和其相互关系与历史发展的哲学。

四、马克思哲学的目标理念：人类的个体自由、生存合理性与发展解放的规律

以社会化的人类即人类的生存共同体为对象，仍然可以建立许多不同的哲学。马克思要创立的是“改变世界”的哲学，即改变不合理的人类世界的哲学。要改变人类世界，首要的问题是改变什么，向何处改变？这就不能不首先要有目标理念，哲学的最高的目标理念。这个目标理念，如马克思一再强调过的，不是从外在的别的什么思想、理想来的，那是空想社会主义的做法，而是基于不得不改变的现存世界的不合理性，它应当是

"我们眼前的历史运动的真实关系的一般表现"①，是对它的不合理性的合法改造。它的方向，从马克思的许多理论论述来看，不外就是人类的个体自由、生存合理性与发展解放。消除劳动异化，消除无产阶级的贫困，通过生产力的发展促进生产关系的改变，从而走向自由解放，是生存合理性的表现。唯物史观的基本理论，就是按社会发展规律推动社会向合理方向发展的理论。在马克思看来，把共产主义定义为"自由人的联合体"，是追求人类的个体自由的表现。只有人类的个体自由，才有合理的社会组织，公平的社会机遇，丰富的社会创造，才有人类个体和整体的发展和解放，才有个体的乃至人类的价值、幸福可言。如果说，马克思也有关于人类本性的看法的话，那么，这就是把自由看做是人类的类本性。马克思强调要"把人的关系还给人自己"，何为"人的关系"？个体的自由发展、个体的合理生存，是其最重要的内涵。所以，马克思理论可以归结为关于人的解放的理论，它自始至终都把以人的个体自由为基础的人的整体解放，看做是社会合理发展的方向和历史的规律。而这也就是他的人类学—哲学的目标理念。

有了目标理念，也就有了理论旨归，即整个理论探讨、理论斗争的目的，它是由目标理念形成的，是目标理念的明确的实现。马克思全部理论的最终目的是什么？人人都知道是建立共产主义社会，即建立"自由人的联合体"。这是《共产党宣言》早已写明了的：代替不合理的旧社会的，"将是这样一个联合体：在那里，每个人的自由发展是一切人的自由发展的条件"②。这一理论旨归要能得到实现，那就要创立一种能够指导人们从实践上改变不合理的、非人世界的哲学：这只能是人类学—哲学。所以，从实践上改变非人世界，逐步走向自由人的联合体，是马克思人类学—哲学的鹄的。

① 《马克思恩格斯选集》第1卷，人民出版社1966年版，第252页。

② 同上书，第260页。

五、以实践观察人类世界并作为社会历史批判的根据（实践根据论）

马克思在哲学上的实践转向，为今人所公认。但马克思并没有建立一种直接以实践为对象的哲学（实践哲学、实践唯物主义等）。在马克思那里，“实践”仍然只是理解人类社会历史的观点和方法。实践作为人类的基本生存活动与生存方式，它要求人们用实践的观点观察世界、观察人、观察社会历史，马克思正是这样做的。马克思对真实的社会物质实践活动的发现，就在于创立了以实践为根据的观察世界、理解世界的实践世界观，并以之作为批判分析一切理论、一切精神的根据，它也是马克思进行一切社会批判、历史批判的根据，当然也是他的人类学—哲学的批判分析根据。实践成了理解人类社会历史、创建人类学—哲学的核心概念和思想方法，使他的人类学—哲学真正成了实践的人类学—哲学。

重要的是，由于实践辩证法的存在，对社会历史的实践理解，当然不能仅仅是直接对表面的现存事物的理解，而是对现存事物的历史发展过程的辩证理解，即在历史观中、在生成和扬弃中、在自身否定性中，而不是在现实的肯定性中理解现存事物，即在它的“必然灭亡”中来理解现存事物。这就是把实践当成一种辩证活动，当成一种亦建亦弃、不断变更、不断生成、不断创生从而走向人类解放的辩证活动，它有它的终极目的。马克思正是在这一意义下建构其实践的人类学—哲学的。它的终极目的，是使人成为人，即成为自由解放的人。他的以实践为基础的唯物史观（实践史观），就在于揭示了这种历史的创生规律。只有这样理解的实践，才是革命的实践，才是一种走向“自我异化的扬弃”的实践，而马克思创立的人类学—哲学的目的，就在于探索扬弃人的自我异化而走向社会合理性的社会解放道路。

要理解马克思人类学—哲学是实践的，就要注意到：马克思的整个理论都是建立在其实践观的基础上的。实践已经成了马克思的世界观和方法论。马克思的哲学视界主要就是在这种实践世界观基础上的人类学视界。

“唯物性”“辩证性”“历史性”只是马克思从传统哲学中吸收的合理的思维方式，即他进行经济学、人类学—哲学研究的哲学思维方式和思维前提，是他观察理解世界、创建人类学—哲学的基点。至于人道主义、人本主义、人文关怀等等，也只是马克思哲学所体现出来的历史进步性质，更不足以概括马克思的哲学。那种据此就认为马克思哲学是辩证唯物主义、历史唯物主义、实践唯物主义、实践哲学、人道主义等等，不能不是从近代旧的哲学观念出发理解马克思哲学的结果，从而把马克思哲学借以出发的理论前提、理论立场、思维基础当成了他的哲学，并以此遮蔽了马克思真正的哲学创造：意在改变世界的人类学—哲学的哲学创造。

六、人类学—哲学的边际关系与中心法则

要把马克思哲学理解为人类学—哲学，关键还在于理解马克思全部理论活动与实践活动的人类学视界。马克思从人类学视界观察、分析人类的本原关系和其最根本的问题，就形成了马克思的人类学—哲学。这种人类学视界，就是既从人与自然、与社会、与历史、与人本身的本原性的根本性的关系思考问题，因为这些根本性的关系，形成了人类生存活动的基本方面，也是人类学—哲学把握人类问题的基本方面，可以说，是它的“边际关系”。这些“边际关系”是：

（1）人与自然的关系。人在实践中与自然界的互渗互化（人的对象化与自然界的人化），从而使自然生成为“人类学的自然界”，而人生成为“对象化的人”，即“能动的自然存在物”，这种关系的重要性在于：人与自然的关系的合理性是人合理生存的天然前提。

（2）人与社会的关系。人作为“社会存在物”，只有与社会发生关系才能生存，人总是生存在形形色色的社会关系中，特别是作为社会关系的核心的血缘关系和生产关系中。这就必须考虑从物质生产关系出发的社会关系的合理性、合法性问题以及人类社会的合理生存与发展解放问题。这种关系的重要性在于：人的社会关系的合理性是人合理生存的社会前提。

（3）人与历史的关系。“自然史”在人类的实践中向“人类史”的生

成以及人在人类史中的发展生成问题。用马克思的话说，“整个所谓世界历史不外是人通过人的劳动而诞生的过程，是自然界对人来说的生成过程”①。每个时代形成的社会物质条件，都成为下一代借以出发的历史前提。但历史发展却表现为每一代对于前一代的超越。他使人既成为历史的存在，又因其生产实践而成为超越现实历史的存在。它的重要性在于：人与历史的关系规范着人的现实活动。

(4) 人与人自身的关系。人作为“有意识的类存在物”的“异化”与“复归”以及人本身的自由和解放的生成问题。人自身的自我实现、全面发展、“与时俱进”等等人本身的历史发展问题。它的重要性在于：人如何对待自己是他如何对待世界的前提。

(5) 人与他人的关系。人如何对待他人决定着人类社会的伦理关系和伦理性质，并由此影响着人与对象世界的关系和问题等等。

这些关系的边际性，在于它们划定了人类学—哲学的范围，它们是“人类的”最基本的存在关系。从这些边际关系出发，马克思的人类学—哲学在对象上就既与费尔巴哈的人本学不同，也与康德的实用人类学不同。康德首创的人类学，以回答“人是什么”这样的抽象普遍性问题为目的。他从形而上学出发，研究的也不能不是各种抽象的人类本性。他的《实用人类学》就是这样的。费尔巴哈所研究的，是人的各种抽象的自然本性，同样是人的形而上学。马克思则彻底否定了形而上学的抽象思维方式与其哲学方法和哲学目的，他研究的不是人的抽象的形而上的各种共同本质或类本质。用马克思的话说，“对抽象的人的崇拜……必须由关于现实的人及其历史发展的科学来代替”②。这就要求从“有生命的个人”出发，从人的本源性的边际存在、边际关系出发，研究人在各种关系中的交互作用、历史发展与生成，研究各种关系的规定性及其随生产关系的变革而形成的历史发展。而这些关系的变革的原动力，则是以物质生产力为基础的人的社会历史实践的发展。因此，马克思的人类学—哲学，是从人所存在的各种本源性的边际关系出发的人类学—哲学。

① 《马克思恩格斯全集》第 42 卷，人民出版社 1971 年版，第 131 页。

② 《马克思恩格斯选集》第 4 卷，人民出版社 1966 年版，第 23 页。

把所有这些边际关系统一起来并规定了它们的性质的，是它的中心法则。马克思的人类学—哲学，是从人类的物质生产活动思考人类问题的哲学。它以人类的社会物质生产其生产力与生产关系的矛盾运动为中心思考人类的问题。因而，它是马克思人类学—哲学的中心法则，生产力与生产关系的矛盾运动，被视为唯物史观的核心，但它更是人类学—哲学解释社会历史和社会现象的理论支柱。它从社会结构和内在的矛盾运动上揭示了人类走向合理生存与自由解放的历史发展规律。这已经成了东西方分析社会历史的经典文本之一，是人类史观上由近代向现代的革命性转变。虽然随着历史的发展变化和人们利益立场的不同而对其有不少争议，但它的基本框架、基本精神是不容否定的。而且，更为重要的是，正如马克思、恩格斯的经典著作所表现出来的那样，它为正确理解、认识人类社会，把握人类由必然王国向自由王国发展的人类发展规律和分析资本主义社会以及社会主义社会，提供了理论基础，从而为创立科学的人类学—哲学奠定了理论基础。

七、人类学—哲学：马克思一生理论关怀的总体特质

说马克思哲学是人类学—哲学，如前表明，还可以从马克思一生的理论事业来看。从马克思的哲学博士论文（1840 年）到马克思 1883 年去世前的四十余年间，可以分为四个时期。在 1846 年之前，主要从事哲学—经济学研究。从 1846 年的《德意志意识形态》到 1848 年的《共产党宣言》，主要从事唯物史观的研究，此后直到《资本论》第一卷出版（1867 年）的二十年间，主要从事经济学研究。而从 1873 年到 1883 年的最后十年间，马克思直接从事实证的人类学研究。值得注意的是，马克思这时置其一生的主要理论创造《资本论》的第二卷、第三卷的整理出版于不顾，用其 1/4 的理论生命时间研究人类学，留下了大量的未来得及整理和进行系统理论概括的《人类学笔记》，这一现象说明什么呢？苏联权威学者曾经说，这是马克思“不可饶恕的书生气”，好像马克思把自己最宝贵的时

间浪费在马克思主义之外的东西上去了。这实在是对马克思一生的人类学情结的严重不解。可以设想，巴黎公社失败之后（1871 年），无产阶级斗争在全世界的消沉，以及对无产阶级革命高潮的反复期待与失望，迫使马克思重新审视人类的社会历史发展与人类解放问题，加上当时实证人类学的新发展，从而促使马克思很自然地直接从人类学视角研究问题，力图从中总结出更根本、更全面、更合理的哲学思想，以解决无产阶级的解放和人类解放、人类由必然王国向自由王国的发展问题。而这正是马克思一生情结的核心问题。只有从这个角度，才能理解为什么马克思中断了《资本论》第二、三卷的整理出版，而以十年精力转向了人类学的研读。要知道，《资本论》研究的只是资本主义史，而《人类学笔记》研究的则是马克思一再强调的“人类史”的原发性的重要一环。这一事实再清楚不过地表明：马克思关怀的是整个人类过去、现在到未来的历史发展。马克思一生对全人类的关怀目的不是别的，而是他在 17 岁时就立志为之奋斗的“人类的幸福”，核心问题就是人类的合理生存与自由解放问题。而这，就是马克思人类学—哲学的核心理念。

事实上，马克思一生的理论事业，马克思从青年、中年到晚年一以贯之的深层理论目标，就是人类解放，就是人类的合理生存与自由解放及其实现道路。早期的“手稿”“提纲”和“形态”，中期的《资本论》，晚年的《人类学笔记》，都是为这一根本目标服务的。对此，马克思曾以“人类史”来概括。马克思说：“我们所需要研究的是人类史，因为几乎整个意识形态不是曲解人类史，就是完全排除人类史。”马克思还认为：“意识形态本身只不过是人类史的一个方面。”① 我们也可以说，马克思所创立、所发现的历史发展规律（唯物史观），《资本论》所研究的资本主义的生产活动以及无产阶级革命的经济学根据，马克思晚年研究的实证人类学，都不过是他所说的“人类史”即人类学—哲学的不同的有机的方面。

这也就是说，马克思的人类学—哲学，其创立是个历史发展过程，它没有形成系统的总结和封闭的理论。除了经济理论之外，它可以概括马克思的全部哲学理论。恩格斯所说的马克思一生的两大发现（唯物史观与剩

① 《马克思恩格斯选集》第 1 卷，人民出版社 1966 年版，第 21 页。

余价值）和“天才世界观的萌芽”（实践观的确立），以及马克思晚年的人类学研究，都可以有机地概括在其人类学—哲学中，人类学—哲学就是马克思一生最伟大的哲学理论创造的结晶。

另外，从马克思著作的主题内容和理论结构看，除了纯经济学的内容外，也表明马克思哲学是人类学—哲学而不是什么别的哲学。一些学者已经指出：

> 马克思任何时候都没有离开过人这个主题，研究现实的人，研究现实的人与现实的环境之间的关系，研究现实的人的活动规律，研究现实的人的命运和前途，可以说是马克思毕生的事业。①

当然，这里所说的“人”，应当既是指作为个体集合的人类，又是指人类的分子即个体的人。

衣俊卿先生把马克思的全部理论内容区分为表层、中层和深层，认为表层主要是针对当时社会实践需要的革命措施、实施方案，批判分析一些人的思想观念的是非和斗争得失的“操作性理论”。中层主要是社会历史理论以及经济学理论。他重点分析了马克思理论的“深层”内容，认为其基本精神就在于：

> 形成一种实践的、批判的理性精神，其宗旨是人的解放和人的自由，是建立自由人的联合体。因此，马克思所有的理论批判和理论研究，实际上构成了以人的劳动、现实生产活动，即人的实践为现实基础而说明社会的生成与分裂，以及扬弃这些分裂与对立，使人类获得解放的一体化的革命批判的学说。②

这也就是说，马克思理论的深层内容，是关于人类的合理生存、健康

---

① 韩安贵：《略论马克思关于人与自然的价值关系的思想》，载《中国人民大学复印报刊资料·哲学原理》2001 年第 4 期。

② 衣俊卿：《马克思思想：人之存在的文化精神》，载《中国人民大学复印报刊资料·哲学原理》2001 年第 7 期。

发展和自由解放的人类学—哲学理论。它体现了马克思对人和人类的人类学关怀。“中层”则是马克思以科学方式所揭示的现存世界的关系，它是为深层理论服务的。马克思的最终关怀是：

> 社会化的人，联合起来的生产者，将合理地调节他们与自然之间的物质变换，把它们置于他们的共同控制之下，而不让它作为盲目的力量统治自己。①

而这些就是马克思的人类学关怀的最高境界。事实上，传统理解的“历史唯物主义”“科学社会主义”，都在马克思人类学—哲学的涵盖之下，更不要说关于人、社会、自然、劳动、人道主义等等内容了。

总之，只有把马克思哲学概括为人类学—哲学，才能真正结束旧形而上学在马克思主义哲学中的复活，才能把哲学从天上拉到人间，从形而上学的无上世纪拉到现实中的作为具体境域的人的生存生活世界，也才能表明马克思哲学的首创性和本质特征。这个哲学以人类的社会历史实践为基础，考察了人与自然的关系，人与人的、人类自身的关系，人类历史和人类的合理生存、人类的现实问题和当时走向自由解放的现实的必由之路：无产阶级解放以及人类解放的历史方向和道路问题。这个人类学—哲学统摄了人们所说的他的哲学、政治经济学和科学社会主义。可以说，马克思用哲学的、经济科学的、社会政治理论的和人类学的四种话语，所表述的是同一个东西：人类的合理生存与自由解放问题，这就是人类学—哲学的核心理念。（马进参与）

（原名“再论马克思的实践人类学哲学”，原载《云南社会科学》2004 年第 6 期，第 36 – 41 页）

① 马克思：《资本论》第 3 卷（下），人民出版社 1975 年版，第 927 – 928 页。

马克思哲学的实践特质：实践的人类学—哲学

很多人都说马克思的哲学革命在于“实践转向”，但在发动这一转向之后，马克思并没有去研究当时已有的实践哲学（马克思青年时代的战友魏德迈强调实践哲学），他只是以他所理解的实践范畴，观察、理解人类的问题，如人与自然界的关系，人在自然环境中的生存活动，人类世界的历史发展与自然历史走向，并探讨了当时人类社会的劳动异化、阶级对立以及无产阶级的解放斗争和全人类的解放问题等。这样，马克思只是把实践作为一种观点和方法，而他所关心的，则是人类的根本问题。

一、马克思的人类学—哲学视角

文献表明，马克思在谈到无产阶级解放时总要与人类解放关联起来。无产阶级的自由解放与全人类的自由解放，是马克思二而一的两个情结。过去我们只突出了马克思的前一方面，在当代的世界文明发展和人类历史进步的大势下，我们应当——或者说，只有凸显马克思的人类解放的人类性情结而不是阶级性情结，才能彰显马克思哲学的当代性，才能彰显马克思作为人类思想家的伟大情怀。如何寻求无产阶级的尺度与人类尺度的统一，是当代马克思主义者的任务。把马克思哲学还原成为人类学—哲学，正是为这一目的服务的。事实上，马克思运用不同的学术语言，强调着同一个问题：

（1）马克思提出了有名的人的发展的三阶段论：从“人的依赖”关

系到“物的依赖”关系再到“自由个性”的解放，[1] 这指的正是人类解放的历程。因为马克思所关心的，是包含“个别的人”“现实的人”在内的全人类，他所说的“人”，实际上是指人的个体与类的统一，即人类，[2] 是人类学意义的人类，在他的视界下，个人总有它的类的特性。他最初就关心“人的类的特性”，“自己本身的类”，“和动物区别”的类，“类存在物”，“人的类生活”。马克思总是在这种“类”的背景下来理解个体的人的。马克思主义哲学借以立足的劳动、生产、实践，都是作为和动物相区别的从而开辟了人类社会历史的人的类特性——正确地说，是人的人类学特性——而提出来的。马克思哲学的出发点和归结点都是人类，所以他特别注意“类”。当然，他所说的“类”，不是费尔巴哈的抽象的自然性、一般性的“类”，而是由社会关系结构起来的“人类”。所以，马克思所说的人的解放的三阶段，应当置于人类学意义下来理解。

（2）马克思人类学—哲学的出发点和归宿，都是人——人的个体与人的整体，即全人类。他所关心的是人类的充满社会关系的全体，人类的整体，是人类整体的历史发展和最终走向人类解放，只要这个任务还没有在全世界实现，马克思主义都是适用的。

（3）马克思所关心的“人的自由自觉的活动”，作为整个共产主义目标的“每个人的自由发展”，作为“一切人的自由发展的条件”的“自由人的联合体”，都是在“人类解放”这一人类学意义上立言的。

（4）马克思全部理论和实践活动的总的目标，可以用“人类的合理生存与自由解放”来概括。它是马克思哲学、政治经济学乃至科学社会主义一以贯之的最深刻的核心，是马克思“早期”和“成熟期”“一以贯之的理论目标”，而马克思所有关于人、关于人类、关于社会历史的理论目标，都是人类的合理生存与自由解放。马克思所有关于人类及其个体、群体的考虑，关于经济的政治的思考，马克思的所有重要的批判，都与人类的合理生存与自由解放有关。因此，我们可以把马克思的哲学，概括为人类学—哲学。

---

① 《马克思恩格斯全集》第46卷，人民出版社1971年版，第104页。
② 《马克思恩格斯全集》第32卷，人民出版社1971年版，第121－122页。

（5）马克思所针对的当时历史阶段的“阶级斗争”和其特性的揭示，也不是与马克思对人类的终极关怀相违背的。可以说，是马克思的人类情结的现实表现，是马克思对当下现实的人的“类特性”的深入揭示，是人类解放的现实方式，甚至阶级斗争和无产阶级专政，也是马克思为了人类的合理生存与自由解放而在当时历史条件下（私有制和劳动异化下）不得不采用的现实斗争方式，是马克思为了人类解放而改造世界、现实地改变世界的一种历史形式，是人类解放这一必然性过程的特殊形式。在当时具体历史条件下，马克思强调阶级斗争和无产阶级专政，参与工人运动，其目的是通过无产阶级而解放全人类，这正像马克思关心劳动异化乃至一切社会异化的消除，他是从把人类从异化状态下解放出来而实现人类的合理生存与自由解放这一人类学立场出发的。他曾一再强调，他的理论不仅仅是无产阶级斗争的理论，它也是全人类解放的理论。

（6）马克思的哲学之所以是人类学—哲学，在于马克思自始至终关心人类的发展和人类走向共产主义即自由解放问题：在那里，人的“需要和享受失去了自己的利己主义性质，而自然界失去了自己的纯粹的有用性”[①]，从而导致“完整的主体”的实现，即“全面发展的人”的实现，马克思认为，那是人类“从全部才能的自由发展中产生的创造性的生活表现”，即实现了的“人的解放”的共产主义社会。所以，马克思所关心的是与人类有关的自然界，是“人化的自然界”，这些考虑都是为人的、为人类的考虑，表明人类是马克思哲学思考的中心。马克思说，人把自然界“作为人的生命活动的材料、对象和工具”并为人类服务，即为人类的自由解放服务。[②] 正如有的学者所说：“马克思任何时候都没有离开过‘人’这个主题，研究现实的人与现实的环境之间的关系，研究现实的人的活动规律，研究现实的人的命运和前途，可以说是马克思毕生的事业。”[③]

（7）更进一步说，马克思所强调的“人的科学”“历史科学”，实际上也就是关于人类的合理生存与历史解放的科学，这就是他所说的“社会

① 《马克思恩格斯全集》第42卷，人民出版社1971年版，第124－125页。

② 同上书，第95页。

③ 韩安贤：《略论马克思关于人与自然的价值关系的思想》，载《中国人民大学复印报刊资料·哲学原理》2001年第8期。

历史观”或曰“新的历史科学”，“它是现实的或曰从感性现实出发的现实的科学”①。马克思强调：“我们仅仅知道一门唯一的科学，即历史科学。”而这种科学，在马克思看来，“科学只有从感性意识和感性需要这两种形式的感性出发”，即“只有从自然界出发，才是现实的科学”②。重要的是，马克思从这里出发的科学，同时也就是他的哲学，而这只能是人类学—哲学。

（8）马克思不是人类学家，但他晚年的《人类学笔记》表明马克思要从人类学范畴思考人类解放问题，这和马克思的青年时代立志为人类幸福而奋斗是一以贯之的。正是马克思的这一人类学情结，贯彻了马克思在哲学、历史、经济学研究中的思考，它们形成了贯穿马克思一生的人类学—哲学。以人类的自由幸福为情怀，是划时代大思想家的特征。但是，只有人类历史进入世界历史，即全球化时代，人类学—哲学才能成为现实需要的哲学。从直接性和时代性上说，马克思是无产阶级思想家，但是，我们不能以此遮蔽马克思更深刻更伟大的一面。当代更应看到：从间接性和历史性上说，马克思更是一位划时代的人类思想家，他的哲学只能是人类学—哲学，是人类学唯物主义和人类学辩证法。

马克思理论的上述人类学特性早就被西方马克思主义者意识到了，但却把它归结为哲学人类学，这里完全没有注意到马克思哲学精神与哲学人类学的区别。

那么，为什么不能把马克思的哲学叫做已有的“哲学人类学”而要称为未见于经传的“人类学—哲学”呢？

哲学人类学的特点，有如舍勒所说：“哲学人类学的任务就是要精确地说明，人类一切特有的品性、成就和价值——比如语言、良心、工具、武器、正义及非正义的观念、国家、管理、艺术表现功能、神话、宗教、科学、历史性和社会性等等，是如何产生于人类存在的基本结构的。”③ 马克思不研究这些，他关注的是人类的社会关系（物的关系与人的关系）所

① 马克思、恩格斯：《德意志意识形态》，人民出版社 1961 年版，第 128 页。

② 《马克思恩格斯全集》第 42 卷，人民出版社 1971 年版，第 128 页。

③ ［德］舍勒：《人在宇宙中的地位》，陈泽环等译，上海文化出版社 1989 年版，第 74 页。

规定的人类生存的合理性，以及这些关系的合理性、合法性和它们的历史发展对于人类解放的意义。因此，它与“哲学人类学”完全不同。哲学人类学是哲学性的人类学，而马克思则是把人类学和“哲学人类学”作为理论背景，在此基础上对人类的合理生存问题进行哲学思考，因而可以更好地概括为人类学—哲学。但它不是关于“人类学”这门学科的哲学，而是关系人类这一具体对象和其生存境遇、发展问题方面的哲学，是关于“人类”这一“社会存在物”的哲学。

事实上，对“人类”这一对象，可以从各个层面进行研究。而从不同层面研究人类，就形成不同的人类学：如从自然体质方面研究人类的体质人类学；从人造文化方面研究人类的文化人类学；从宗教信仰方面研究人类的宗教人类学；从哲学方面对人的一般本性进行研究的哲学人类学；等等。马克思不研究人类的一般本性，他从经济上、政治上关心人类的根本性的合理生存问题，这就是从人类的社会历史实践的视角，研究人类这种存在物的合理生存和走向自由解放的道路问题。这是一种最为宏观的具有深刻哲学意义的视角，由此进行的分析和得出的结论，就是一种既具有一般的普遍的哲学意义，又深入人类这一具体境遇的人类学—哲学。由于它的目的在于实践地改变世界，因而可称之为实践的人类学—哲学。

二、马克思人类学—哲学的社会基础：社会历史实践

把马克思的哲学归之为“实践的人类学—哲学”，不仅因其目的在于实践地改变世界，更在于这一哲学的产生，建立在人的社会历史实践的基础上。脱离开实践，这一哲学就说不清楚。因为，在马克思那里，“实践”不仅是观察分析“对象、现实、感性”，观察分析人、人类社会的一切问题的最基本的立场和观点。更由于人的社会生活方式、人的生存方式在本性上就是实践的。正如青年哲学家贺来所说，实践是人的“本源性的生命存在活动方式”。所以，人类学—哲学从人的生存出发，就不能不以人的实践——特别是具体的社会历史实践为基础。与其说马克思开创了以实践

为基础的哲学如“实践唯物主义”的话，不如说他创立了从人的实践生存本性出发的用以观察自然与社会、人类与其历史的实践世界观。在这个世界观的基础上，他研究人类的根本问题，关心人类社会的发展解放道路，从而建立了他所特有的实践的人类学—哲学。事实上，被后人硬性地区别开来的马克思的哲学、政治经济学和科学社会主义，所要解决的核心问题只有一个，这就是在实践基础上解决人类的合理生存与自由解放这一根本问题。

从马克思思想的产生和发展来看，从他明确表达的观念、方法和目标来看，他的实际上的理论指向，实质上都是指向实践的人类学—哲学：

（1）马克思思想的产生，是人类历史发展的价值要求，即克服劳动异化，走向人类合理生存和自由解放这一实践任务的历史使命的要求。

（2）马克思不是像当时的许多进步思想家那样，空洞地呼唤这些价值目标，他面向现实、面向人类的基本物质活动，于是，他找到了人类历史的基石：以生产劳动为体现的社会历史实践。

（3）马克思的社会历史实践建立在两个哲学理论成果的改造运用之上：其一是否定性、过程性即历史性的辩证法，它形成了历史性实践概念；其二是作为社会历史的物质活动的“人的感性活动”，即人满足自己的物质生存需要的生产实践和人与人由此结成的物质生产关系的活动。

（4）这样，马克思的社会历史实践观就既是唯物的，又是辩证的；或至少是以唯物辩证观念武装着的实践观。从而，他创立了唯物辩证的、革命批判的实践世界观。因此，马克思实践的人类学—哲学的立场是唯物主义的，方法是辩证的，态度是革命批判的。

（5）马克思的这一唯物辩证的实践世界观，是马克思的伟大理论成果。它既是马克思进行意识形态批判的价值性、理论性的根据，又是他研究社会历史、创建唯物史观乃至《资本论》的方法论根据。

（6）马克思唯物辩证的实践世界观也是他的唯物辩证的实践方法论，他由此创立了把握世界的实践思维方式或曰实践思维范式。

（7）马克思在青年时代即以这种实践观进行哲学意识形态的价值性的批判，要求通过解放无产阶级而解放全人类。但是，他的实证的唯物的科学态度，同时要求他从科学上实证地研究社会历史，其结果是唯物史观的形成，从而把实践观进一步发展成为对社会历史进行科学批判的历史观和方法论（唯物史观）。

（8）马克思主要面临的理论任务，就是以他创立的实践世界观和唯物史观两大理论武器，研究资本主义雇佣劳动制度即他当时的现实世界的内在机制和发展规律。从而发现了剩余价值和无产阶级解放的历史合理性，为人类自由的实现和人类解放指出了一条立足于经济科学研究的政治解放道路，从而深刻地影响了世界历史的发展。

（9）马克思之所以能完成这一伟大任务，除了他的天才之外，在于他的观点和方法的正确，他的“实践”既是人的实践，也是物的实践，这就是人满足自身物质需要的生产实践。这就使马克思在研究资本主义物质生产的物的关系中，发现人的关系。在生产力的研究中，同时发现其生产关系。他从这两方面的相互适应、相互否定乃至改变形式的辩证法中，发现了现代社会的历史运动规律和这一规律所导致的对现实资本主义的合理否定，以及标志人的自由和人的解放的共产主义的历史合理性。

（10）马克思的“实践”，作为人的实践，他建立了人的社会历史的主体地位；作为历史的实践，他建立了历史中的人类活动地位。因而马克思的实践观，也就是人的主体观和社会历史的本体论。这实际上也就是历史人类学的本体观。实践是历史人类学的基础。马克思说：“没有哲学，我便不能向前迈进。”他的经济理论，“本质上是建立在唯物主义历史观的基础上的”①。

（11）只有实践的人类学—哲学，才能在实践基础上把人的“自由自觉的类特性”、作为“自由人的联合体”的人类解放，私有制和异化劳动的消除，阶级对立、阶级斗争乃至阶级专政的解决和解放，以及建立最优的社会生产和社会分配体系、共产主义的实现等等问题统一起来，成为这些理论终极关怀的共同依据。而反过来，所有这些理论，都构成马克思实践的人类学—哲学的理论关怀和理论内容。

（12）恩格斯关于劳动创造人，关于从野蛮到文明的发展，是对马克思实践的人类学—哲学的必要的补充，马克思的《人类学笔记》，则表明马克思直接对人类学—哲学的关心和研究。总之，马克思一开始就拿起了

① 《马克思恩格斯全集》第2卷，人民出版社1971年版，第116页。

“实践”这一哲学武器，以之对哲学进行批判，又从哲学上对政治进行了批判，这种批判所关怀的中心，不外是人类的合理生存与自由解放问题，从而建立了他的人类学—哲学批判（这是最早的形态）。但是，马克思研究的是经济学，他一开始既抓起了“哲学”这个最普遍、最抽象的武器，又抓起了“经济”这个最有力的武器，最后形成了他自己的、他所创造的哲学武器：以人的经济活动为基础的社会历史理论，他称之为“历史科学”或唯物史观，后人称之为“历史唯物主义”，而实质上是以实践为基础的人类学—哲学的历史观，即人类学—哲学的历史理论形态，并以之继续着早期的批判。之后，他又通过政治经济学理论创建了劳动价值论和剩余价值理论，使他的人类解放理论成了以“经济”为基础的人类学—哲学。这是他的人类学—哲学的最富于理性批判性和科学性的形态，是马克思的人类学—哲学所经历的第三个理论形态。

马克思实践的人类学—哲学的上述三大形态，特别是，马克思以他生命的最后十年，研究实证人类学而创立的实证人类学—哲学，更表明了其道一以贯之，即这几大形态都是为人类的合理生存与自由解放服务的。总之，只有实践的人类学—哲学，才能把马克思主义的哲学、政治经济学和科学社会主义以及他一生的理论研究一以贯之地统一起来。

马克思的实践的人类学—哲学，是以实践为基础的，以人的自由本性，人与自然、人与社会、人与人的基本关系为边沿线索展开来的。所以，马克思说，共产主义，即实践的人类学—哲学的目标，是“人和自然之间、人和人之间的矛盾的真正解决，是存在和本质、对象化和自我确证，自由和必然，个人和类之间的斗争的真正解决”①。

那么，人类学—哲学的理论目标，为什么一定要通过实践才能实现呢？这是由于实践可以从非人的东西创生出人的东西。

① 《马克思恩格斯全集》第42卷，人民出版社1971年版，第120页。

三、实践的作用与结果：人类世界的创造生成（实践创生观）

马克思有句名言是："人创造环境，同样环境也创造人。"这种创造当然是指通过"实践"的创造，以"实践"为手段的创造。而这也就是说，新的实现着人类解放的社会，要通过实践创生出来。

人和自然在劳动中的统一，"一方面，人自身作为一种自然力与自然物质相对立"①；另一方面（同时），人通过劳动创造，达到了"人对人说来作为自然界的存在以及自然界对人说来作为人的存在"。即人在实现自己的自然本性中创生出人化世界。

科学，在马克思看来，就是为这一目的服务的："对自然界的独立规律的理论认识本身不过表现为狡猾，其目的是使自然界服从于人的需要。"②

马克思承认"外部自然界的优先地位"，承认"先于人类历史而存在的那个自然界"，但认为它不是我们所见到的现实的自然界，现实的实际存在的自然界都是已经人化的自然界。这是由于现实世界是人的劳动实践在可能性中创造出来的。如马克思把劳动看做是"人以自己的活动来引起、调整和控制人和自然之间的物质变换的过程"，这就使自然中可能的非人的东西变成现实的人化的东西。人化自然的现实性，是自然的可能性可以为人的活动所改造，在改变这种可能性中，人把人性的东西加诸自然界，创生出人可以依之生存的即人化的东西。因此，他强调：这种"连续不断的感性活动和创造、生产，正是整个现存的感性世界的基础"③。

这表明，马克思的实践的人类学—哲学，就是研究人所创生出来的这个"人化世界"的发展规律和人走向自由解放问题的，它是唯物的、辩证的、历史的哲学，是动态的，有可能创造现实即改变现实世界的人类学—哲学。这里，让我们明确强调：马克思的实践的人类学—哲学就是人的实

① 马克思：《资本论》第1卷，人民出版社1975年版，第202页。
② 《马克思恩格斯全集》第30卷，人民出版社1971年版，第390页。
③ 《马克思恩格斯全集》第1卷，人民出版社1971年版，第77页。

践创生论，强调人的改变与环境的改变相一致表明，人与环境的现实面貌的改变以及双方形成新的现实，不是通过别的，正是通过实践的创生作用而实现的。马克思认为：人们“是在一定的物质的，不受他们任意支配的界限、前提和条件下活动着的”①，这就是现实性的作用；而活动、实践就在于依据这一点而创造、创生。不错，马克思没有讲“创生”这个词，他讲的是“创造”。但是，马克思同样讲“生产”。“创造”和“生产”都有某种新物生成。因此，在这里，我们可以用“创生”一词概括马克思的“创造”和“生产”，即经由实践作用的“诞生”和“生成”。马克思强调：“整个所谓世界历史不外是人通过人的劳动而诞生的过程，是自然界对人说来的生成过程。”②

在创生这一意义下，可以说，生产力创生生产关系、经济基础创生上层建筑：“在人们的生产力发展的一定状况下，就会有一定的交换和消费方式。在生产、交换和消费发展的一定阶段上，就会有相应的社会制度、相应的家庭、等级或阶级组织，一句话，就会有相应的市民社会，就会有不过是市民社会的正式表现的相应的政治国家。”③ 这里的“就会有”，通常被理解为前者“决定”后者，这就带来很多误解。而把马克思所说的“就会有”理解为“创生”就大不一样。因此，我们认为，马克思的实践论实际上是实践创生论。“人是一种通过实践活动不断自我筹划自我创生的特殊存在者。”是一种通过实践而创生自己的生存价值世界的他生者。在这个意义上可以说，马克思的实践的人类学—哲学，实质上也就是创生人类学—哲学：创生把人与世界、主体与客体统一起来。在创生中，人与世界互属：人属于世界，世界属于人，世界的属人性，人的属世界性，都是在实践创生之中才现实地展开了的。只有在实践创生和创生物中，人与自然才统一于社会，才能说“社会是人同自然界的完成了的本质的统一”。实践的人类学—哲学立足于个人、关怀着人类，这是微观的人类学—哲学，因为它从关怀个人的自由和解放开始。但它也是宏观的人类学—哲学，因为它以历史大尺度关怀人类的合理生存与自由解放，它以对人类的

① 《马克思恩格斯全集》第1卷，人民出版社1971年版，第72页。
② 《马克思恩格斯全集》第42卷，人民出版社1971年版，第131页。
③ 《马克思恩格斯全集》第4卷，人民出版社1995年版，第532页。

终极关怀为己任。顺便指出，这一以天下为己任的伟大理论抱负，就不能不体现为“宏大述事”。但它与形而上学的抽象的普适的“宏大述事”不同，而是关乎人的生存的以具体科学为基础的述事。

在今天，实践的人类学—哲学的想法已经兴起。据笔者所知，刘福森、孙正聿等学者的一些说法，已经在不同程度上接近了这一主题。这是由于人类今日的发展极限导致的生存危机，这危机使发展的合理性和生存的价值选择问题凸显出来。危机导致反思，反思导致自觉性，自觉性导致合理性，而人类及其个体与群体的合理性追求与合理性活动的凸显，使人类解放这一重要主题彰显出来。它主要表现在：

（1）只有实践的人类学—哲学，才能把马克思主义在当时的斗争（理论的与实践的）和当代的任务，以及今后的目标统一起来。否则，马克思主义的当代性就会是一句空话。

（2）人类今日的科技发展和不同制度的社会历史发展，以及人类创造的社会物质财富的增加，正在从客观上——加速人类解放的进程，而这正是马克思的实践的人类学—哲学在今日应关注的焦点，也是实践的人类学—哲学在今日关注的重心。

（3）人类今日的经济全球化和世界一体化，人类今日面临的全球性问题，人类由于自身的恶性膨胀导致的生态危机与可持续发展问题，都是马克思实践的人类学—哲学所应关心的现实问题。只有把马克思主义哲学看做是实践的人类学—哲学，才能直接参与我们时代的问题的解决，才不折不扣地是我们当代乃至后代的哲学。

四、进一步正确认识马克思哲学的实践特质

通常认为，马克思的哲学是辩证唯物主义、历史唯物主义、实践唯物主义、实践哲学、人道主义等等。如前表明，实践的人类学—哲学的新认识与这些观点是不同的。要认识马克思哲学的特质，必须联系马克思本人的人生理想，他的全部奋斗活动的目的来考虑。马克思青年时代的人生理想就是“为人类的幸福”而工作，他一生一以贯之地为之奋斗。马克思作

为一个革命人道主义者，他从事哲学的目的是为了人类的合理而幸福地生存，是出于对人类合理生存、人道生存的关怀和人的终极解放，因此他所建立的哲学理论，实质上不能不体现他一生为之奋斗的价值目标，这就只能是为人类的合理生存与自由解放而奋斗的人类学—哲学。他后来从诉诸哲学到诉诸经济科学，在于他意识到只靠哲学是不行的，它不能从科学性上揭示人类现实生存的不合理性，不能唤起人们为自己的不合理生存状况而奋斗，自觉地走向自由解放。马克思的目的是要实际地改变不合理世界。他的“哲学家们只是解释世界，而问题在于改变世界”，表明他深感哲学在改变世界方面的软弱无力，这已有告别哲学而诉求行动之意。他在哲学上大声疾呼：无产阶级必须把哲学作为自己追求解放的精神武器，但这只是道义的呼唤，而不是科学的必然。所以他在经济学中寻求人类解放的天然道理。马克思并不是为了做一个经济学家，他研究经济学的目的只有一个：无产阶级和全人类的解放。统贯其中的是实践：人类如何合理生存和如何走向自由解放的哲学。如前表明，他的经济理论活动可以用“经济”人类学—哲学来概括，他的社会历史理论可用历史人类学—哲学来概括。当然，马克思在从事这些研究的时候，他成了经济学家、社会历史学家，这是由马克思研究问题的深刻性所决定的，但是，不能以他所论述的经济学理论、社会历史理论的学理深刻性和严整性，湮没马克思用这些科学所表达的哲学思想，认为马克思只是经济学家、社会历史学家。因为马克思通过这些理论所诉求、所表述、所建立的，都是人类如何合理生存与自由解放的问题，他的这些理论构建，都不过在于指出人类解放的客观基础、科学理论基础和必由之路罢了。因此，从整体上，从目的、目标和客观效能上讲，马克思都俨然是人类学—哲学家。

但是，如何概括马克思的“人类学—哲学”呢？从他前期诉求于哲学批判来说，他建立的是批判人类学—哲学。但是“批判人类学—哲学”不能概括马克思以主要精力所从事的经济学研究，他的无产阶级斗争理论就是建立在经济学的“剩余价值”的理论基础上的。那么，是否可用“经济”人类学—哲学来概括呢？那就又会扔掉了他前期的哲学研究。同样的道理，也不能用社会人类学—哲学、历史人类学—哲学或社会历史人类学来概括，它们无法把马克思的哲学和经济学理论所关怀的东西概括于中。

从“改变世界”这一要求来说，马克思的人类学—哲学，可以进一步概括为实践的人类学—哲学。

如果说，马克思在其哲学研究阶段的最高成果，就是提出了要从人的社会历史实践来观察一切“对象、现实、感性”这一哲学精神、哲学世界观和方法论的话，那么，他后来从事的全部经济学研究、社会历史研究以及他所从事的针对现实的理论斗争，可以说都是建立在这一实践世界观和实践思维范式之上的。如果还有什么必要补充的话，那就是他在前后期都一再强调的、批判的革命的辩证法，这是蕴涵于他的实践批判精神之中的辩证法精神。它需要人类通过社会历史实践活动而实际地辩证地走着人类解放的道路。

马克思在《德意志意识形态》中表明，他对经济学的实证研究是从实践出发的，他认为经济学是“描述人们的实践活动和实际发展过程的真正实际的科学”。即使对于自然科学，马克思也着重于它通过实践进入人的社会生活、改造人的社会生活来看待它的价值：自然科学“通过工业在实践上进入人的生活，改造人的生活”，所以，有理由相信，马克思的经济学是建立在他的实践批判精神之上的。这种关系，可用哈贝马斯的一段话加以概括：“在科学中”，对马克思来说在经济学中，“哲学是作为批判被保留的，确切地说，哲学的遗产转变成了决定着科学分析方法本身的意识形态批判观”。①

正是这种实践批判观，马克思的经济科学才成为人类合理生存与自由解放的科学和哲学。

马克思先创立了自己的哲学，继而创立了自己的历史科学，而后把它们的精神贯彻到经济学中去。马克思正是要深入回答现实问题和人类解放这一重大问题，才放弃无实践能力的、带着神秘色彩的传统哲学以及他自己的哲学表述方式，他发现了能科学说明人类世界和改变人类世界使之向合理化方向发展的“历史科学”（历史唯物主义）和经济理论。

总之，马克思为人类的合理生存和最终解放而进行的改变世界的斗争的四大武器，是哲学、历史科学、政治经济学、实证人类学和现实斗争的操作理论。贯通这四大武器、四大斗争的，就是以人的社会历史实践为物

---

① ［德］哈贝马斯：《认识与兴趣》，郭官义、李黎译，学林出版社1999年版，第56页。

质基础、以辩证否定精神为矛头的实践批判精神。今日来看，马克思的这四大武器都是以人类当时的社会历史生存实践的现状为基础的，也都是为同一个目的服务的。在这个意义上可以说："马克思关于新哲学的历史使命的论断，为整个现代哲学的转向提出了时代主题，这就是把哲学的目光从对整个世界的猜测转向对人类解放的关切，从对普遍规律的寻求转向对现存世界的变革。"① 基于这些考虑，我们把马克思的关于人类的合理生存和自由解放为目标的人类学—哲学，概括为实践的人类学—哲学。

（原载《云南大学学报》2003 年第 6 期，第 3－10 页，《高校文科学报学术文摘》摘发）

① 孙正聿：《哲学如何面向现实》，载《江苏社会科学》2002 年第 2 期。

马克思唯物史观的深层实质：唯物主义人类观

——从表面理解马克思到深入理解马克思

通常认为，马克思最重要的哲学创造是唯物史观。但是，从人类学—哲学立场看，它不过是人类学—哲学的历史观，是从历史深度上来看的人类观。

一、马克思哲学的两个基点

人们公认，在传统的以一切存在为对象的形而上学哲学的背景下，马克思完成了实践和物质生产两大革命性的哲学转向，形成了他的哲学的两大理论基点。其一是在1845年《关于费尔巴哈的提纲》中所完成的对于实践基点的把握，其二是在1846年的《德意志意识形态》中，进一步把实践理解为物质生产实践，为他的历史观找到了物质生产基点，创建了“唯物史观”。本文想强调的是：马克思的这两大哲学基点的深层意义，在于完成了自康德以来的哲学的人类学转向，为人类学—哲学奠定了现代性基础。

两个哲学基点的直接结果，其一在于要求以实践观察理解世界，把“对象、现实、感性”当做人的实践来理解，即从人的“主观方面”来理解一切事物，这就开创了从人的实践眼界来理解世界的现代哲学，即以人的实践为本位观察理解世界的哲学方向。其二，实践的主体不能不是人类，因而，对“人类之实践”的研究，就不能不追究到对“实践的人类”的研究，于是，人类世界、人类问题就不能不逐步上升成为哲学思考的主题。因此，实践基点，为人类学—哲学奠定了实践基础。而物质生产基点所形成的物质生产动力观，又为理解和研究人类问题找到了正确的方法论基础。其三，由于实践和物质生产不是别的，而是人类赖以生存发展的基础手段，是人类的生存发展方式，这就为研究人类生存、人类发展问题找到了途径。这也就是说，马克思的实践基点与物质生产基点，其深层哲学意义，就在于为正确研究人类的生存发展问题开辟了科学合理的道路。

如果这一前提性的思考是对的话，那么，我们就不能仅仅看到或停留于马克思关于人类实践、人类历史的理论，这只是直接的、表层的理解，而应当从这些传统的理解中深入一步，探讨他关于实践着的人类、历史地生存发展着的人类的哲学思想。这才是马克思间接的、深层的精神。

这也就是说，要更深入地理解马克思，就应当从人类的历史返转到历史的人类。这一“返转”也是上升和深入：上升的可能性，在于人类的历史以人类的存在为前提。马克思表明：“任何人类历史的前提”，都不能不在于“有生命的个人的存在”。“人的存在”是本体性的，而“人的历史”则不过是人的功能。任何对于功能的论述，都应当从功能返追到本体，才是哲学探究理所应当深入的。一旦完成这一返转式深入，我们就会发现马克思的全新的关于人类世界的一整套哲学思想。如果这一点能够成功，那就是说，马克思的实践观和唯物史观的真正意义，在于从基础上完成了人类学—哲学的构建。马克思在“历史”“唯物史观”的名义下，实际开辟出了人类学—哲学的新世界。马克思强调，他所关注的，是“人的活动”“人类生存活动”。而“人类生存活动”不外就是在历史进程中既改造着自然又改造着人的人类的生存发展活动。他认为，历史的“前提是人”，是“在一定条件下进行的发展过程中的人”①。“历史科学”所要研究的不外就是“人类史”：“我们需要深入研究的是人类史。”② 是“进行着物质生产和物质交往的人们”。

即他在“历史”和“唯物史观”的名义下所关注的，不过就是人类的生存发展过程或历史地生存发展着的人类。所以，马克思的“唯物史

① 马克思、恩格斯：《德意志意识形态（节选本）》，人民出版社2003年版，第17页。
② 同上书，第11页。

观”的真正实质，他用“历史”一词所表达的，不过就是他唯物地、历史地看待的“人类生存”，是对人类生存发展活动现象的科学的、真实的关注。

二、“历史”的基本前提：人类生存发展的基本前提

马克思的人类生存发展观，集中体现在他对历史赖以发生的“前提关系”的考察中。他在“历史”和“唯物史观”的名义下，所考察的正是人类生存发展的种种特质。他所强调的历史的前提，实质上不过是人类生存发展的前提的历史表述。

（一）任何“历史”都以人的个体生命存在为前提

马克思的唯物史观的开篇原理就是：“全部人类历史的第一个前提无疑是有生命的个人的存在。因此，第一个需要确认的事实，就是这些个人的肉体组织以及由此产生的个人对其他自然的关系。”① 这里，马克思把“有生命的个人的存在”看做历史的首要前提，这就是说，历史不是凭空的，它以人的存在为前提。而人的存在也就是个人的生命存在和他与自然界的血肉的、生态的关系。也就是人在自然界中的生存发展。这就是说，唯物史观的“第一个前提”，不外就是“全部人类”生存发展的自然生命的存在前提。历史和唯物史观，首先是建立在人的存在前提之上的，而不是相反。马克思确认，“人是自然存在物”，人像自然对象一样是“对象性的存在物”。他与对象的关系首先是生态依存关系。这是一切“历史”思考的人类学起点。历史不过是历史地生存发展着的人类而已。这是一种哲学主体的转换，是从人类的历史为主体转向以历史的人类为主体的直接根据，这是马克思为人类学—哲学奠定的第一块基石。

① 马克思、恩格斯：《德意志意识形态（节选本）》，人民出版社2003年版，第11页。

（二）历史的“物质生产”前提，实质是人类生存发展的首要前提

马克思的上述观点，以进一步的形式表现在如下论述中：

> “一切人类生存的第一个前提，也就是一切历史的第一个前提是：人们为了能够创造历史，必须能够生活。……因此，第一个历史活动就是生产满足这些需要的资料，即生产物质生活本身。”①

在这里，马克思明显地把“生产物质生活本身”，看做是“一切人类生存的第一个前提”。因此，历史的前提不在别处，就在人类自身的生存发展活动之中，它以人类自身的生存发展为本，以“人类的生存前提”为前提。人类通过物质资料的生产实践活动，满足自己当前的生活需要，实现自己的生存发展。这是人作为生存自立的存在物，必然要发生的物的生产前提。它进一步表明，“历史”是以“人类”为本的，它不外是人类的生存发展过程。这是马克思在历史观的深处透露出来的人类生存发展观，是人类学—哲学的第二块基石。

（三）历史的“精神生产”前提，实质是人类生存发展的精神前提

人们在“物的生产”和“人本身的生产”的基础上，还要进行精神生产。从总体上说，人类只有通过做，他才能想；但从具体上说，人类只有首先“想”到，他才可能“做”到。因此，精神生产对认识、改进、引导人的生存发展来说，是最为必要的前提。这里，应当首先注意到：马克思的精神生产理论可以区分为初级的精神生产和高级的精神生产。

初级的精神生产。人作为有意识的存在物，他的活动是有意识的，其意识与其生存活动是联系在一起的：“在我们考察了原初的历史的关系的四个因素、四个方面之后，我们才发现：人还具有意识。但是这种意识并非一开始就是纯粹的意识。——意识起初只是对直接的可感知的环境的一

① 马克思、恩格斯：《德意志意识形态（节选本）》，人民出版社2003年版，第23页。

种意识，是对于处于开始意识到自身的个人之外的其他人和其他物的狭隘联系的一种意识。同时，它也是对自然界的一种意识。”① “思想、观念、意识的产生最初是直接与人们的物质活动，与人们的物质交往，与现实生活中的语言交织在一起的。”②

高级的精神生产。“人们是自己的观念、思想等等的生产者，但这里所说的人们是现实的、从事实际活动的人们。”③ 只是在“物质劳动和精神劳动分离”之后，“意识才能摆脱世界而去构造纯粹的理论、神学、哲学、道德等等”④。

区别两种精神生产在今天是非常重要的。从初级的精神生产前提说，它是人类生存的前提。人作为由意识具体支配着的存在物，只有意识到对象的存在和特征，他才能进行针对性的生存活动，这是不言而喻的。从高级精神生产来说，在于精神“不仅可以想象某种真实的东西，而且可以真实地想象某种东西”⑤，从而创造了真实描述对象世界的科学和种种理论。并且，它还把人的一切活动及其对象，人类生存活动要达到的目标和方向，变成了被意识照亮了的世界。从而，人的生存发展活动，就成了自觉自为、自知自明的活动。因而，也就成了人们可以自觉地自我改进、自我发展，因而不断趋于优化的活动。在这个意义上，高级的精神生产是人类发展的至关重要的前提。人类创造和规范着精神，但精神也创造和规范着人类。正是这一高级精神生产前提，促使人类由愚昧走向文明。

对初级的精神生产，马克思主要强调它的依附性，即依附于人们的物质的生产—交往活动，它们与人们的实际生存活动是分不开的。对高级的精神生产，马克思强调它对人类生存发展的规范和导引意义：“人把自己的生活活动本身变成自己的意志和意识的对象”，“实际创造一个对象世界，改造无机的自然界”⑥，以实现自己的生存发展活动。

① 马克思、恩格斯：《德意志意识形态（节选本）》，人民出版社2003年版，第25页。
② 同上书，第16页。
③ 同上书，第16页。
④ 同上书，第26页。
⑤ 《马克思恩格斯选集》第1卷，人民出版社1966年版，第35页。
⑥ 马克思：《1844年经济学哲学手稿》，人民出版社1979年版，第50页。

因而，它是人作为人的生存发展的精神性前提。人类必须通过精神生产活动，即在意识上理解、解释、规范和改进自己的生存发展，为自己的生存发展提供精神意识依据，他才能很好地生存发展。因为人类是凭借自己的意识构想而进行活动的。人作为精神性的、有意识和自我意识的存在物，他的生存活动及其改进，不是来自动物式的在直观中的冲动或条件反射，而主要是来自他的认知和判断。而认知和判断就是思想、观念、精神的产生。所以这不仅是历史的前提，更是人类生存发展的前提，是人类学—哲学的第三块基石。

（四）历史的“新的需要”前提，实质是人类生存发展的促进因素

人不仅是自然存在物，人更是社会存在物。因此，人类的历史，人类的生存发展，也应当有它的社会性前提。马克思唯物史观提出了人类历史发展的两大社会前提，即建立在“第一需要（物质资料）”之上的“新的需要的产生”和“社会分工”。马克思在历史的需要中揭示了人类发展的社会需要：

> 第二个事实是，已经得到满足的第一个需要本身、满足需要的活动和已经获得的为满足需要而用的工具又引起新的需要，而这种新的需要的产生是第一个历史活动。①

这里，马克思强调的是“新的需要的产生”，它不是第一层次的直接的物质需要，而是在这些生存需要满足之后，由于人的社会活动的复杂化和人们追求更高生活的欲望，而由社会交往所间接产生的、人们进一步发展的社会需要，这是改善、改进和丰富发展的需要。马克思认为，这种“新的需要的产生”和通过人的努力而得到的满足，是“第一个历史活动”。不错，这是一种真正的历史性因素和历史性活动。但是，更重要的是：它在实质上是人们的社会共同体的发展需要，是人类社会发展活动的特质。事实上，这种“新的需要”的产生和满足，就是社会本身的生产活

① 马克思、恩格斯：《德意志意识形态（节选本）》，人民出版社2003年版，第23页。

动，只不过它所生产的不是物，不是人，也不是精神，而是一种历史的期待，社会的欲望，人性的追求，发展的机遇，进步的环节，事物变革的需要，即相互激励的因由。这种新的需要，是任何人类社会进一步发展的生长点、激发点。这可以看做是人类在物的生产、人的生产、精神的生产之后而产生的第四种生产，即创造发展机遇的、社会性的“需求”本身的生产。一个社会能不能较快发展，就看它的这种“需求本身的生产”的方向、水平、性质、多少及其满足的速度和水平。比如，人的文化需求，生产出对书籍增长的需求，而这又生产出了改进印刷技术的社会需求，而改进印刷技术的需求，又生产出了对相应工具加以改进的社会需求，等等。因此，它是人类发展的社会性促发点，是人作为社会存在物的生存发展的本质之所在。仅仅把它作为“历史”的前提，就掩盖了它的人类性、社会性的发展促动因素这一极为重要的性质。只有把它看做是人类发展的生长点，才能彰显它的人类学特征。这是人类学—哲学的第四块基石。

概括前述，不外是人的生存前提和发展前提。从人的生存前提上说，它主要建立在人的生命存在、维持人的生命的“物的生产”以及人的生命生产（生育）和“初级精神生产”这前提的基础上；从人的发展前提上说，它进一步建立在人的社会性所产生的“新的需要的产生”“社会分工”和“高级精神生产”的能力和水平的基础上。明白这一点，对以促进和改善人类生存发展为任务的人类学—哲学来说，是极为重要的。

总之，马克思在创立他的哲学时，由于他首先面对的是要针对性、战斗性地讨论“历史”，这样，他就不能不把他关于人类生存发展活动的一般前提的发现，以“历史前提”“历史发展因素”的形式表述出来。但由于历史的主体不能不是人类，马克思所说的“历史前提”“历史发展因素”，也就是一切人类生存发展的前提和因素的历史表述。只有从这一视角看，才能彰显马克思诸多论述的人类性意义。

三、唯物史观的基本原理：人类生存发展原理的历史表述

马克思不仅通过历史的前提关系揭示了人类生存发展的前提性基础，

他更通过对唯物史观的基本内容的阐述，揭示了人类生存发展的一般规律，从而为人类学—哲学奠定了理论基础。

（一）唯物史观的社会经济形态理论：人类赖以生存发展的社会基本结构

马克思唯物史观的另一个基本方面，是在人的物质生产前提的基础上，创立了人类的“社会经济形态”理论，并指明了它的基本关系、基本结构不外是：

> 人们在自己生活的社会生产中发生一定的、必然的、不以他们的意志为转移的关系，即同他们的物质生产力的一定发展阶段相适合的生产关系。这些生产关系的总和构成社会的经济结构，即有法律的和政治的上层建筑竖立其上并有一定的社会意识形式与之相适应的现实基础。物质生活的生产方式制约着整个社会生活、政治生活和经济生活过程。①

这里几乎与历史无关，它所揭示的，不过是由于生产而必然要产生的生产力与生产关系，以及由生产力与生产关系（它们的总和）形成的生产方式、以生产方式为基础而形成的社会基本经济结构，即经济基础和上层建筑。其中，“经济基础”只是底层结构；在其之上，人又创造和形成了与它相适应的政治、法律等“上层建筑”，即作为政治制度的中层结构，以及为这一切服务的“意识形态”这种精神性的高层结构。这是一个从基层的社会物质基础到由它规定的中层的社会政治制度，又到由二者所规定的高层的精神意识形态的相互制约的社会立体结构。这种结构是人类步入文明社会之后的基本的社会结构形态。它既支配人的生存，是人作为共同体的生存方式，也支配人的发展，是“社会化的人类”即任何社会共同体的发展都不能依凭的社会核心结构，是人类赖以生存发展的基本社会结构和它的存在发展之整体。在这个意义上，它完全是人类学意义的，是关于人类学—哲学的理论基础。只看到它的唯物史观的性质而看不到它的人类

① 马克思：《政治经济学批判》，人民出版社1964年版，第2－3页。

学—哲学性质，无疑缩小了它的哲学意义，从而也就看不到马克思所创立的人类学—哲学。

（二）唯物史观的基本规律：人类生存发展的基本规律

马克思的唯物史观，不仅表明了人类生存发展的基本前提和基本因素、人类社会存在的基本结构，也概括出了人类步入文明社会之后的生存发展的基本规律。这就是以社会历史发展规律形式出现的生产力的发展以及生产力与生产关系的辩证运动、经济基础与上层建筑的辩证运动：

> 社会的物质生产力发展到一定的阶段，便同它们一直在其中活动的现存生产关系或财产关系……发生矛盾。于是，这些关系便由生产力的发展形式变成了生产力的桎梏。那时社会革命的时代就到来了。随着经济基础的变更，全部庞大的上层建筑也或慢或快地发生变革。①

我们知道，这是马克思唯物史观的核心。它指出了人类历史的基本规律。

但是，这一规律，作为从人类社会基本结构中产生的规律，它更是人类生存发展的基本规律。“历史规律”也就是对“人类发展规律”的历史形式的表述。因而，这一规律也是人类学—哲学解释人类生存发展的理论支柱。人类学—哲学，也主要是研究人类进入文明时代即阶级社会之后，人类的生存合理性问题的，凡是符合规律的，都是合理的；凡是不符合规律的，都是不合理的。在这个意义上，它是人类学—哲学的核心法则之一。

马克思同时表明，这种矛盾运动，作为从社会基本结构中产生的运动，也就推动了社会在经济形态方面的发展更替，它演进更替的基本阶段，马克思也是指明了的：“大体说来，亚细亚的、古代的、封建的和现

---

① 马克思：《政治经济学批判》，人民出版社1964年版，第3页。

代资产阶级的生产方式，可以看做是社会经济形态演进的几个时代。”① 显然，它作为“人类史”的演进阶段，也就是上述结构在人类的生存发展中所要经历的几个演进阶段。而在《1858年经济学手稿》中，马克思进一步直接把它表述为人的发展解放的三大阶段：“人的依赖性”阶段、以物的依赖性为基础的“人的独立性”阶段和未来的“自由个性”阶段。这样，马克思的唯物史观，也就揭示了“社会化的人类”的社会经济结构和它在这种结构的内在矛盾推动下的发展阶段。在这一意义上，马克思以“人类的历史”形式所表述的，正是“历史的人类”，只是由于当时的论战需要，他不得不运用“历史观”来总结他的发现。而从实质上看，这些都不过是从人类学立场上对人类生存发展规律和发展阶段的表述。

（三）唯物史观的阶级斗争理论：人类合理生存要求的阶级体现

马克思的唯物史观，在当时的具体历史条件下，强调阶级斗争和无产阶级革命，他本人也广泛参与和指导了工人运动，其目的是通过解放无产阶级而解放全人类，他执着地要把这两者结合起来。这表明，他是从人类的合理生存与自由解放这一人类学—哲学立场来看待无产阶级解放的。当时，作为最广大、最贫困人群的无产阶级的经济解放、政治解放，是人类合理生存的前提。因此，马克思的阶级斗争理论，不过是人类合理生存要求的阶级体现。如果这一考虑是对的，那就是说，马克思的阶级斗争和无产阶级革命，也是马克思为了人类的合理生存与自由解放而在当时历史条件下（劳动与资本的对立、劳动异化等等），不得不采用的激进斗争方式，是马克思为了人类解放而现实地改变世界的一种可能的历史形式，是人类解放这一必然性过程的特殊历史方式。文献表明，无产阶级的自由解放与全人类的自由解放，是马克思二而一的两个情结。他在人类解放的基础上理解无产阶级解放，在无产阶级解放的基础上理解人类解放。而人类解放不是什么遥远的事，它具体体现为现实的当下的“人的解放”，即根据历史发展的可能性最大限度地把人解放出来，“把人的世界和人的关系还给人自己”。过去我们往往只突出了马克思的前一方面，而忘记了后一方面，

① 马克思：《政治经济学批判》，人民出版社1964年版，第3页。

以为人类解放的任务是遥远的未来的事，这不能不是对马克思的片面理解。在当代的世界文明发展和人类历史进步的大势下，我们只有凸显马克思的人类性情结而不是阶级情结，才能使马克思哲学以当代形式“出场”，才能彰显马克思作为人类思想家的伟大情怀。在马克思那里，无产阶级与全人类，在合理生存与自由解放这一尺度上统一起来。把马克思的所谓阶级斗争哲学还原和上升成为关于人类合理生存与自由解放的哲学，正是以这种统一尺度为依据的。后者可以包含前者而前者不能包含后者。马克思的理论不仅是无产阶级解放的理论，而更是全人类争取合理生存与自由解放的理论。

概括地说，从直接性和时代性上看，马克思是无产阶级思想家，这是他的阶级性。但是，我们不能以此遮蔽马克思更丰富更伟大的一面，我们更应当看到：从间接性和历史性上看，马克思则是一位划时代的人类思想家，这是他的人类性。他自始至终都没有放弃对全人类的合理生存与自由解放的关怀。正如有的同志所说：“马克思任何时候都没有离开过‘人’这个主题，研究现实的人与现实的环境之间的关系，研究现实的人的活动规律，研究现实的人的命运和前途，可以说是马克思毕生的事业。”① 无产阶级解放理论，也就是人类合理生存与健康发展要求的阶级体现。在这个意义上，它顺理成章地包含在人类学—哲学的体系之中。

四、从人类的“历史”深入历史的“人类”：步入马克思人类学—哲学范畴

（一）人类是历史的“主语”

前面的讨论表明，唯物史观的深层实质，在于揭示了人类生存发展的一般前提、人类存在的社会结构和人类发展的一般规律。它既是人类世界

① 韩安贵：《略论马克思关于人与自然的价值关系的思想》，载《中国人民大学复印报刊资料·哲学原理》2001 年第 8 期。

的奠基性原理，又是我们观察人类世界、分析人类问题的理论—方法论基础。事实上，马克思最明白不过的是："历史"不是无主体的历史，它的主体就是人类；人类不能不是历史的主体。马克思的名言是：

> 历史什么事情也没有做，它"并不拥有任何无穷无尽的丰富性"，它"并没有在任何战斗中作战"！创造这一切、拥有这一切并为这一切而斗争的，不是历史，而正是人，现实的、活生生的人。……历史不过是追求着自己目的的人的活动而已。①

人类是一切历史的主体和动因。因此，"历史"一词不过是强调人类生存活动状态的暂时性和变化发展性。马克思关于历史的研究，归根结底不过是从历史视域对于人类生存发展问题的哲学研究。他通过"人类的历史"所揭示的，正是"历史的人类"。而对人类问题的研究，正是人类学—哲学的典型任务。

（二）唯物史观的深层实质：唯物主义人类观

通常认为，马克思独特的哲学贡献，就在于其唯物史观。事实上，马克思自始至终关心的都是人的问题，他对"历史"的研究，实质上是关于他所说的"人类生存""人类发展"。"人类生存活动"的哲学研究，是以"人类"为本位、为主体的人类学—哲学研究。正如有的同志所说：

> 人是马克思历史观的价值辐辏，没有了人，这种本质上不过在于阐解"现实的人及其历史发展"的历史观，便既无从作意义的贞辨，也无从确定逻辑上的起始。②

而人的问题的根本，就是合理生存与发展解放问题。马克思正是以人和人类的这种生存合理性为思考轴心，展开他的理论研究的，这里体现了

① 《马克思恩格斯全集》第2卷，人民出版社1965年版，第118页。
② 黄克剑：《人韵》，东方出版社1997年版，第247页。

马克思伟大的人类学情怀。因此，“唯物史观”，直接来看是关于人类历史的哲学，间接来看则是从历史视域来看的人类生存发展的哲学。因此，他关于历史的研究，实质上不能不是关于人类世界的哲学研究。从这个高度出发，马克思“唯物史观”的深层实质，不外就是以人类的物质生活实践为基础的、关于人类的生存与发展规律的人类学—哲学，即人类学唯物主义哲学。

重要的是，马克思的这种人类学唯物主义哲学，决定性地使哲学由整个世界转向了人类世界。它立足于对人类命运的关怀，这种关怀既是微观的又是宏观的，是对人类个体及其总和——全人类的关怀，以这一关怀为基础的哲学，只能是关于人类世界的人类学唯物主义哲学。正是这一哲学，才决定性地开创了哲学的人类学时代。因此，把马克思唯物史观的深层实质，概括为是人类学唯物主义哲学，应当更符合马克思的本意，更能彰显马克思在哲学上的开创性功绩。

（三）马克思所独创的关于人和人类世界的哲学——人类学—哲学

概括前述，可以说，从深层次看，马克思的唯物史观，实质上创生了一种关于人类的生存发展的哲学。如何概括这一哲学呢？我们是以马克思作为哲学观使用的“人类学”一词加以概括的。在讲到现今的自然界已非原初的本来的自然界时，马克思把它称为“人类学的自然界”，在马克思那里，“人类学”不是指一门学科，而是一种以人为本的哲学世界观，他直接运用“人类的”“人类性”“人类学”这些范畴，来界说人类生存活动的特质和人眼中的自然界和世界，以表明他的思考的人类性。人类和人类的生存合理性，是马克思哲学思考的核心。不仅对社会历史是这样，对自然界也是这样。在马克思看来，“先于人类历史而存在的那个自然界”，“今天在任何地方都不再存在”①。所以，马克思不讨论那与人无关的自然界，当然也不会讨论“整个世界”或“物质世界”，而是从人类学世界观出发的“人类学的自然界”。这就是说，可以用“人类学”这一范畴的“人类世界”“人类性”的意义，来界定马克思的哲学理念，即可以把他

① 马克思、恩格斯：《德意志意识形态（节选本）》，人民出版社2003年版，第21页。

关于人类生存发展的哲学，定名为人类学—哲学，即人类学唯物主义哲学。马克思在他生命的最后十年，放弃他对资本主义这一人类历史的特定时段的经济学、政治学的研究，放弃《资本论》第二、三卷的整理出版工作，以其极其宝贵的时间研究当时新兴的实证人类学，作了大量的人类学笔记，这本身表明了什么？不是表明马克思思考的重心是人类问题吗？不是表明马克思希望能从人类学—哲学视野研究人类问题吗？遗憾的是他未来得及整理研究他的笔记就与世长辞了。但他以其1/4的理论生命时间表明了人类问题的重要。这不正是我们应当深深思索的地方吗？只有把他所关心的这一人类学—哲学建立起来，才能告慰马克思的英灵。

（四）从传统的主宾颠倒的理解中走出

但是，长期以来，人们为什么看不到或不愿意看到这一点呢？看来，这里出现了主宾颠倒：人们以“人类的历史”代替了“历史的人类”，从而以“历史唯物主义”遮盖了人类学唯物主义。事实上，马克思、恩格斯没有用过“历史唯物主义”这个词。他们讲的只是关于“人类生存活动”的“唯物史观”，即唯物主义地看待的人类生存活动，以及从人类生存活动的视界观察世界。把它概括为人类学—哲学，更符合马克思的内在哲学精神，即他所说的让哲学以“世界公民的姿态”出现在世界上。如果说，马克思没有对自己的哲学思想进行认真反思的话，那就在于他没有自觉认识到他的“新唯物主义”世界观的人类学特征，因而没有上升到“人类学—哲学”或人类学唯物主义这一理念上来。但是，他所说的共产主义就是“实证的人本主义”①，已接近了“人类学唯物主义”这一理念。我们今天应当把他的历史理论所开创出来的这一潜在的哲学开发出来，为当代世界历史发展服务。只有这样才能让马克思主义光照今天，光照未来。

（五）从人类的“历史”深入历史的“人类”

要把唯物主义历史观纳入人类学—哲学体系，还应当看到，马克思唯物史观的深层对象不外是历史地生存发展着的人类。

① 《马克思恩格斯全集》第42卷，人民出版社1979年版，第131页。

（1）马克思的“历史”不是无主体的历史，它的主体就是人类，它只能是人类的历史，即人类史。马克思对这一点表述得很明白：“我们需要深入研究的是人类史。”① 它的对象就是历史地生存着的人类，人类是历史的基点。

（2）马克思在创立唯物史观的《费尔巴哈》一稿中，作了几十页的讨论之后说：“到现在为止，我们主要只是考察了人类活动的一个方面——人改造自然。另一方面，是人改造人。”即“交往和生产力”②。马克思所关注的，是在历史中进行的人类群体既改造自然又改造人的“人类活动”状况，是人类活动同他的环境和他的经济所有制的关系。所以，马克思的“唯物史观”的实质，不外就是以“人类活动”为基点来研究人类历史现象的哲学。

（3）马克思把“整个所谓的世界历史”，看做是人类生存活动的产物，看做是人通过自己的活动把自然界转化为有利于人的生存发展的价值世界的过程，“是人通过人的劳动而诞生的过程”，明确表示人是历史的创造者：“历史”“不过是追求着自己目的的人的活动而已”③。所谓“历史唯物主义”也就不能不是历史地理解的人类生存活动而已。

（4）马克思把“一切历史的第一个前提”（即“生产物质生活本身”），首先叫做“人类生存的第一个前提”，由此可以看出，他对“历史”的研究是以人类生存为本的研究，这也就是说，“历史唯物主义”，从基础上看，也就是关于“人类存在”“人类生存”“人类发展”的唯物主义，是以人的生命存在为本的唯物主义。

（5）马克思宣告“新唯物主义的立脚点是人类社会或社会化的人类”表明，他直接宣布了他的“新唯物主义”是以“人类”为立足点的唯物主义。换言之，历史不外是人类的历史，人类不能不是历史的主语，因而，归根结底，马克思的“唯物史观”不过是人类学唯物主义哲学的历史观，而不是历史唯物主义哲学。

总的来说，马克思强调的是：所谓历史，不过是人类史，是人类的存

① 马克思、恩格斯：《德意志意识形态（节选本）》，人民出版社 2003 年版，第 32 页。
② 同上书，第 22 页。
③ 《马克思恩格斯选集》第 2 卷，人民出版社 1966 年版，第 118 页。

在与发展史；马克思所说的实践，也只能是人类的实践，是人类的生存发展和创造生成方式。人类是这一切的主体。马克思最看重的物质生产关系，是人类最基本的生存关系。从这个高度出发，马克思的“唯物史观”，就上升成了以人类的物质生活实践为基础的关于人类的生存与发展的唯物主义人类观。

但是，长期以来，人们为什么看不到或不愿意看到这一点呢？看来，这里出现了“颠倒”：以人类的“历史”遮盖了历史的“人类”，从而以“历史唯物主义”遮盖了人类学的唯物主义。事实上，马克思没有用过“历史唯物主义”这个词。不是他不会这样概括，而是他不愿这样概括。他讲的只是关于“人类生存活动”的“唯物史观”，即唯物主义地看待的人类活动，以及从人类生存活动的视角观察世界，即某种唯物主义哲学的历史观。是从人类学高度来看的“人类史”的历史观。马克思虽然没有自觉认识到他的唯物主义的人类学特征，但他认为他的哲学是关于人类的“实证的人本主义”，这就接近了“唯物主义人类观”这一理念，从更高层次上看，也就只能是人类学唯物主义哲学。只有这样理解才接近马克思哲学的特质。

五、马克思人类学唯物主义哲学的概括性与统摄性

联系本文开头的论述，可以说，“实践转向”是马克思人类学—哲学转向的起点，因为它把握了人类的存在方式；“物质生产转向”，是这一哲学转向的“完成”，因为它找到了人类生存发展的起点。我们应当把马克思这一潜在的哲学挖掘出来。这是20年前我们提出“马克思的哲学革命”的真正用意之所在。马克思通过实践和物质生产，为这一哲学开辟了道路。因为实践观的核心就是从实践的立场上理解和把握世界，而这，就首先只能是理解和把握那经由实践而产生的人类世界，进而是把它作为世界观，把握人类所创造、所理解的世界，包括自然界。这就排除了那种以“物质世界”“整个世界”和“与人无关的自然界”（马克思）的形而上学哲学。这一排除之所以可能，在于马克思的实践论，使哲学从人类对世界

的认识关系，转向了实践关系，形成了实践本位论。从而，在哲学使命、哲学功能上，马克思超越了解释整个世界的形而上学哲学，而创生了以实践为手段的、力求“改变世界”的哲学。这种力图改变世界的哲学，只能是人类学—哲学。这就是研究人类在他所创造、所理解的世界中争取生存合理性的哲学。马克思的“全人类解放”思想，就是为这一目标服务的。

这样，对于马克思来说，哲学的首要问题，不再是主观如何符合客观的认识论问题，不再是“思想的客观性问题”和真理性问题（这些是近代哲学的问题），而成了人类行为的合理性与合法性问题，即实践改造的问题（这是现代哲学的问题）。从而，马克思把人类的生存境遇及其改造提上了哲学日程。这是马克思作为现代哲学家的又一重要体现。也是关于人类世界的哲学的理论使命。

把马克思哲学概括为人类学—哲学，也就是要以人类和人类通过实践所创造、所理解的世界为对象，这也就是要研究人类、人类实践及其对世界的掌握方式、人类所掌握建构的世界、人类对世界的哲学理解等。这些内容，显然都在唯物史观的逻辑视野之外，但却是人类学—哲学的逻辑体系，并可以逻辑地把唯物史观改造包含在内。因而，人类学—哲学是在马克思历史观中潜在着的有待开发的一种更高深的哲学形态。

从唯物史观上升到唯物主义人类观，形成人类学—哲学，不仅可以把唯物史观提高到哲学层次上来，更可以涵盖马克思一切哲学论述。诸如马克思哲学的唯物性、实践性、历史性、辩证性、生存性、解放性、批判性、革命性、人文性、人道性乃至经济性、政治性和阶级性等，都可以在新的哲学形态中获得自己的合理地位和科学解释，因为它们都不过是人类的特性而已。从而，以人类学唯物主义哲学概括马克思哲学思想，比“辩证唯物主义与历史唯物主义”“实践唯物主义”“历史唯物主义”“实践哲学”“人道主义”，以及交往论、生存论、人类学、哲学等等，都更接近本真的哲学马克思，也更符合当代“世界历史”发展的理论需要。但是，因篇幅关系，这些只有另外讨论了。

最后要强调的是：马克思的人类学—哲学，关心的是“现实的人”及其向未来的合理发展、各民族由“地方历史”向“世界历史”的合理发展问题。这一问题在当时是以无产阶级解放为体现的人类解放问题。而在今天，则是以全人类在政治自由、经济平等、精神解放的追求目标为体现的人类的合理生存与发展解放问题。在人类与自然的关系和人类自身的关系都进入高度风险的时代，在人类本身已经成为人类自己的对手的时代，在人类不得不空前关心现实发展和未来前途的时代，在人类生存发展的不合理问题更加尖锐的时代，更需要把马克思的历史观上升成为人类观，创建出关心现实的人及其合理发展、后进民族向世界历史发展的人类学—哲学来。这是马克思主义在21世纪的生命力之所在。

（原载《云南社会科学》2006年第5期，第19－24页，编入本书时有所增加）

马克思人本理性哲学的本体论

——人的个体生命本体论

马克思哲学以及马克思主义哲学有没有自己的本体论？如果有，这本体论是什么？在前些年，这是一个众说纷纭的问题。对马克思哲学本体论之多种主张，恰恰表明马克思自己没有明确提出过自己的“新唯物主义”哲学的本体论。马克思虽然在肯定意义上运用过本体论一词，但基本没有对本体论问题进行思考，只是指出了一些人性事实属于人的“本体论存在”。同时，他也没对本体论进行批判，他批判的只是形而上学哲学。但是，形而上学的基础和主要构成部分却是本体论。这就是说，马克思通过否定传统形而上学哲学而否定了传统意义的形而上学本体论。但是，这并不是说，马克思哲学没有自己的本体论。

一、对马克思主义哲学“本体论问题”的多种主张

不论古代哲学还是近代哲学，其根本问题都是本体论问题。因为本体论问题体现了哲学对其思考对象、对存在的本原问题的最根本的追究。用我国哲学家的话说，“本体概念是由‘原始’与‘本质’两概念混合抽绎而成”（张东荪）。“在宇宙论中，赅万物而言其本原，则云本体。”（熊十力）这种对世界的本体论追求，一直延续到费尔巴哈。但是，他的本体论不再是形而上学的万事万物的共同本原的本体论，而是感性的实在的自然事物的实物本体论，是人的感性存在的本体论研究。人们之所以不把他视作现代哲学家，原因之一，就在于他所追究的仍然是这种传统意义上的客

观实在性的本体论。

这就是说，传统意义的本体论，即作为世界的“终极存在、终极解释、终极价值”① 意义上的本体论，在现代非形而上学哲学、在马克思那里是终止了的。那么，马克思哲学有没有自己的本体论呢？他的本体论是什么呢？

对于现代哲学来说，奎因指出，任何一个哲学理论体系，即使不研究本体问题，也都有它的“本体论承诺”。这也就是说，一个哲学把什么作为它的研究对象，即使他只字不提本体论问题，它也总是自觉不自觉地承认他所研究的对象是存在的，这种存在中的基础部分，作为他的哲学理论的本原性因素，就是他的哲学的“本体论承诺”。在这个意义上，马克思的哲学理论当然是有它的本体论的。学者们也正是在这个现代意义上探讨马克思的“本体论革命”的。

对马克思主义哲学的本体论研究，除了原来的“物质本体论”属于传统意义的形而上学本体论外，在现代，对马克思哲学的本体论研究，主要有：拉布里奥拉和葛兰西主张马克思哲学的本体论是“实践本体论”；卢卡奇晚年以人的社会劳动为核心范畴，提出了“社会存在本体论”；古尔德提出了“社会本体论”；日本马克思主义哲学家广松涉，提出了“关系本体论”；等等。在我国，除了对“实践本体论”的大力赞同和讨论外，近年又提出了不少新的理解。如：中国人民大学陈先达先生的辩证唯物主义本体论；中国社会科学院吴元梁先生的自然存在与社会存在在实践上的统一论；中央党校韩庆祥先生的感性实践活动本体论；黑龙江大学衣俊卿先生提出的“开放的生存论本体论”；华中科技大学邹诗鹏先生提出的“实践生存本体论”；复旦大学俞吾金先生提出的“生产关系本体论”“广义生产本体论”；欧阳康、张明仓先生提出的“人的社会存在的本体论”“人的生命存在本体论”；等等。其他还有自然本体论、感性本体论、政治本体论、文化本体论、创造本体论、生产力本体论等，这些大都属于对哲学的“本体论承诺”意义上的本体论。粗粗一看就会感到，除了物质本体论、辩证唯物主义本体论外，它们大都与“人”有关。

① 孙正聿：《思想中的时代》，北京师范大学出版社2004年版，第51页。

事实上，如何把握一种哲学理论的“本体论承诺”，不能不依存于对该哲学的理解。对马克思主义哲学的多种本体论的提出就是这样。理解为辩证唯物主义，就是物质本体论。理解为实践哲学或实践唯物主义，就是实践本体论。理解为历史唯物主义，就是历史本体论、生产关系本体论或社会存在本体论等等。对马克思哲学的不同理解和不同组织，就会有不同的本原。在这个意义上，有人回答物质，有人回答实践，有人回答社会存在，有人回答生产关系，当然都是对的。我们也曾一度认为，传统哲学从人对世界的认识关系出发寻求对世界的解释，而马克思哲学则从实践关系出发寻求对人的生存世界的把握，因而认为马克思哲学是实践关系本体论。这些都有一定的道理。

这就是说，只要对马克思哲学在本质上有不同的理解，就会提出不同的本体论。在本体论问题上莫衷一是，主要是对马克思哲学的理解不同所致。

二、马克思人本理性哲学的本体论

（一）本体论追究：探求马克思哲学理论的逻辑原点

对一个哲学体系的本体论问题的讨论不是孤立的。在对马克思主义哲学的本体论讨论已经沉寂多年之后，我们重新提起这一问题，在于我们对马克思哲学乃至整个马克思主义哲学有了新的理解。研究马克思哲学，提出对它的新的理解范式，不能正确把握它所承诺的本体论问题，也就不可能正确把握它的基本理论。在这里，所谓“本体论”，不过是该哲学理论所从出的存在论根据和理论上的出发点。是这种哲学的最原初的理论，由它可以推导出整个理论的框架。它既是一种哲学所研究的本原意义的存在，又是该哲学理论体系的本原，即它在其理论体系中具有本原意义。就这一点说，现代意义的本体论实际上也就是该哲学的理论本原论。它是指存在上的可靠，逻辑上的在先，时间上的始发，构成方面的基元性；是一种存在性、逻辑性、始起性、出发性，即本原性的理论要素，它总是一定理论中的基元性、规定性的东西。

那么，我们对马克思哲学有什么新的理解呢？这些年，我们一直强调：马克思在早年就创立了一种人类学唯物主义哲学（简称为人类学—哲学）——或者更明白地称之为人本理性哲学，这是关于人和人的生存世界的哲学。应当肯定，马克思主要是受黑格尔和费尔巴哈哲学的影响并在对他们的批判中开辟自己的哲学道路的。他通过对这两位先贤的肯定和否定，吸收了前者的辩证理论精神和后者的人本价值态度，开始了自己的新的人本理性哲学创造，形成了一整套包括人本实践论、人本历史观和人的辩证法等等在内的理论体系。虽然这一理解的合法性还有待大家的理解，但这并不妨碍对这一哲学的本体论探究，更准确些说，我们想通过对这一哲学的本体论的揭示，为新的人本理性哲学的理解范式奠定理论基础。

把马克思哲学理解为人本理性哲学，那就应当有他的本体论。在这个意义上，我们只能进而追问：在马克思的人本理性哲学理论中，有哪些具有根本意义的理论范畴，成了他所创立的哲学理论的根据？也就是说，在他所创立的人本理论中，哪些可能属于具有本体论意义的论述？但这样一来，我们就不是在追求本来意义的本体论，而是在寻求何者是马克思哲学的基元性、根据性的东西，即他的哲学思想的理论本原问题。

（二）人的个体生命本体论的产生

从理论本原论意义上理解本体论，就是要找到该理论中最简单的、在该理论中无须再分解的存在要素，并且是整个理论立论的基础。这种对理论原点的追究，可以通过深层分析法即层层分析而达到。因此，深层分析法也可称为本原追究法。用这种本原追究法可以追究到马克思哲学的本体论。

本来意义的本体论，总是针对“一切存在”和“整个世界”的，马克思不研究一切存在和整个世界，他关心的是人类世界，具体地说是人和人的生存世界。因而，马克思既没有像黑格尔那样追究整个世界的精神理念本体论，也没有像费尔巴哈那样追究整个人类的共同本质，即“类本质”的本体论。研究人和人的生存世界，就不能不从人的存在、人类的存在出发。而人类总是“社会化的人类”，人类的存在总是社会性的，从其

“存在论”考虑，那就只能是“社会存在”。但是，“人的社会存在”，无论在性质上还是在内容上都是复杂的，人的生存世界的一切——人、物、关系等等，几乎都是人的社会存在。因而，它不是该理论的元要素，也就不能作为该理论的本体论，这是其一。其二，由于人的社会存在主要是由人的“社会关系”规定的，人的“社会关系”比社会存在更根本。但是，“社会关系”中也包含有各种各样的丰富复杂的关系，因而，“社会关系”也不能作为本体论。其三，马克思自己表明，“社会关系”中最重要的是“生产关系”。他的唯物史观的核心概念之一就是生产关系。那么，“生产关系”是不是本体论呢？由于“生产关系”是以生产和生产力为前提的，而且它本身也是一种复合的构成，自然也不是该理论的本原，因而也不能作为本体论看待。其四，由于“生产关系”是“人的”生产关系，是由“人”通过对“物”的占有而在生产中构成的人与人的相互关系，这就不能不追究到人。“人”又包括“个人”和他们的总合——“人类”，哪个更根本呢？由于人类不过是“个人”的集合体，这就只能追究到“个人”。马克思自己就曾强调：“我们的出发点是从事实际活动的人。”[①] 到了这一步，是不是追究到了马克思哲学的本原意义的本体论了呢？

一个哲学理论的本体论，只能是那个理论中的最基本的可以推出整个理论的基元性的存在因素。北京大学丰子义先生指出：马克思的本体论革命变革（或如已故的高清海教授所说，本体论思维方式的变革），在于马克思是从关系看待本体问题，从活动、过程看待本体问题，从生成论研究本体问题，从“人”的观点看本体问题的。稍加分析就可看出：关系的本原是人，活动及其过程的主体是人，人类社会的一切“生成”的根源也是人，不仅要从“人”的观点看本体，而且“人”就是一切社会存在的本体。这就是说，前面所讨论的种种本体论，除了物质本体论外，它们的最终根基都是人。初步地说，这至少表明，马克思的本体论是以人为本的人本本体论。

不过，马克思本体论虽然以人为根基，但既不是费尔巴哈的以自然性的人为根基，也不是抽象的一般性的人，而是以人的个体生命为根的“个

① 马克思、恩格斯：《德意志意识形态（节选本）》，人民出版社 2003 年版，第 17 页。

人”。马克思正是这样强调的：

“全部人类历史的第一个前提无疑是有生命的个人的存在。”因而，我们是“从现实的有生命的个人本身出发。”①

由此可以看出，马克思直接表明了他的全部哲学理论的逻辑起点，是从有生命的个人出发，是“有生命的个人的存在”。这当然就是马克思直接表述出来的他的哲学的本原性的本体论：以人的个体生命为本的本体论。这就是说，马克思哲学的本体论不仅仅是人，不仅仅是以人为本，而且更彻底：是以“人的个体生命的存在”为本。马克思人本理性哲学的本体论，就是人的个体生命本体论。

在所有的对马克思哲学的本体论的主张中，“人的个体生命本体论”是不是最简单、最基本的呢？从如下的推出关系可以说它是最基本的：例如，首先有了人的个体生命，才可能有“人的生命存在本体论”；首先有了人的个体生命，才可能有人的关系，这才能出现“关系本体论”；首先有了人的个体生命，才可能有人的生产和生产关系，这才能出现“生产本体论”“生产关系本体论”“广义生产本体论”；首先有了人的个体生命，才可能有人类社会，这才能有“社会本体论”“社会存在本体论”；首先有了人的个体生命，才可能有人的生存、人的实践，才能建立“实践生存本体论”、“开放的生存论本体论”；首先有了人的个体生命，才可能有人的实践，才能谈到“实践本体论”和实践论；首先有了人的个体生命的存在，才能有人的历史性活动，才能有历史本体论和唯物史观；等等。这些，都要这样那样地首先承认“人的个体生命”逻辑上的在先，是它的基元性规定。从而，它们所表达的，从逻辑上看，都不外是以人的个体生命为本体、为基础的更为复杂的环节，是人的个体生命在更复杂的条件下的复杂规定的体现，因而，都不能视为本原意义的本体论。

但是，“人的个体生命”，在其社会性的结合上虽然是最基本的环节，但它本身并不是单子，即使从哲学上说，它自身内部也有复杂的规定性。

① 马克思、恩格斯：《德意志意识形态（节选本）》，人民出版社2003年版，第17页。

这就仍然需要深入分析。

三、人的个体生命的辩证本性与人本理性哲学的基本理论

（一）人的个体生命：个体性与类本性的统一

如果我们把马克思的本体论仅仅归结于人的个体生命的存在，虽然走到了人本论，但是，如果我们不揭示人的个体生命的内在特性，就无法把这一人本本体论与马克思的全部理论在逻辑上联系起来。要突破这一步，就要追寻到人的个体生命内部最根本的关系中去。

人作为自然界的最高产物，作为一种最具灵性的存在物，在人的个体生命之间，在不同的个体之间，总有它的个体差异性。因为，人的个体生命总是在一定时空、一定境遇中生存的，如他出生在什么种族、氏族中，生活在什么时代、什么阶层、什么地域，进入怎样的文化领域和过怎样的生活，等等，这就决定了个体生命存在的特殊性和具体性，否则，它们就不是不同的个体。但是，人的个体生命又有同一性，否则它们就不能构成同一类生命。这种生命自身的个体差异性与类群的同一性的关系，就是个体性与类本性的对立统一关系，这是人的生命存在中的最基本的关系。这就是说，在马克思看来，人的个体生命，在存在上既是一种无限丰富的个性存在，有它特殊的个性；而同时，人的个体生命又集中体现着人的类群本性。由于任何“类群本性”都不能不依存于个体，任何个体都不能没有它的类群本性，这两者既不相同又共同规定着同一个个体生命的存在，二者之间就共同形成人的个体生命存在中的二重性关系。这就是人的个体生命本性的存在关系。它表明，马克思的“人本依据”，既不同于费尔巴哈的单纯的“类本质”，也不同于施蒂纳的“唯一者”，而是扬弃二者的作为个体与类群相统一的具体的人。没有这种关系，也就没有人的个体生命的存在。

个体与群、与类，个别性与一般性，特殊性与普遍性，这是一切实体

性的存在物的本体性的存在关系，一切生物甚至无机物概莫能外。因而更是人这种生命体的存在论的辩证本性。不同的是，这一辩证本性在人这里得到了高度的发扬。马克思在《1844 年经济学哲学手稿》中对这一点讲得很清楚：

> 人是一个特殊的个体，并且正是他的特殊性使他成为一个个体，成为一个现实的单个的社会存在物；同样地他也是总体，观念的总体，被思考和被感知的社会的主体的自为存在，这正像他在现实中既作为社会存在的直观和现实享受而存在，又作为人的生命表现的总体而存在一样。①

这种个体—类群的二重性的辩证关系，是人的最基本的本体性关系，是人的个体生命本体论中的本元性关系，个体生命本体论就是包含这种个体与类的本原性关系的本体论。这是马克思理解和把握人的生存世界的最根本的人本依据。

可以强调的是：由于人的个体生命本体论就在于生命本性中的个体性与类群性的辩证统一，因而，从这种本原性关系出发加以概括，也可以概括为人本关系本体论。这种二重性的本体性关系，是人的一切关系的本原。说人的个体生命本体论或者说人本关系本体论，这两个说法是等价的。马克思把握住了这种人本关系，也就从根基层次把握住了人类本性和人的生存世界，为他的人本理性哲学奠定了人本理论基础。

重要的是，作为人的个体生命本体论的个体性与类本性的关系，成了人的一切关系的发源地。它既规定了人的生命的辩证性，也规定了人的社会性，人的社会关系（个体与类群的关系就是社会关系），使人成为“社会人”。马克思以社会人、以“人的社会性”来理解人与人的生存世界，就形成马克思的社会人本论。社会人本论是理解马克思人本理性哲学诸多基本范畴的理论原点（对此只能另外讨论）。

① 《马克思恩格斯全集》第 42 卷，人民出版社 1971 年版，第 123 页。

(二) 人的个体生命的辩证本性

人的个体生命的个体性与类本性的关系，是人的一切关系的逻辑本元，它形成了人的关系本原论。在这个基础上，人的生命还有一系列的辩证关系，它们形成相互联系、共同作用的人的生命的辩证本性。对此，这里只能简单一提。

(1) 就人的个体生命的存在方面说，体现为个体性与类本性的对立与统一的二重性关系，这是人的生命的辩证本性的起点，也是一切人本关系的起点，是真实的人的关系的起点，因而它是人的个体生命本体论的自身关系。

(2) 就人的个体生命的构成方面说，体现为自然物质性与社会意识性的对立统一的二重性关系，这是由人的类本性所决定的一切人都不能不具有的构成性关系，由此进入了人的生存世界的自然性与社会性、物质性与精神性的双重世界。它决定了人类生存发展的双向依存性。

(3) 就人的个体生命的功能方面说，体现为自主性与受动性的对立统一的二重性关系，它形成了人在其一切活动中的矛盾，因而也是人的实践活动、历史活动与解放活动中的矛盾。

(4) 就人的个体生命的特性方面说，体现为对象性与属人性的对立统一的二重性关系，所谓对象性，就是依赖对象而生存，所谓属人性，就是为自身而活动，它是人对世界的生存关系的起点，并规定了人的实践、历史、解放等活动的对象性和属人性特性。

(5) 就人的个体生命的活动方面说，体现为内在本质力量与外在感性活动的对立统一的二重性关系，内在本质力量就是人的知、行、情、意、念等人的本质规定性，外在感性活动就是凭借这些本质力量在外在世界中为自己的生存而活动，它是人的实践活动的本质性特征。

(6) 就人的个体生命的创造性方面说，体现为人的本质力量的对象化与自然界的人化的对立统一的二重性关系。所谓自然界的人化，就是人对自然界的人性化的改变，它是人类生产、人类创造发展活动的本质性特征，是人的各种生命本性的最高体现。正是凭借这种生产创造，人才有自己的历史发展和不断走向自由解放。

这些辩证关系，都是人的个体生命存在中的本原性关系，而它们的综合与统一，就形成人的生命的辩证本性：它们是人的生命中的需要、意识、意志、行动等等中的支配性关系，是人的生命的本质性关系。因此，当我们强调马克思人本理性哲学的本体论是人的个体生命本体论时，它包含着这些辩证本性在内。

这也就是说，对于人的个体生命来说，这六种本原性关系都是同时存在的，它们共同构成了个体生命的生命本性。即人首先有它的个体生命，这种个体生命就其健全形态来说，就具有它的如上辩证本性。正由于人有这种辩证的生命本性，人才形成其为人，才形成为人类社会，它是人的一切存在的依据。如前表明，人的一切关系，人的生存世界的一切规定性，人本理性哲学所讨论的种种范畴和原理，都建立在这种人的个体生命的本原性关系的基础之上，都可以由这种人的个体生命的辩证本性中推导出来。

（三）人的个体生命本体论与人本理性哲学的基本理论的关系

人的个体生命，包括人的生命的内在规定和辩证本性，是人的实实在在的具体存在，是人类世界一切复杂存在的根据，是人本理性哲学一切复合范畴的根据。这就是说，由它应当可以推出人本理性哲学的基本范畴、基本理论。

人本理性哲学，它的基本理论，如我们在别处所讨论的，主要有：作为人的人类学特性的人的人类学存在与人类学关系、人的生存前提与人的生存活动、人的社会本质和社会人本论以及作为人的社会特性的人的社会存在与人的劳动生产、作为人的生存方式的人本实践论、作为人的发展方式的人本历史观、作为人的存在与运动特性的人本辩证法、作为人类生存发展的本质性要求的人本解放论等等。它们都可以由个体生命本体论推出：

其一，从人的个体生命的内在规定性即知、行、情、意、念来说，人由此建立了人对世界的基本生存掌握关系，即人对世界的认识的、实践的（交往的）、审美的、宗教信仰的和评价的生存掌握关系，从而开辟了人的生存世界。

其二，由人的个体生命本体论，可以进入人的生命存在，发现人的人类学规定性。如：人既是一种自然存在物，又是一种社会存在物；既是个体存在物，又是类存在物；既是物质的存在物，又是精神的存在物；既是客观的存在物，又是主观的存在物；既是被制约的存在物，又是自由的存在物；等等。这是由它的辩证本性所规定的人的人类学存在。

其三，由人的个体生命本体论，可以进入人所构建的关系，发现人的人类学关系，如人依据他的本质力量建立与世界的认识的、实践的、审美的等生存掌握关系，再如，由于人的个体生命同时不能没有它的类群本性，这就出现了与生俱来的个体与其“类群”的关系：对于主动构建的个体来说，“类”并不站在他面前，他不能直接与“类”发生关系，而是只能通过他与别人、与某种组织即群体中的人的关系来实现他与类的关系。这就具体生成和展现为人与人、人与社会、人与其共同体、人与自身以及由此生发的人与自然的种种关系，从而进入了人的关系世界。这就形成了人的关系本原论。

其四，由人的个体生命本体论及其关系构建，可以发现人的本质。人是关系的存在物，他既有它作为人类学的存在物所要建立的关系，又有它历史地继承下来的关系，更有它在其社会存在中所构建的种种社会关系，这些关系的总和，就形成人的本质。马克思指出：

> 人的本质并不是单个人所固有的抽象物。在其现实性上，它是一切社会关系的总和。①

这就是说，马克思在人的个体生命本体论、人的关系本原性的辩证法的基础上，形成了他的人的本质论。它表明，所谓“人的本质”，不过是人的个体生命在他的类本性和历史继承性的基础上，通过他在现实中所构建的具体社会关系的总和而形成的。

其五，以人的个体生命为根据，可以深入人的个体生命的生存活动，以及所有个体生命即全人类的生存活动。因为生命的本性在于生存。这种

---

① 马克思：《1844 年经济学哲学手稿》，人民出版社 1979 年版，第 18 页。

生存是在一定的自然环境中的生存，这就进入了人的生存前提论和人的生存活动论；这种生存是依赖人自己的劳动而实现的，这就进入了人的劳动生产论。

其六，人的个体生命的生存活动，是一种感性活动，而人的感性活动就是实践，这就进入了作为人的生存方式的人本实践论。

其七，人的个体生命的生存活动，作为劳动生产活动，作为实践活动，都是发展的，都会形成自己的发展历史，这就进入了人的社会历史领域，从而进入了作为人的发展方式的人本历史观。

最后，由人的生命的辩证本性，可以推出人类世界的辩证法，即人类学辩证法。它包括人与自然界的辩证法、人的社会结构的辩证法、人的社会历史的辩证法、人的社会活动的辩证法等等。特别是人的本质力量的对象化与自然界的人化，它在人的自然生态家园中开创了人的文化家园，从而使人得以以文化的形式在自然界中生存；人与自然、人与社会、人与人的关系，也都有一种辩证法存在。我们在人本理性哲学中所讨论的人的感性活动（实践）论、人的社会历史论、人的生存发展论、人的解放论等等，仔细究之，都包含着一种辩证特性在内。

总之，人的个体生命本体论，作为马克思哲学的理论本原，可以直接或间接推出马克思人本理性哲学的基本理论。（许鲁洲参与）

（原载《昆明学院学报》2009年第1期，第59－63页，入选《中国生命生存生活教育论坛论文集》，2009年，第204－217页）

马克思人类学—哲学范式的当代性

马克思主义中国化与时代化：需要全面理解马克思

如何理解马克思主义，关键在于如何理解马克思本人的哲学理念。已有的辩证唯物论、历史唯物论、实践唯物论、实践哲学等，虽然都有其合理性，但一般不是直接对马克思本人的哲学理念的理解，离马克思似乎都有一定的距离。因此，我们提出了“人类学—哲学”或“人类学唯物主义”这一新的理解范式。那么，如何理解这一新的范式呢？

一、两个隐喻

任何一个时代对于前代理论的接受和弘扬，一是取决于该理论的论域的深度与广度，二是取决于自己时代的时代问题和时代需要。马克思主义哲学的中国化与时代化也不能不是这样。

首先，就马克思主义哲学来说，要充分理解其理论论域的深度与广度，即发现过去所没有发现的方面，那就要充分理解马克思，全面理解马克思，不仅要理解他所说过的理论话语，也要理解他不得不说这些理论话语时的时代任务、精神理念、人格志向和他的整体奋斗精神、奋斗目标等，而不能仅仅根据只言片语就下断言。

用较为形象的隐喻来说，我们传统理解的马克思是一位巨人，他身负“大包”，里面是无产阶级：它的利益、斗争、革命、专政以及为此服务的科学社会主义、政治经济学和哲学理论。马克思背负着这个阶级大包走向社会主义和未来的共产主义。

但是，这个隐喻是不全面的。经过二十多年的改革开放，进入 21 世纪后我们发现，马克思像一位人间的普罗米修斯，他肩负重担，重担的一头是当时无法合理生存的无产阶级及其历史使命。它要通过阶级斗争、革命和专政向无阶级社会过渡，通过解放全人类而解放自身，等等，传统理解的那个阶级“大包”的内容自然都可以放置在这个“问题域”中。这是一个“阶级性问题域”，它要解决的是无产阶级解放问题。

然而，这个时代的时代需要，启示我们发现了另外一头，马克思的另一个“问题域”，这里面装的是全人类的问题及其理论，可称之为“人类性问题域”①，它要解决的是全人类的解放问题。

而更为重要的是，马克思挑起即试图解决这两个问题域问题的那根“扁担”，则是马克思的整个人格精神，这就是他的人类正义精神，它体现为对自由、真理与正义的一贯追求。正是这一伟大的人格精神，促使他义无反顾地挑起这两个问题域，这就是以“人类的苦难”为根据的无产阶级解放和全人类的解放。他的“理论武器”，则是他力图改变不合理世界的哲学的、经济学的理论和针对不合理现象的种种批判。马克思毕生为解决这两大问题而奋斗。但是，仅仅看到这一层还不行，还要看到：马克思挑着这副历史重担，在崎岖的“世界历史”山路上攀登，力图把人类（它的各民族）引向世界历史发展道路，在“世界历史”高度上解决这两大难题。并且，马克思的雄心是力图把双重任务“毕其功于一役”（“大包”设想的根据），其目标是要把“每个人”以及“全人类”引出苦难，走向幸福的自由人联合体。这是马克思根据他的“时代的迫切问题”给自己定下的双重历史任务。

反过来看这个重担隐喻我们发现，对于这样一位生动而伟大的马克思的历史形象和马克思精神，不同的时代只是看到他的不同的方面。例如，

---

① 这两个“问题域”作为对马克思双重历史任务的隐喻，可以用广义与狭义区别开来：阶级性问题域由于其适应范围比较小，可称之为狭义马克思主义理论；人类性问题域由于其适应范围比较大，可称之为广义马克思主义理论。我们应当注意到：西方马克思主义者从反对斯大林主义、列宁主义到“后马克思主义者”对马克思文本的批评，主要都集中在马克思的狭义理论范围，对广义理论则几乎没有涉及。因为“马克思主义”向来都是以“大包”的形式出现的，它主要属于狭义范围。

在阶级斗争或为自由、生存而激烈斗争的年代，我们只看到那无产阶级“问题域”，把它看成囊括一切的马克思主义“大包”，从而看到的只是阶级性的马克思，把马克思称之为无产阶级解放的斗士，而看不到马克思的历史重担，更看不到另一头“问题域”，这就看不到马克思的全人类性的一面，看不到人类性的马克思。也看不到马克思挑起两个问题域的“扁担”和两筐之间相联系而存在、相依存而互解的辩证关系。①

回到哲学这个主题来看，过去我们只在那个唯物主义大包中翻检，有人看到历史观的重要，就说是历史唯物主义。有人捡出辩证法，就说是辩证唯物主义。有人看到了实践，就认为是实践哲学或实践唯物主义，等等。这种孤立片面的理解也许不乏深刻、突出，但自己很难避免犯“只见一斑，不见全豹”的理论大忌。给我们的也只是自身完备但却没有多少马克思精神的马克思主义哲学。马克思的整个精神人格，他的整体思想，他的历史任务，也就很难在这种哲学中显露出来。其结果，我们有了许许多多的马克思主义哲学理论，除了根据传统观念认准一种之外，就没有什么客观的标准了。在这种情况下，我们“坚持”什么和“发展”什么，也就很难（对马克思来说）在“本真”的意义上有清晰的概念和明晰的目标。

这个问题之所以重要，在于它关乎“马克思主义中国化”和它的时代化、当代化、未来化。马克思主义中国化已经走了一段很长的路程。一方面，过去的政治家、革命家、理论家，如李大钊、毛泽东、艾思奇、李达等等，根据传统和当时中国的斗争现实，对“大包”作了很好的理解和运用。另一方面，在新形势下，在邓小平、江泽民、胡锦涛以及在一些先锋理论家的带领下，也有了许多深入的、时代性的发展。

在这里，认识到马克思的双重历史任务以及当代世界历史发展需要是至关重要的。当前的问题是：如何根据马克思的双重历史任务和当代中国

① 两者之间的辩证关系可以这样理解：阶级性问题域是人类性问题域在当时的特例（马克思时代），也是马克思解决人类性问题的集中体现和主要手段；而人类性问题域则可以解释和提高阶级性问题域的理论内容，在这个意义上它可以包容阶级性理论。反之则不可能。这两者的关系实际上是广义（人类性）与狭义（阶级性）的关系：狭义突出广义、体现广义，是广义的特例；而广义包含狭义、提高狭义，是狭义的深层意蕴。

的改革与世界历史发展大势，进一步把马克思主义中国化、时代化并且适应21世纪的世界历史发展要求呢？这就需要全面理解马克思和深入理解马克思。不仅理解他的理论，而且理解他的精神，他的人格，他为把人类从苦难中解放出来而牺牲了自己的“幸福、家庭和健康”的终身奋斗精神，即马克思伟大的人格精神（没有马克思伟大人格精神的马克思主义，不过是字句上的马克思主义），更要认识到他的人类学的历史任务对于当代世界的重要性。

“马克思对人类学—哲学的理论构建研究”这一课题的提出，就是对于这一世界历史发展大势对马克思的重新理解。由于从马克思伟大精神理念出发，就很自然地产生了第二个隐喻。这就是把我们原来理解的那个马克思主义“大包”，仅仅理解为马克思双重历史任务的一头。它适应于资本主义初期那种阶级斗争比较激烈的社会，或经济社会发展迟缓、政治发展比较落后的前现代社会。由于这一头是大家都熟知的，我们就把目光盯住另一头，盯住那个被马克思的后继者们长期忽视或贬损的“人类性问题域”。我们发现，马克思首先是关怀“全人类解放”的人类学的马克思：这不仅在于他一开始就是站在人类学高度从事他的理论战斗的，更在于他对无产阶级，从来不像一些工联组织或工人本身那样仅仅从其狭隘的阶级利益出发，而是从无产阶级的历史使命即人类学的意义出发来要求无产阶级，要求其在解放全人类中解放自己。像任何宝藏的发掘那样，经过一番悉心的翻检，我们在这里就有了出乎意料的发现。

二、“人类性问题域”：马克思对人本理性哲学的构建

就马克思的成长过程来说，他首先生成的是他的全人类性的即人类学的任务：他“为了人类的幸福”而反对一切不合理的现实世界，反对蔑视人、奴役人的德国封建专制社会的斗争等等。从1841年到1843年，马克思最重要的哲学构建，就是在批判中对人本价值观——或者说人类学价值观的构建，并以此形成了他的“人类学问题域”的总体精神。但是，他在

构建这个问题域时，发现了无产者、劳动者的赤贫，发现了他那个社会的根本矛盾即“劳动与资本的对立”，从而把他的人类学价值原则，进一步转移到无产阶级身上。到1844年的《巴黎手稿》，在进一步完善“人类性问题域”时，同时构建了他的“阶级性问题域”。他的双重历史任务，从这时起，很长一段时期随着阶级斗争在当时的激化而越来越向“阶级性问题域”倾斜。①

但是，马克思并没有放弃“人类性问题域”，他晚年的人类学笔记，表明他一直在关注和构建这个“问题域”。那么，马克思作了哪些重要的人类性构建呢？全面论述是几本书的事，这里只能略举一二。

（一）对人本价值观（人类学价值观）的创立

在马克思的早期哲学文本中，即在早于《巴黎手稿》的年代，有一系列人本价值论断，为他的“人类性问题域”奠定了他的哲学的人类学价值原则。这可以从马克思的以下人本价值论断中体现出来：

（1）以人为本，确立人本价值观。马克思强调：“人是人的最高本质”“人的根本就是人本身”。② 这是马克思人类学价值观的人本立足点，是马克思“因为人而为了人”的人本价值观的根据。

（2）推翻一切不合理的东西，追求人的合理生存。马克思强调：“绝对命令：必须推翻那些使人成为受屈辱、被奴役、被遗弃和被蔑视的东西的一切关系”③，“把人解放成为人”。“受屈辱、被奴役”，表明现实世界没有平等和自由；“被遗弃和被蔑视”，表明现实世界没有公平和正义。这里，马克思以“必须推翻”的否定态度，指控了导致人类世界不平等、不自由、不公平、非正义的使人不能合理生存的现存关系，并通过批判这种不合理世界，提出了保障人的合理生存的平等、自由、公平、正义这种现代性的人类社会生活的普遍价值原则。对于马克思来说，自由，这是人作

---

① 马克思从1848年到1872年把他的阶级性问题域放在理论关注的前面，而从1841年到1847年、1873年到1883年，则把人类性问题域放在理论关注的前面，这与当时的社会历史、阶级斗争状况和哲学精神变迁是一致的。

② 《马克思恩格斯全集》第1卷，人民出版社1965年版，第460－461页。

③ 同上书，第461页。

为“有意识、有意志”的存在物并以此支配自己生存的必然要求；① 平等，是人作为人而存在的由“自然法”所赋予的“人人生而平等”的自然表现。② 因而，自由与平等首先是人作为人而生存的人类学价值。同样，公平和正义，是人的自由、平等的社会性要求，也是人作为社会存在物在其社会生存方式中的最高价值要求，因而同样是人作为社会存在物而生存的人类学价值原则，并以社会的制度和法律规范的形式表现出来。这些作为人的人类学价值原则，是人的合理生存、健全发展并走向自由解放的前提。马克思在这里以批判旧制度、旧关系的形式表达了人类合理生存的普遍价值要求，体现了马克思高度的人本理性精神。

（3）从社会自由这一必要前提出发，创造人类合理生存的一切条件。马克思强调：要“从社会自由这一必要前提出发，创造人类存在的一切条件”③。这“一切条件”，当然包括从物质条件、制度条件到精神条件、生活条件，即从社会自由出发实现人的合理生存与自由解放。这表明，马克思把人的“社会自由”视为人作为人而生存的前提条件，是人类社会合理生存的前提条件。由此可以看出，马克思把人的社会自由置于何等重要的地位。

（4）把人的世界和人的关系还给人自己，实现人的合理生存。马克思强调：“任何一种解放都是把人的世界和人的关系还给人自己。”④ 何谓“人的世界和人的关系”？即自由、平等、公平、正义的世界和保障这一世界不受任何人、任何集团侵害的制度性关系。一切解放都是为了“人的实现”，即实现人的“自由自觉的”生存和创造发展。马克思把这种人类学价值作为其解放哲学的最高价值追求。它表明，马克思当时所说的“思想解放”“政治解放”“阶级解放”以及“人的解放”“全人类解放”，都是为了把这种“人的世界和人的关系还给人自己”。在马克思看来，人的最

① 在博士论文中，马克思更把自由奠定在原子的偏斜运动中，在自然必然性中追溯自由的基础。

② 马克思支持法学世界观，自然会从人类学高度理解自然法的“人人生而平等”的价值要求。

③ 《马克思恩格斯全集》第1卷，人民出版社1965年版，第466页。

④ 同上书，第443页。

高追求就是自由解放，这是马克思人类学价值观的最高体现。马克思由此创立了他的解放哲学的价值原则。

（5）确立了人的健全发展的目标理念。人类学价值原则的归宿点，是马克思后来在《资本论》中所说的“人的自由而全面的发展”，它以“每个人的自由发展成为一切人的自由发展的条件”① 而形成的“自由人的联合体”的实现为前提。所谓“自由而全面”的发展，笔者理解为健全发展，即人与社会的健康发展。通过这种发展而形成“自由人的联合体”即共产主义，等等。

事实上，马克思 1843 年以前的这些思想是很集中的，他对于人的至高无上地位的强调，对于人类世界的自由、真理与正义精神的强调，与他对践踏人的，没有自由、真理与正义的封建专制特权制度的批判，是同一个硬币的两面。强调之热烈与批判之切齿同样深刻。

马克思的这五大人类学价值论断不是空洞的，他要求把这种价值关怀落实在具体的个人的存在身上，落实在“人的个体感性存在”② 即他后来所说的“有生命的个人的存在”中。从而，马克思确立了正确的人本价值视界，奠定了他的哲学的人类学价值观。它表明，马克思的人类学价值观，是立足于人的个体生命的对于全人类的关怀。他后来强调无产阶级革命通过暂时的专政过渡到无阶级社会，以及对于共产主义社会的追求，不过是他所认定的以上人类学价值原则在世界历史发展环节中的时代要求。

（二）对人本存在论的确定

“人类性问题域”的立足点是人，是他在“人的存在”之上对于全人类的生存发展的关怀。因此，对人的人类学特性的理解就成了这个“问题域”的理论基础。马克思在这方面的构建形成了他的人类学—哲学的人本存在论。在这篇文章里，我们不能详细列举和论证，只能简单指出：马克思在《巴黎手稿》中讨论了“人是自然存在物”与“属人的存在物”；人是“对象性的”、“进行对象性活动”的存在物；人是“个体与类”的统

① 《马克思恩格斯选集》第 1 卷，人民出版社 1966 年版，第 260 页。

② 同上书，第 451 页。

一物；人是“社会存在物”，是“有意识、有意志”的存在物；人是“劳动的”“实践的”存在物；人是“自由”的存在物；等等。这些显然属于哲学人类学的理论，但是，马克思通过这些确认，为理解人与人类世界奠定了哲学理论基础。如，人是自然的与属人的存在物，奠定了人与自然界的生态关系、生态基础；人是对象性的进行对象性活动的存在物，奠定了人在自然界中创造自己的物质生活世界的理论基础；人是有意识有意志的存在物，把人与动物界区别开来，为理解人的活动、人的理想追求奠定了基础；人是社会的存在物，奠定了马克思的社会人本论的理论基础；人是劳动的实践的存在物，揭示了人类世界的形成和人的生存方式；而人是自由的存在物，为马克思对人类自由解放的追求奠定了人性理论的哲学基础；等等。这些哲学人类学的论题对创立人类学—哲学有重要的理论意义。

（三）对人的生命本性的哲学揭示

马克思不仅研究了人的生命存在，还研究了人的生命的本原性的辩证关系，即人的生命的辩证本性。在《巴黎手稿》中马克思指出：

（1）就人的个体生命的存在方面说，体现为个体性与类本性的对立与统一的辩证本性，这是人的生命的辩证本性的起点，也是一切人本关系的起点，是真实的人的社会关系的起点，因而是人的个体生命本体论。

（2）就人的个体生命的构成方面说，体现为自然物质性与社会意识性的对立统一的辩证本性，这是由人的类本性所决定的一切人都不能不具有的构成性关系，由此进入了人类世界的自然性与社会性、物质性与精神性的双重世界。它决定了人类生存发展的双向依存性。

（3）就人的个体生命的功能方面说，体现为自主性与受动性的对立统一的辩证本性，它形成了人的一切活动中的矛盾，因而也是人的实践活动、历史活动与解放活动中的矛盾基础。

（4）就人的个体生命的特性方面说，体现为对象性与属人性的对立统一的辩证本性，它是人对世界的生存关系的起点，并规定了人的实践、历史、解放等活动的属人性特性。

（5）就人的个体生命的活动方面说，体现为内在本质力量与外在感性活动的对立统一的辩证本性，它是人的生产、人的实践活动的本质性特征。

（6）就人的个体生命活动的创造性方面说，体现为人的本质力量的对象化与自然界的人化的对立统一的辩证本性，它是人类生存活动、人类生产和创造的本质特征，是人的各种生命本性的最高体现。正是凭借这种生产创造，人才创造了自己的历史发展和不断走向自由解放。

这些辩证关系，既然是人的生命存在中的本原性关系，因而，它们的综合与统一，就形成人的生命的辩证本性：它们是人的活动与行为——他的需要、意识、意志、行动等等——中的支配关系，是人的生命本性中的本质性关系。它像前两者一样，对理解人类世界的重大问题具有奠基性意义。例如，人的生命的辩证本性，是以人为本的辩证法即人类学辩证法的理论基础。而人类学辩证法是马克思在批判黑格尔的理念辩证法之后的伟大创造。在人类学辩证法的基础上，才会有社会辩证法、历史辩证法等等。由此可以看出，马克思构建的辩证法理论，只有“以人为本”才可以被正确理解。

以上是马克思对人类学—哲学的理论基础的强调。与此相联系的还有其他许许多多方面。如马克思还讨论了人与自然、与社会的关系，人对世界的生存掌握关系，人的社会存在形式（共同体）、人的生存发展活动与历史规律以及人类如何改变不合理的现实世界，等等，这里不再详述。那么，如何概括马克思的这些人本理性构建呢？

三、马克思的精神历史起点与人类学—哲学的特征

马克思作为一个思想家，他的思想的产生，是在法国资产阶级革命（1789 年）已经发生半个世纪、宗教统治已经瓦解、黑格尔哲学体系开始崩溃的时代，即一切神圣的东西开始瓦解、人的地位开始向统治地位上升的时代。从学术上说，也是人类学开始出现、从哲学上研究人的一般本性的哲学人类学开始发生的时代。康德、瓦尔德是最早研究哲学人类学的哲学家。其他的如，叔本华对人的生命意志的研究，他建立的哲学人性学；

费尔巴哈从自然立场上对人的类本性的研究，他建立的哲学人本学；克尔凯郭尔提出的人的存在，施蒂纳提出的孤立个体“唯一者”等个体人本学，都属于哲学人类学兴起的范畴。对此，人们称之为哲学的人类学转向。这一转向和哲学人类学的兴起，不过是人战胜了神、理性战胜了愚昧的哲学表现。马克思的哲学精神历史和伟大抱负，就是在这种哲学的人类学转向的大时代中产生的。

但是，这不过是他的人本理性精神产生的时代基础、哲学基础。马克思有自己的独立精神，即他的理性的人本精神。它最初的表现就是他在17岁时立下的宏愿：“为人类的幸福”而献身。而一旦他进入社会，就表现为对于作为人的伟大精神的人的自由、人的创造的向往和对于有碍自由、有碍创造的并且给社会带来贫困和灾难的奴役制度——德国封建专制制度——的批判。他对这一历史任务非常明确和自觉：

> 彼岸世界的真理消逝之后，历史的任务就是确立此岸世界的真理。人的自我异化的神圣形象被揭露之后，揭露非神圣形象中的自我异化，就成了为历史服务的哲学的迫切任务。于是，对天国的批判就变成了对尘世的批判，对宗教的批判就变成了对法的批判，对神学的批判就变成了对政治的批判。①

这是历史发展转折的号角！是新的历史任务在马克思头脑中的自觉！它表明，马克思自觉到：他的历史任务，是在对人类社会的宗教学批判（通过费尔巴哈）完成之后，进一步上升到了要从人类学高度对非人性的尘世进行批判，而这就超出了哲学人类学的精神范畴。同时，马克思对人类幸福、对人类社会的热切关心，使他不可能停留在只对人类的一般特性和其文明创造进行批判研究的哲学人类学层次上，他把这些只看做他的理论背景，是他的精神前提性的理论（这集中体现在对费尔巴哈人本学的态度上）。他与他们的重大区别，就是要从哲学和人类学高度上深入人类社会，深入法和政治这种社会骨髓中去，发现人类苦难的根源，解决人类的

① 《马克思恩格斯全集》第1卷，人民出版社1965年版，第453页。

生存发展问题。这使他不屑于哲学人类学，而走上了以其为背景的“人类学—哲学”的开拓道路。

哲学人类学与人类学—哲学的区别，就是（在逻辑上）能不能进入和研究人类的社会问题，能不能把人类的社会性的生存发展问题作为其研究的主题。正是根据这一点，我们把马克思的哲学理论构建，称之为在人类学和哲学人类学基础上进一步形成的人类学—哲学构建。这是理解马克思的独特哲学创造和在哲学史上杰出地位的关键。

如果以上的想法可以成立，那就可以说，马克思在《巴黎手稿》和其以前完成的上述人本理性哲学创造，以及其他许许多多我们未曾点明的人本理性哲学理论，都可以概括在人类学—哲学的名下。他前无古人地创立了人类学—哲学这一新哲学，它不是没有思想基础的。

马克思的《巴黎手稿》（以下简称《手稿》）标志着人类学—哲学的诞生。而在此后，他又对其中的一些原则不断作了进一步的发展和完善。如：

1845 年在《关于费尔巴哈的提纲》中，以“人的感性活动”理解《手稿》中的实践，以此为根基，完成了对“新唯物主义”即人类学唯物主义和人类学—哲学的实践观的哲学构建。

1846 年在《德意志意识形态》中，马克思强调了《手稿》中人的物质生产实践对人类生存发展的根本重要性，以此构建了人类学—哲学的人类学历史观。

1847—1848 年在《共产党宣言》中，发挥了《手稿》中的无产阶级解放包含全人类解放的思想，开创了以无产阶级解放实现全人类解放的人类学革命论的政治哲学构建。

1857—1858 年在《经济学手稿》中，把《手稿》中所说的人的自由本性进一步以历史发展规律的形式总结出来，使这一哲学的自由解放理论有了规律性的概括。

1859 年在《政治经济学批判导言》中，进一步揭示了《手稿》中的人本辩证法和辩证方法的思想，建立了这一哲学的基本方法即辩证理论构建方法（从抽象上升到具体），后来以这一方法形成了他的《资本论》的理论体系，并揭示了《手稿》中已露头角的人对世界的基本生存掌握关系。

1867年在《资本论》中，进一步把《手稿》中的劳动的价值创造，通过现代工业生产经济学的系统化，上升成为对劳动的价值创造与价值分配的合理性的哲学思考，打开了“经济”人类学—哲学的局面。

1873—1883年的《人类学笔记》，表明了一种人类学复归，它是对《手稿》中的人类学—哲学思想的深入思考。马克思通过对实证人类学的研究，展开了对世界历史的深入把握和对人类自由解放多重道路的哲学探索。可以预想，马克思将会把人类学作为其哲学思想的终极根据。

这一系列的对《手稿》的人类学—哲学的进一步完善，表明马克思在他一生的主要时期都没有放弃过对人类学—哲学的思考，并且都贯通了“自由—真理—正义”这种他自己的也是人类学—哲学的价值精神。正是这种精神，推动马克思力图改变不合理的现实世界，消除对人的一切非人统治，推动人类走向自由解放。他一生的哲学构建，表现出他为人类的生存合理性而斗争的伟大情怀。

因而，要理解马克思的这种人类学—哲学，关键是把它与当时开始形成的“哲学人类学”区别开来。这里，我们应当注意到：

其一，马克思的“人类学—哲学”与西方的“哲学人类学”不同。

后者是关于人类的一般本性及其文化创造如人类的生命、意志、宗教、信仰、对自由的追求等等普遍特性的理论，它是从哲学上、从普遍本性上对人的人类学特性的考察，因此它在逻辑上就不能进入人类社会；而马克思的“人类学—哲学”则是从这些人类性规定出发，通过人的“社会性”、社会本性而深入“社会化的人类”，考察“人类社会”的问题及其历史性的解决途径。能不能深入人类社会，关不关心人类社会的不合理、非法性问题，是二者在关注范畴上的本质区别。马克思正是立足于“社会化的人类”而思考把握人类的社会问题的。

其二，“哲学人类学”是为了“解释”人类这一特殊的类存在，从它的内在本性考察它的客观合理性，因而不涉及人类的社会问题；而“人类学—哲学”是为了“改变”“人类世界”的不合理状态，这就必须深入其内部的关系和规定性中，发现问题和解决问题，力图推进人类世界的不合理问题在人类学意义上的解决。因此，前者是哲学性的人类学理论，后者是在人类性问题基础上构建的实践性的哲学理论，即前者是立足于“解释世界”的即解释人类的合理行为的理论，后者是立足于“改变世界”的即改变人类不合理生存状态的理论。这是二者在理论立场上的不同。马克思正是要构建一种能够“改变世界”的实践性的哲学理论。

其三，“哲学人类学”是对人的人类学特性进行哲学分析，没有必要进行人类生存的价值思考；而“人类学—哲学”则必须从人类生存发展的价值立场出发，从对人类命运的关注出发，以便从人类学价值立场解决人类社会中的不合理、非法性问题，推进人类的合理生存与健全发展。这是二者在价值立场上的不同。

其四，人类学—哲学是马克思主义哲学，哲学人类学是存在主义哲学。

以上四点表明，像东欧、北美的一些学者那样，把马克思哲学概括为“哲学人类学”“辩证人类学”并不恰当。例如，有名的波兰哲学家沙夫曾经强调：“马克思的学说是一种哲学人类学，共产主义纲领就是某种人类学理论。”① 我们要强调的是：马克思的哲学不是哲学性的人类学，而是人类性的哲学，即把人类世界的社会政治问题提高到人类学意义上的哲学思考。马克思人类学—哲学的基本内容，可以这样概括：其一是作为人类学—哲学的人本基础的对人类的一般本性的哲学把握，如人的人类学存在、人类学关系、人类学价值原则等等；其二是对人类世界的具体的生存发展特性，如人类学实践、人类学历史、人类学辩证法和人类学解放论的哲学把握；其三是为了人类的合理生存与健全发展对现实世界的不合理、非法性问题的审思与批判，并通过批判为它的解决开辟道路。正是这一点，决定了它在每个时代和每个社会，都可以与其时代的现实问题相结合，从而具有长久的生命力和革命的现实意义。

因此，马克思人类学—哲学的基本任务，可以用他所说的“在批判不合理的旧世界中创建合理新世界”来概括，这首先是一种“改变世界”的哲学，同时又是为改变世界而“解释世界”的哲学。因而，没有任何现成

---

① 见韩民青《哲学人类学》，当代世界出版社 2000 年版，第 1 页。韩民青先生也认为，马克思、恩格斯创立了哲学人类学。

的哲学术语、哲学门类可以概括马克思创造的这种新哲学，只有把它归结为“人类学—哲学”这一新的哲学形态，才能彰明它的特质。这就是说，马克思的哲学理念、马克思的哲学创造、马克思的哲学精神，形成了一种还没有被人们理解的新哲学——人类学—哲学。只有在这个意义上，才能充分理解马克思主义对于全人类的意义，充分理解马克思在哲学史、思想史、革命史、当代改革史以及人类未来发展史上的意义。

四、把马克思哲学理解为人类学—哲学的理论意义

马克思的人类学—哲学，是在哲学的人类学转向的理论前提下，以他的自由、真理与正义这一强烈的人格理性精神关注他的时代的现实问题——他所说的“时代的迫切问题”中产生的，因而具有强烈的时代精神。这种时代精神就是人类在政治解放（法国大革命）、宗教解放的前提下向人类解放的迈进问题。马克思在1843年写的《黑格尔法哲学批判导言》和《论犹太人问题》，集中研究了这一问题，并把它与无产阶级解放联系起来（伯恩斯坦根据这一点，把马克思的哲学理解为“解放哲学”）。但是，在《手稿》中，马克思进一步发现了异化劳动，从而把人类解放问题与消除产权私有制对人的奴役联系进来，这就进一步构建了他的“阶级性问题域”。它是马克思“人类性问题域”在当时的社会历史条件下（工人每天工作14个小时还难以合理生存）的具体的也是当务之急的体现。所以，在现实表现上说，马克思的主要战斗是在为无产阶级解放而斗争。但是，应当注意到，在马克思的精神深处，无产阶级解放不过是全人类解放的组成部分及现实历史的表现和要求。在本质上说，它不过是为人类解放服务的。它不过是“人类性问题域”的特例和时代体现。

所以，马克思的“人类性问题域”中的内容是很丰富的。它的人类学—哲学精神，是一种穿透其他一切内容——包括“阶级性问题域”中的内容的主导哲学精神，即这是一种可以解释其他内容、赋予其他内容以人类学精神的哲学精神。并且，通过这种人类学解释的中介，“阶级性问题域”中的经典理论，就有可能通过更深入的理解而转移到“人类学问题域”

中。例如，《共产党宣言》是“无产阶级的圣经”，无疑属于“阶级性问题域”。但是，在人类学—哲学的光芒中，它的人类学意义便可以显示出来：马克思对资产阶级历史功勋的赞美，超越了资产阶级对自身的赞美，因为马克思是站在资产阶级的狭隘阶级性所不可能达到的人类性立场即世界历史发展进步的立场上看待资产阶级的。马克思对无产阶级的肯定态度，也不是站在其狭隘的阶级立场上的肯定，他所强调的是无产阶级的历史使命——消灭资本统治导致的阶级对立，走向无阶级的和谐社会与和谐世界，这同样是一种人类学立场。这一立场充分体现在这样一句话中：

> 代替那存在着阶级和阶级对立的资产阶级旧社会的，将是这样一个联合体：在那里，每个人的自由发展是一切人自由发展的条件。①

所以，马克思在《共产党宣言》中所要求的无产阶级革命，是在人类学意义上的革命，不是狭隘阶级立场的“革命”。谁不能在这个人类学层次上理解马克思主义，谁就不能真正理解马克思主义的精髓，只能是皮毛性的马克思主义。

为什么可以这样理解呢？这是由于，马克思的人类学—哲学，产生了一种人类学思维范式，而这种人类学思维范式在今天已经被一些先觉学者所理解。例如，最近晏辉同志就强调：“在马克思的视野里，资本不是一个经济学、政治学的范畴，而是一个人类学范畴，它是描述在资本主义状态下人类几乎全部活动的关键词。”

事实上，马克思强调的“无产阶级革命”“实践”“唯物史观”等等，也都像“自由”“解放”一样是人类学范畴，因为它们都是站在人类性立场上透视其人类学意义的。比如“无产阶级”，就是从它自身的合理生存与对全人类解放的历史作用的意义而言的。晏辉同志接着指出：“马克思所运用的这种基于具体科学而又超越于具体科学并最终指向人类生存状态

---

① 《马克思恩格斯选集》第1卷，人民出版社1966年版，第260页。

的致思方式，乃是一种人类学思维范式。”① 但是，如果没有人类学—哲学的哲学理念、哲学立场，哪来的“人类学思维范式”呢？思维范式不过是哲学观念的方法论体现。所以，这一见解不能不假定人类学—哲学的存在。

上述分析表明，看不到马克思的“人类性问题域”，不知道和不理解马克思的人类学—哲学及其人类学思维范式，就只能停留在那个“阶级人包”的封闭之中，走向僵化的、绝对化的、教条化的理解，而不可能随着时代的发展成为当代性的马克思主义。这对于“马克思主义中国化”思潮是至关重要的。

五、人类学—哲学的本质特征与穿透力

那么，马克思的人类学—哲学的本质特征是什么呢？如何概括它呢？一句话：它是关于地球上每个人以及全人类的合理生存、健全发展与自由解放的哲学。马克思要求消除劳动与资本的对立，消除资产私有制导致的经济奴役制度、公权私有制（君主私有）和专制制度（变态私有制）导致的政治奴役制度，就是要在每个历史时代创造人们能够合理生存的经济政治条件；马克思要求实现人的“自由而全面发展”，就是要求在每个历史时代人们都能健全发展；马克思要求的自由解放，也不是在遥远的未来，而是在每个历史时代尽可能实现尽可能多的人的尽可能大的自由解放，并最终实现全人类的自由解放。这样一来，马克思的人类学—哲学，就不是仅仅是适应于他那个时代的哲学，而是可以结合每个时代、每个社会的具体历史问题而加以推进的哲学。在这个意义上，它是适应我们这个时代的任何社会以及未来时代和未来社会的生命常在的哲学。

根据我们的初步研究，人类学—哲学的内容是相当丰富的。在本文中不可能提及多少。但有一点不能不强调：人们所发现的马克思哲学的唯物性、辩证性、历史性、实践性等，以及一些同志强调的人本性、生存性、

① 晏辉：《论哲学在场的方式》，载《哲学研究》2006 年第 3 期。

解放性等，在传统的“大包”中是无法统一的，否则就不会出现辩证唯物主义、历史唯物主义、实践唯物主义等等的对峙。没有人能在传统的框架下把它们在逻辑上统一起来。然而，从人类学—哲学立场出发，则必须把马克思哲学的这些特性有机地统一起来，才能形成他的在人类性基础上的逻辑一统的理论体系。

这是由于，马克思的人类学—哲学，在一般性的人本理论基础上（如前所举），有它特殊的人本理论，这就是马克思在“人是社会存在物”基础上对人的社会性的强调。它的最高理论体现，就是“人的本质并不是单个人所固有的抽象物，在其现实性上，它是一切社会关系的总和”①。这就形成了观察把握人类世界一切问题的人本根据，此即马克思的社会人本论。凭借“社会人本论”，马克思既与费尔巴哈的自然人本论相对立，又与施蒂纳“唯一者”的个体人本论相对立（马克思在《德意志意识形态》中主要批判了这两个人的理论），从而创立了他自己的社会人本论哲学。这个“社会人本论”，是马克思人类学—哲学的核心理念，是理解马克思一切哲学创造、一切哲学理念的基础。例如，马克思的实践观，是建立在社会人本论基础上的实践观，即人本实践观；马克思的历史观，是建立在社会人本论基础上的历史观，即人本历史观；马克思的辩证法，是建立在社会人本论基础上的辩证法，即人本辩证法；马克思的解放论，也是建立在社会人本论基础上的解放论，即人本解放论；马克思的生存论，是建立在社会人本论基础上的人的合理生存论。而这五大基本理论内容，加上前面讨论的一般性人本理论，就形成了马克思人类学—哲学的基本理论体系。

马克思的理论，在今天看来，主要是哲学理论。包括《资本论》，也主要是在论证一种人类性的哲学思想，即劳动创造的剩余价值不应当为资本所独占，而应当通过能够合理分配它的制度（马克思理解为生产资料“社会所有制”），而实现生存价值世界的合理分配，以实现人的合理生存与健全发展。在这个意义上，马克思的经济学和社会主义理论，都应当在这种人类学—哲学的背景下被重新理解，纳入他的“人类性问题域”，给

① 《马克思恩格斯选集》第1卷，人民出版社1966年版，第18页。

马克思的哲学思想以人类学意义，从而能够适应于对那些有碍人的自由解放的社会的批判需要，成为人们争取自由解放的活的精神力量！

六、马克思主义的中国化、时代化、大众化与坚持、发展问题

以上是对马克思主义新理解的简单叙述。当我们谈论马克思主义中国化、时代化与大众化以及坚持、发展问题时，应当认识到：只要我们所理解的马克思主义能解决中国当代的合理生存（共同富裕、民主政治、公平正义等等）问题，它就能中国化；只要它能解决世界历史的现时代的健康发展问题，它就能时代化；而只要它的内容能解决大众所关心的问题，它就能大众化。因而，最重要的就是对马克思主义的创新理解问题。没有正确的、进步的创造性的理解，就没有正确的、进步的中国化、时代化与大众化，就不可能与中国的改革开放实践和世界历史发展相结合。上边的理解当然不能自认为是正确的进步的，但它显然拓宽和加深了对马克思主义的新理解，显然能与这个人类学时代的人类学价值原则相适应。即使对“阶级性问题域”，在今天也要放在“人类学问题域”的意义中来理解。在这个新理解的前提下我们应当看到，领导我们改革开放的政治家们，虽然不一定有两个问题域的意识，但他们提出的改革开放、实事求是、市场经济、共同富裕，“三个代表”重要思想、政治文明、科教兴国、人的发展，以人为本、公平正义、和谐社会、和谐世界，等等与时俱进的理论，早就超出了那个传统“大包”之外，也不是“阶级性问题域”所能容纳的。这就是说，在客观上已经进入“人类性问题域”的范畴了。如果我们硬要塞到传统“大包”之中，这些政治家的思想和改革的革命性意义就将被抹杀。因此，理论界应当认识到，马克思是肩负双重历史任务的马克思，对马克思主义来说，那个“人类性问题域”的理论内容更具有历史生命力，也更适应“世界历史”在当代的发展，更能推进中国的改革开放。政治家们打开的道路，理论家们应当跟上来。只有这样，我们的马克思主义中国化，才能同时是时代化、大众化；才能在发展中坚持，在坚持中发

展。至于大众化，要看它能否解决当代人民大众所关心的问题。

最后，可以设想的是：马克思主义的中国化，将形成中国化的马克思主义。而“中国化”不能不受东方的志在“天下”（即全人类）的人文文化基础的影响（解释学原理），这就有可能与马克思的“人类学问题域”相映合。加上我们有制度的提倡和保障，将有可能形成以“人类学问题域”为主的、引导马克思主义在21世纪的发展潮流的“东方马克思主义”。它应当在新世纪的世界历史的基础上与“西方马克思主义”相区别而发展。(许鲁洲参与)

（原载《全国马克思主义论坛丛书》第4辑《改革开放与马克思主义中国化》，主编俞可平、王伟光、李慎明，执行主编杨金海、杨雪冬，重庆出版社2009年版，第25－39页）

当代世界需要马克思的人本理性哲学

改革开放以来，对马克思主义哲学的讨论，其核心和困难归结到一点就是：如何理解马克思本人的哲学精神和哲学理念？现在通行的马克思主义哲学，虽然有不同的流派，但都带着它所从出的那个时代的时代背景和理论目的，即该时代的理论需要和时代精神。也就是说，这些理论的产生，主要是不同时代的产物，虽然可以在马克思那里找到一些根据，但不一定符合马克思哲学的本真精神。

正由于这样，近年来，人们在大力探寻马克思哲学的真谛，力图以当代的时代精神，来烛照马克思哲学的奥韵。这就开始了“回到马克思”的思潮，本文就是笔者的这种自觉的精神追求。

在我们对马克思哲学的应有理论体系进行构建之前，首先要弄清的问题是：马克思在他的一生中，直接进行了怎样的哲学构建？这是我们讨论的基础及出发点，因而不得不首先作一些概略的探讨。

马克思不是继承某位哲学大师而属于某家某派的哲学家。他也不是立志于哲学的专业哲学家，他一生除了其博士论文之外没有专门的哲学著作，甚至没有对他的哲学思想作一次梳理。但是，马克思却创立了一种非常重要的哲学。对这种无志于哲学而又创立了新哲学的马克思现象，首先需要弄明白的是：既然马克思不是由哲学到哲学，不是师承某种哲学话题而讨论哲学，而是站在传统哲学之外，间或对哲学发表意见，那就有一个问题：他是以什么样的精神理念来对待哲学、评价哲学，并提出自己的哲学见解的？即马克思是以什么样的主观精神来创立他的哲学的？他借以构建他的哲学的精神前提，即他是以什么精神为依据创立他的哲学的呢？不把握这一层，就不能理解和把握马克思的哲学精魂。换句话说，要了解马克思的哲学，必须首先了解马克思本人的精神理念、他的时代的主要问题和他由此产生的根本精神。

一、从重新理解马克思开始

（一）马克思主义的灵魂：必须根据现实问题的发展而发展

马克思的主要理论，是适应当时“时代的迫切问题”而形成的无产阶级革命理论，虽然由于西欧社会历史的变化在马克思、恩格斯时代未能实现而错过了历史时机，但它的被剥削的劳动者通过革命改变命运的思想，却让东方的前现代社会俄国和中国，找到了摆脱阶级对立、政治专制和经济贫弱的社会矛盾的道路。而为这一切提供哲学理论基础的，直接来说就是唯物史观和社会主义理论；间接来说就是马克思的辩证法和实践论思想。所以，从恩格斯开始，就试图概括马克思的哲学理论。于是，出现了历史唯物主义、辩证唯物主义、实践唯物主义、实践哲学等理论体系。但是今日看来，这些哲学的理论立场，都不再可能适应当代世界的历史发展，因此很难和当代世界的历史发展结合起来，说明和解决当代的问题，为当代社会历史的发展提供理念和思路。例如，在我们改革开放伊始，由于没有理论指导，不能不“摸着石头过河”，结果摸出个贫富分化、特权阶层来。从主观上说，马克思主义哲学家都是力图联系实际的，因为理论与实践的结合人人都知道是马克思主义哲学的生命力。但是，传统理论由于它固有的时代性，很难与当代世界的社会历史飞速发展的情况结合起来。

上述马克思的哲学思想，即使在传统理解的意义上，也深深影响了世界历史的发展，深深改变了近代灾难深重的中国的命运，深深改变了中国人民的命运。所以，我们对传统理解的马克思主义有深厚的感情，久久不能超越其边界。正由于此，邓小平同志与江泽民同志提出了很有现实意义的思想：

> 真正的马克思列宁主义者，必须根据现在的情况，认识、继承和发展马克思列宁主义。①
>
> 自觉地把思想认识从那些不合时宜的观念、做法、制度中解放出来，从对马克思主义的错误的教条的理解中解放出来，从主观主义和形而上学的桎梏中解放出来。②

邓小平同志所说的必须“根据现在的情况”发展马克思主义，应当是马克思主义者的基本立场。根据这一立场重新理解马克思，就是发展马克思主义。江泽民同志这里所说的“三个解放出来”，抓住了我们当前思想观念的（也是中国人精神上的）病根所在，这就是不能从既得的、传统的、成为自己的精神自我的思想意识中解放出来。即使有些人对某种意识形态已经不信任，但是，一是为了某种利益和习惯而仍然不得不坚持；二是想放弃也没有顺理成章的可以代替的东西。人们总是要站在一定的精神信念的基础之上，才会感到双脚是坚实地立在地上，才会有明确的前进方向。精神空虚的人是站立不起来的。而在新的精神信念没有确立之前，“解放”谈何容易！政治体制改革喊了二十多年了，但始终未能正式提上日程，其原因之一，在于主导我们的精神理念的，依然是传统意识形态。我们缺乏政治体制改革所必需的新的哲学理念基础。

要从对马克思主义的错误和教条的理解中解放出来，必须重新理解马克思。而要创新马克思主义哲学，也必须从重新理解马克思开始。学术界已经喊出“创新马克思主义哲学”的口号，也喊出了“科学地创新主流意识形态”的口号。③ 这两个创新都不能不以重新理解马克思为前提。这是改革开放三十多年来，我们在经济、政治、文化、思想、社会方面的重大改革与变更的必然要求。但是，在现行体制下，在人们的精神惯性的轨道上，要“科学地创新”，还会有许多困难和阻力。没有新的思想，就不会有新的行动。

---

① 《邓小平文选》第3卷，人民出版社2000年版，第291页。

② 江泽民：《建党80周年“七一讲话”》，载《人民日报》2001年7月1日。

③ 《社会科学报》2004年7月8日；《哲学动态》2004年第8期。

（二）没有马克思的遗产，就没有人类将来的良好发展

之所以要创新，在于当代世界历史发生了重大的变化，传统理解的马克思主义已经不能适应时代发展的要求，也多有不符合马克思精神实质的地方。我们应当看到，马克思的哲学思想是极其丰富的。除了我们熟知的一面外，还有我们所不熟悉的东西，适应于全人类性的东西，有可能影响人类在21世纪乃至第三个千年的健全发展的东西。对这种有利于全人类发展的哲学理念，我们一直没有深入研究过，而被过去时代的理论需要所遮蔽。因此，重新理解马克思，是当前马克思主义哲学界、思想理论界进一步发展的要求和前提，也是中国在这个特定历史时代继续向前发展、走向世界文明大道的必然。所以，我们应当自觉地走到这个要求中来。要知道，马克思是唯一能够代表人类正义精神向一切不合理非法性东西展开批判的精神力量。当代西方思想家深刻认识到了这一点。笔者想举几段很有意义的话，表明这种重新理解的历史的和现实的需要。

一段是当代法国马克思主义者汤姆·洛克曼的话：

> 马克思是最重要的现代作家之一，一个真正的巨人，一个有独创性的、才华横溢的、见解深刻的思想家……马克思的理论是重要的，甚至可以说是我们洞察现代社会和我们自身的重要理论依据。……那种认为政治性的马克思主义迅速崩溃、马克思的思想不复存在的看法同样是不适当的。……马克思的理论继续存在，它的相关内容也将会像宝贵财富那样长久地供不应求，并且它的生命力也会和现代工业社会固有的问题一样长久地存在。①

两段是后现代主义者德里达的名言：

> 地球上所有的人，所有的男人和女人，不管他们愿意与否，

---

① 〔法〕汤姆·洛克曼：《马克思主义之后的马克思》，杨学功、徐素华译，东方出版社2008年版，第291页。

知道与否，他们今天在某种程度上说都是马克思和马克思主义的继承人。

> 不能没有马克思，没有马克思，没有对马克思的记忆，没有马克思的遗产，也就没有将来：无论如何得有某个马克思，得有他的才华，至少得有他的某种精神。①

这些话，显然都不是针对传统马克思主义理论而言的，而是从马克思的精神实质和当代与未来社会的问题而言的。马克思的革命和批判、揭露和主张，已经深深改变了世界历史进程，从而改变了人们的生活，在这个意义上，马克思已经深深改进了全人类的生存，他成了历史成长的一部分，促进了人类历史的发展和进步。因此，我们不能忘记马克思。但是，从未来发展上说，从“后现代”意义上说，我们“不能没有马克思”，这当然不是指传统的东西，这就需要我们扩展视界，看一看马克思理论中的全人类性的东西，对当代世界历史发展真正有益的东西，对未来有意义的东西，而这，我们却一向视而不见。

历史的现实面貌是不断发展变化的，马克思作为一定历史时代的伟大人物，不能没有历史的局限性。但是，即使马克思的所有论述都只适应他那个时代，他对一切不合理、非法性的东西的批判精神，却是人类在一切时代都不能没有的最宝贵的精神财富。因此，面对今日之世界，我们不但应当继承马克思的革命批判精神，更要弄清他的批判精神的哲学理念、哲学意蕴是什么，而不要在丢掉我们对马克思的错误理解时，却连马克思也一同丢掉了。

二、站在当代世界立场上深入理解马克思的哲学理念

马克思曾经强调自己的哲学属于“新唯物主义”，但其“新”在何

① 〔法〕雅克·德里达：《马克思的幽灵》，何一译，中国人民大学出版社 1999 年版，第 21 页、第 127 页。

处？有说在于“辩证”，有说在于“历史”，有说是“实践”，有说是“人道”，等等，这些当然都有一定的根据，但都难以把握马克思哲学的特质，不能令人满意，否则，就不会产生这样多的说法了。这些情况表明：马克思哲学“新”在何处，是值得认真研究和思索的。

事实上，这些说法都带着它所从出的时代背景和理论目的，即该时代的理论需要和时代精神。也就是说，人们不能不以自己时代的眼光寻找马克思哲学的真谛，不能不以自己时代的精神乃至个人思想，来烛照马克思哲学的奥韵。这是诠释学已经阐明的道理。而且我们也只有这样，才能既“回到马克思”，又让马克思成为“我们的同时代人”，把“当年马克思”与“当代马克思”结合起来。这也是本书自觉的精神追求。

众所周知，马克思强调自己的哲学是“新唯物主义”。但是，这既不是以一种新的精神阐述18世纪法国唯物主义早就强调过的“物质”内容，也不是在“物质世界”贯彻了一种辩证法精神，更不止于以唯物主义态度观察历史。这些都不能概括马克思独特的哲学创造。马克思在哲学史上的贡献，主要在于以人类正义精神，唯物主义地审视人类世界的特质、问题和改变的途径，从而创立了一种新的关于人类世界的哲学。

（一）马克思站在他的时代的制高点上，把握了人类生存发展的根本问题

要理解这一点，首先要理解马克思哲学精神的起点：马克思在以下几个方面站在他的时代的制高点上：

其一，是由哲学、自然科学而来的自觉的现代性的科学态度，即唯物主义态度；

其二，是从进步的哲学、人文社会科学而来的对人类命运的深切关怀；

其三，是把握了当时社会的最重大的社会基本问题及其解决途径；

其四，是怀抱着人类自由、人类正义的批判精神审视和批判一切不合理、非法的东西等。

这几方面使他成了他那个时代的最进步、最具有全人类精神的哲学家。第一方面，使马克思的哲学倾向于唯物主义的、实事求是的态度；第二方面，使马克思的哲学抛开对一切存在的形而上学追求，而转向了对人类的社会存在境况、人类的社会历史发展和“人类世界的真理”的关怀；第三方面，即对最重大的时代问题的关心，这就使他关注到了广大的无产阶级的贫困及其解决的途径；第四方面，使马克思成为真正的为人类自由、人类解放的斗士。这几方面的一致，使他的思考和关心，在客观上集中到人类世界特别是人类的合理生存与自由解放（详后）这一人类生存发展的根本问题上来。这从以下几点可以进一步看出来。

（二）马克思的哲学所向，是追求人类世界的最高真理

在马克思时代，德国的哲学有如法国的革命一样，是具有世界历史高度的，马克思在《黑格尔法哲学批判导言》中表明：当时的德国哲学大力开展的“对宗教的批判”，由于费尔巴哈发现了“是人创造了宗教而不是宗教创造了人”[①] 这一真理，而“实际上已经结束”，这一批判的最高成果，实际上“归结为人是人的最高本质这样一个学说”[②]。从而，“历史的任务就是确立此岸世界的真理”即人类世界的真理。[③]

因而，马克思认定：哲学的新任务或新的哲学（马克思的新唯物主义），也就应当成为这样一种新“学说”：它应当在人的社会存在（马克思确认“人是社会存在物”）中寻找人类世界的“最高本质”。但是，马克思认为，人的最高本质就是人本身，这就是说，这种哲学是把“人”（他的应然状态）作为人的最高本质、最高真理的哲学。这样的哲学，应当归结为什么哲学？能不能概括为是关于人类世界的最高本质、最高真理的哲学？

（三）马克思哲学是对不合理世界进行合法性批判的哲学

对以上问题，马克思在《黑格尔法哲学批判导言》中自己作出了回答，他把“人”作为人的最高本质的哲学学说，“也归结为这样一条绝对命令：必须推翻那些使人成为受屈辱、被奴役、被遗弃和被蔑视的东西的

① 《马克思恩格斯选集》第1卷，人民出版社1966年版，第18页。
② 同上书，第8页。
③ 同上书，第2页。

一切关系"①。即对一切非人性、反人道、不合理、非法性的东西，进行彻底的批判，即"揭露非神圣形象中的（即人世的）自我异化"，认为这是"哲学的迫切任务"，它首先就体现为"对尘世的批判……对法的批判……对政治的批判"②。

这也就是说，这一哲学应当根据"人是人的最高本质"这一原理，对统治现存社会的一切进行合法性批判。这就是要揭露和批判那些统治着社会的、"蔑视人的""非人的"、扼杀人的自由和创造精神的"政治"和"法"。这是马克思哲学的核心精神。

那么，这种以批判和揭露不合理世界为任务的哲学，应当是什么哲学？换言之，在不合理不合法的社会状态下，能不能把追求人类社会的最高本质的哲学，进一步概括为是对人类社会的不合理不合法的社会存在进行合法性批判的哲学？

（四）马克思创立的哲学是为人类的合理生存与自由发展而奋斗的哲学

一方面，马克思要求"揭露非神圣形象中的自我异化"，也就是从反面批判使人不能合理生存的现实世界。在这里，马克思从对违反人性的现实的批判指责中，提出了人的合理生存问题。并认为这是"为历史服务的哲学"的迫切任务。另一方面，在批判"现存社会的不合理与不公平"时，马克思强调人的自由和发展，把他为之奋斗的共产主义社会叫做"自由人的联合体"："在那里，每个人的自由发展是一切人的自由发展的条件。"③ 并把它写在《共产党宣言》中。以上两方面结合起来，能不能把马克思的哲学概括成为人类的合理生存与自由解放而奋斗的哲学？

马克思无疑是人类史上最光辉的、最关心人类命运的人类思想家之一。由于马克思主要是一位经济学家，他从人类在经济生活中的不合理性到人类的阶级不平等性这一否定性政治现实中，从广大无产者的非人境遇中，产生了力图改变这种不合理现实的崇高的人类正义精神，马克思本于人类自由、人类正义的革命批判精神，成了他的革命批判哲学的根本精神

① 《马克思恩格斯选集》第1卷，人民出版社1966年版，第8页。
② 同上书，第2页。
③ 同上书，第290页。

或者说灵魂。这一根本精神，也就形成了他关于人类世界的哲学的根本哲学精神。

这一哲学精神，决定了马克思对人类不合理世界的总体性的哲学态度。他批判一切轻视人、蔑视人、压迫人、剥削人而把人造成非人，剥夺了人的自由、人的生活，形成人的异化和人类分裂的经济政治制度；批判早期资本主义剥削的非正义性和非人性；追求人类政治生活、经济生活和精神生活的合理性、正当性和历史合法性；通过发展社会生产力而实现人类在经济上的自由解放；促进人与人的关系、人与自然的关系的合理化，实现人的社会解放；以自由平等精神追求全人类的自由解放，推动社会向“自由人的联合体”过渡；等等。这样一种以革命批判精神为特征的人类自由、人类正义精神，支配着马克思一生的奋斗，也决定了他的独特的哲学理念。

一方面，马克思的这种批判哲学，以人类的普遍解放为鹄的。在1843年《论犹太人问题》中，马克思第一次论到“人类解放”问题。在稍后的《黑格尔法哲学批判导言》中，他特别强调一种“人的解放”的哲学，强调“全人类的解放的哲学”，马克思连提四次这种哲学是追求人的“普遍解放”的哲学，并且表明：这种追求人的“普遍解放”的哲学，就是要“创造人类存在的一切条件”，“实现社会自由”，把人“解放成为人”。在这里，一种以人类解放为迫切任务的哲学形象也就凸显出来。另一方面，马克思更深入地表明：这一人类解放的哲学，把无产阶级当成自己的物质力量和物质手段，无产阶级要完成这一历史任务，就是要用人类解放的哲学武装自己，这就是“哲学不消灭无产阶级，就不能成为现实，无产阶级不把哲学变成现实，就不能消灭自己”① 的底蕴。那么，这种高举人类解放旗帜的哲学，能不能直接概括为以人类解放为归结点的哲学？

显然，以上述几个连递的方面，都可以作步步深入的肯定的回答。即：马克思所创生的哲学是关于人类世界的哲学，是一种以社会化的人类为立足点，以人是人的最高本质为真理，以批判“不合理不公平”的“非人世界”“非人关系”为己任，以把人的世界和人的关系还给人自己为宗

① 《马克思恩格斯选集》第1卷，人民出版社1966年版，第14页。

旨的追求人的合理生存与自由解放的哲学。

（五）超越传统精神理念，走向马克思开辟的现代哲学新方向

如果以上的讨论可以成立，那就可以说，马克思的“新唯物主义”，可以概括为人本理性主义，马克思的辩证法，可概括为人类学辩证法。在人本理性主义与人类学辩证法的基础上，马克思创建了他的新哲学。这就是本文最要彰明的东西。

上述观点可能会立刻遭到种种传统观念的反对。人们会认为，以上意见所依据的主要是青年马克思的思想，因而不足为凭。这里没有注意到：其一，马克思从来没有否定过他青年时代的哲学思想；其二，马克思的哲学思想主要是在青年时代表达的，如果否定他青年时代的哲学思想，那也就否定了马克思主要的哲学思想；其三，马克思的上述哲学精神，也绝不限于其青年时代，1846 年之后，马克思未再专门研究思考哲学问题，而只是运用着他前期的哲学思想。这些精神在《共产党宣言》《资本论》中都有所体现。《共产党宣言》中所说的“自由人的联合体”，与这一哲学理念是一致的。马克思的《资本论》，也是为人类解放服务的，他揭露“剩余价值”所体现出来的哲学精神，正是以人类正义为核心的追求人类合理生存与自由解放的哲学精神。而且在 1873 年之后，即在他生命的最后十年间，他集中精力于人类学问题的研究（《人类学笔记》），更表明了马克思一以贯之的哲学精神，是他对整个人类世界的哲学关怀。如果认为马克思青年时代的思想不成熟，那就只能抹杀他以上的主要哲学思想。其结果，只有把 18 世纪法国唯物主义和 19 世纪黑格尔辩证法这种近代哲学内容，混和起来作为他的哲学。好像马克思只会吸收别人的“合理内核”来组建自己的东西，一点也没有哲学的原创性。

还有人可能认为：青年马克思用了太多的费尔巴哈哲学词语，他的哲学思想，主要是费尔巴哈的人本主义。这里没有看到：马克思从一开始所说的“人”，人的“类本质”“类存在”，就不是在人的自然存在的意义上立言的，不是站在历史之外立言的，而是在人的社会存在的意义上立言的，是在历史之内的，因而属于马克思自己的哲学思想。如果可以把费尔巴哈的人本主义称之为“自然人本主义”的话，马克思的思想则可以概括为他自己所说的“实践人本主义”或社会人本主义。马克思在1843年所说的人的“类存在”，也就是他在1845年所说的“社会化的人类”，而不是抽象的人、抽象的“类本质”，因而不是费尔巴哈的人本学或自然人本主义。如前表明，马克思在1845年特别用“新唯物主义”把他与费尔巴哈的“旧唯物主义”“直观唯物主义”区别开来。

事实上，马克思直接批判旧唯物主义忘记了人，指出费尔巴哈早就结束了关于一切存在的思辨哲学体系。那种企图建立一种概括整个世界的形而上学的哲学，只能是马克思所批判的旧世界的哲学旨趣。马克思是现代哲学的开创者，现代哲学已经告别了形而上学，转向了对具体问题的研究。对马克思来说，就是转向了人类世界这一具体境遇。正是由于这一点，人们把马克思归结为现代哲学家。

我们需要完整的马克思，需要能概括马克思一生理论宗旨的马克思哲学，需要能把马克思全部理论统一起来的马克思哲学。而这，只有关于人类世界的哲学方可胜任。

总之，在关于人类世界的哲学的视界里，马克思是人类学的即全人类的马克思，阶级性不过是他面对现实的不合理问题的必然倾向，它包含在为人类的合理生存与自由解放的奋斗里。马克思的这样一种本于人类正义、社会正义而直接要求对尘世、对法、对政治进行合法性批判的哲学，这样一种通过批判为人类的合理生存与自由解放开辟道路的哲学，只能是以社会化的人类为对象的人本理性主义哲学。只有这样的哲学，才能像马克思所要求的那样“以世界公民的姿态”出现在世界上。

三、当代世界历史的发展，需要重新理解马克思，弘扬他的人本理性哲学理论

马克思是为人类自由解放而奋斗的伟大战士。他所创立的关于人类世界的哲学，也就是关于人类的自由和解放的哲学。但是，在他那个“工人每天工作14小时”而仍然“不拥有”生活必需品而不得不过“非人生活”的时代，人类解放就不能不首先以“无产阶级解放”体现出来，马克

思也不能不首先通过为无产阶级解放而奋斗走着人类解放的道路。但是，历史的发展总是会出现许多意料不到的新东西，这些东西不断发展丰富，就会使历史呈现出新的面貌，开辟出新的发展条件，原来由历史显示的必由之路，也就会因有新的可能而退居其后。今天，任何明智之士都应当看到，当代世界的发展道路，不在于无产阶级革命和无产阶级专政，而是包含无产阶级解放于其自身的全人类的合理生存与自由解放。

那么，人类的合理生存与自由解放是否完成了呢？这是否不再成为问题了呢？任何具有人类正义、社会正义精神的人，任何主张自由创造精神的人，都不会这样认为。

在一定意义上说，人类的合理生存与自由解放，人类社会成为种种不同的“自由人的联合体”，还是一种严重的、必须由世界各国人民自觉奋斗的任务。在一定条件下，这种奋斗的火药味、血腥味都在所难免。从世界历史发展上讲，还需要以历史发展所形成的新的条件、新的手段去奋斗。这就要把关于人类世界的哲学与当代世界历史——在文化现代化、经济全球化、政治多极化、技术智能化、环境绿色化背景下的全球现代化、全球贫富更加分化、南北差距更加扩大、宗教文化严重对立、专制顽固存在、特权和腐败横行、冲突不断出现、大国霸权主义、核战危机严峻、生态危机严重、资源日趋枯竭，但又有种种新因素、新希望、新发展的时代——结合起来。

在新世纪新千年，我们面对着民主和巨量财富，也面对着专制和贫困。我们也许正处在一个真正需要并可能以“人类性”改造人类世界的时代，一个可以把一直被生产力所限制的、被种种社会异化所异化了的“人的世界和人的关系”还给人自己的时代。而这，也正是需要重新理解马克思的时代。“马克思”是对一切不合理现象进行无情批判的代名词！（肖飒参与）

（原载《云南社会科学》2010年第6期，第52-56页）

马克思的人本理性哲学理念及其当代意义

改革开放以来，对马克思主义哲学的讨论，其核心和困难归结到一点就是：如何理解马克思本人的哲学精神和哲学理念？只要把马克思的哲学搞清楚了，马克思主义哲学也就明朗化了。马克思曾经强调自己的哲学属于“新唯物主义”，但其“新”在何处？有说新在“辩证”，有说新在“历史”，有说新在“实践”，有说新在“人道”，这些当然都有一定的根据，但都难以把握马克思哲学的特质，不能令人满意，否则，就不会有诸多说法。这些情况表明：马克思哲学“新”在何处，是值得认真思索的。

事实上，这些说法都带着它所从出的时代背景和理论目的，即该时代的理论需要和时代精神。也就是说，这些理论的产生，主要是那个时代的产物，而不一定符合马克思哲学的真精神。

一、马克思人本理性哲学理念的基本要点

近年来，人们在大力探寻马克思哲学的真谛，力图以当代的时代精神来烛照马克思哲学的真精神。这就开始了“回到马克思”的思潮，本文就是这一精神的自觉的精神追求。

一种明白的事实是：马克思自己强调的“新唯物主义”，并不是以一种新的精神阐述18世纪法国唯物主义早就强调的“物质”内容以及物质与精神的关系，而是以唯物主义态度创立了一种新的哲学。这种哲学到底是什么哲学？要理解这一点，首先要理解马克思的哲学情怀。马克思在两个方面站在他的时代的制高点上：一是由哲学、自然科学而来的自觉的科

学态度；一是从哲学、人文社会科学而来的自觉的对人类命运的关怀。这两方面使他成了他那个时代最进步、最具有人类精神的思想家。马克思自觉的科学态度，使他的哲学倾向于唯物主义态度（他强调自己是“唯物主义者”就是在这一态度下而言的，他并没有去研究、创立以物质为本体的唯物主义哲学原理）；而马克思对人类命运的自觉的人文关怀，使他的哲学抛开对一切存在的形而上学追求，而转向了对当时资本主义社会里人的生存状态的关怀。这两方面的一致，是马克思能够创立他的哲学的前提，使他能够唯物主义地思考、研究人类社会的根本问题，创立了以关心人的合理生存、健全发展与自由解放问题为宗旨的哲学。这一哲学可以从马克思的如下几层哲学理念中体现出来。

其一，“社会化的人类”是马克思人类学—哲学的立足点。马克思已经表明了他的“新唯物主义”的立脚点：“旧唯物主义的立脚点是市民社会，新唯物主义的立脚点是人类社会或社会化的人类。”① 所谓立足点，即哲学的立场和站在这一立场上所把握的对象世界。这是马克思新唯物主义哲学的总的纲领。

这里力图排除的“旧唯物主义”，显然是指法国18世纪的形而上学唯物主义以及费尔巴哈把事物当做单纯的感性客体来理解的直观的自然唯物主义，这种唯物主义或者把主体与客观截然分开，或者直观地理解感性的自然事物与人类的自然存在，并从人的自然性上对市民社会的一般人性进行抽象的研究。马克思表明，他的新唯物主义与这些旧唯物主义不同。它不是站在自然物质或自然人的立场上，而是从“社会化的人类”出发，既不研究自然物质世界，也不研究自然化的人类——不研究人类的抽象的、自然的本性，而是研究“社会化了的”即处在“社会关系中的”具体的、现实的“从事实际活动的”人。这就既超越了以物质本体为基础的旧唯物主义，又在费尔巴哈自然人本主义基础上前进上升了一步：以“社会化的人类”为主体。从而确立了他的新唯物主义哲学的对象。那么，这种直接以社会化了的“人类”为对象的哲学，应当概括为什么哲学？能不能初步概括为关于人类世界的哲学？

① 《马克思恩格斯选集》第1卷，人民出版社1966年版，第18页。

其二，人是马克思哲学的最高真理。在马克思时代，德国的哲学有如法国的革命一样，具有世界历史高度。马克思在《黑格尔法哲学批判导言》中表明：当时的德国哲学大力开展的“对宗教的批判”，由于费尔巴哈发现了“是人创造了宗教而不是宗教创造了人”这一真理，而“实际上已经结束”。马克思说：这一批判的最高成果实际上“归结为人是人的最高本质这样一个学说”①。因而，哲学的新任务或新的哲学（马克思的新唯物主义），也就应当成为这样一种新“学说”：这一新学说、新哲学不再把宗教、神灵、观念等等人造的东西作为人的最高本质，而是把“人”——人的存在、人的尊严、人的自由、人的合理生存作为人的最高本质，从而得出“历史的任务就是确立此岸世界（即人类世界）的真理”②。

这个真理也就是要在人类的社会性的存在（马克思确认“人是社会存在物”）中寻找人类的“最高本质”和应然状态。那么，这种把“人”作为人的最高本质、最高真理的哲学，应当归结为什么哲学？能不能把它进一步归结为追求人类世界的最高真理即关乎整个人类的合理生存的哲学？

其三，马克思追求人的生存合理性，他把消除社会不合理性作为哲学的绝对命令。他认为，把“人”作为人的最高本质的哲学学说，首先得“归结为这样一条绝对命令”：“必须推翻那些使人成为受屈辱、被奴役、被遗弃和被蔑视的东西的一切关系。”③ 即“揭露非神圣形象中的（即人的）自我异化”，认为这是为“历史服务的哲学的迫切任务”。并且认为，这样一种“哲学的迫切任务”，就具体体现为“对尘世的批判……对法的批判……对政治的批判。”④

这也就是说，这一哲学应当是批判压抑人、统治人的不合理世界的哲学。它应当根据“人是人的最高本质”这一人类学—哲学原理，对统治现存社会的一切关系进行合法性批判。反专制、反异化、反屈辱、反奴役、反蔑视是它对不合理世界的斗争特性。这就是要揭露和批判那些统治着社

① 《马克思恩格斯选集》第1卷，人民出版社1966年版，第8页。
② 同上书，第2页。
③ 同上书，第2页。
④ 同上书，第2页。

会的、“蔑视人的”“非人的”、扼杀人的自由和创造精神的经济现实、“政治”“法”以及其他上层建筑和意识形态。那么，这种以批判和揭露不合理世界为任务的哲学，这种以批判“现存社会的不合理与不公平”为己任的哲学，应当是什么哲学？能不能进一步概括为是对人类社会的不合理、不合法的社会存在（被异化的现实）从而有违人的合理生存要求的现实进行合理性、合法性批判的哲学？这种合理性、合法性批判是不是为了人的合理生存与健全发展？

其四，马克思强调把人的世界和人的关系还给人自己。他强调：“任何一种解放都是把人的世界和人的关系还给人自己。”①

何为“人的世界和人的关系”？马克思没有解释。马克思从反面表明：所谓“人的世界和人的关系”，必然是克服了使人受屈辱、被奴役的一切关系的世界，即消除了人奴役人和物奴役人从而使人得以合理生存与健全发展的世界和关系。这就是说，“人的世界和人的关系”，就是力图把人类社会建设成为符合全体成员的生存合理性要求的世界。那么，这样的力图把“人的世界和人的关系还给人自己”而进行合法性批判的哲学，应当是什么哲学？能不能进一步概括为是为人类的合理生存与健全发展而奋斗的哲学？

其五，人的解放是马克思人本理性哲学理念的终极目标。在1843年《论犹太人问题》中，马克思第一次论述到“人类解放”问题。在稍后的《黑格尔法哲学批判导言》中，他特别强调一种“人的解放”的哲学，强调“全人类的解放的哲学”，马克思连提四次这种哲学是追求人的“普遍解放”的哲学。他先后提出“政治解放”“经济解放”“无产阶级解放”和“全人类解放”，表明了“人的解放”是它的哲学的最高关怀。并且表明：这种解放哲学，就是要“从社会自由这一必要前提出发，创造人类存在的一切条件”②，“实现社会自由”，把人“解放成为人”。

马克思并把他为之奋斗的新社会叫做“自由人的联合体”：“在那里，每个人的自由发展是一切人的自由发展的条件。”③ 这个把“每个人的自

① 《马克思恩格斯全集》第1卷，人民出版社1965年版，第448页。

② 同上书，第446页。

③ 同上书，第260页。

由发展作为一切人的自由发展的条件”写在《共产党宣言》中的哲学，应当概括为什么哲学？马克思的深刻性在于他为这种解放哲学找到了实现它的阶级力量，即当时备受压迫的广大无产阶级。他说：“这个解放的头脑是哲学，它的心脏是无产阶级”①，即，这一哲学把无产阶级当成自己的物质动力、物质力量和物质手段，无产阶级要完成这一历史任务，就是要用这种精神性的解放哲学武装自己，这就是“哲学不消灭无产阶级，就不能成为现实，无产阶级不把哲学变成现实，就不能消灭自己”的底蕴②。这里所说的哲学，能不能概括为是追求以广大劳动者的解放为表征的全人类的自由解放的哲学？

二、几层理念的总体精神

上述几个步步深入的问题，都可以作步步深入的肯定回答。综合起来看，马克思所创生的哲学，是一种以社会化的人类为对象，以人是人的最高本质为真理，以批判“不合理不公平”的“非人世界”“非人关系”为己任，以把人的世界和人的关系还给人自己为宗旨的追求全人类的合理生存、健全发展与自由解放的哲学。这是马克思人本理性哲学的基本哲学立场。那么，这样的哲学是什么哲学？能不能概括到现有的哲学主张里？

马克思曾经强调“自然界的人类性”“人类学的自然界”，这里他提出了一个观察理解世界的人类学范畴，并从这个范畴上理解人类社会的具体问题，提出了人类学的解决办法。并且，这一哲学的对象是人类，核心是与“生物性”“动物性”相区别的马克思所强调的“人类性”，“把人的世界和人的关系还给人自己”的“人类性”，人类共同生存与健全发展的“人类性”。由于“人类性”是人类学研究的对象，这种哲学又是以“人类性”为基础的，因而，从马克思哲学以“人类学”为基础说，应当概括为“人类学—哲学”（而不是哲学人类学）。这种以全人类的生存发展问

① 《马克思恩格斯选集》第1卷，人民出版社1966年版，第14页。

② 同上书，第14页。

题为对象的人类学—哲学立场，是马克思哲学思考的基本立场，因而应当概括为“人类学—哲学”——以社会化的人类为对象的实践的人类学—哲学①。这才是马克思原创性的哲学。换言之，只有人类学—哲学，才能以社会化的人类为对象，才能以人是人的最高本质为哲学真理，才能是追求人类的合理生存、健全发展与自由解放的哲学。

如果以上考虑可以成立，那么，我们就发现了一位创造了崭新的哲学理念的马克思，一位在哲学上继承了宗教批判成果（人是人的最高本质）而进一步开创了对人类世界进行合法性批判的哲学马克思，一位站在世界历史高度上既关心人类命运又最具有人类情怀和人文精神的哲学马克思。这是被传统的阶级观念遮蔽了的人类学的马克思（在这一高度下，“无产阶级的马克思”就只是他的局部性质）。显然，这是一个与当今世界历史的发展要求相符合的哲学马克思。

马克思哲学的这种人类学立场，早就被人们意识到了。远的不说，最近就有晏辉同志强调：“在马克思的视野里，资本不是一个经济学、政治学的范畴，而是一个人类学范畴，它是描述在资本主义状态下人类几乎全部活动的关键词。”事实上，马克思强调的“无产阶级”“实践”“唯物史观”，也都像“自由”“解放”一样是人类学范畴，因为它们都是站在人类性立场上透视其人类学意义的。比如“无产阶级”，就是从它自身的合理生存与对全人类解放的意义而言的。晏辉同志接着指出：“马克思所运用的这种基于具体科学而又超越于具体科学并最终指向人类生存状态的致思方式，乃是一种人类学思维范式。”②

但是，如果马克思没有人类学—哲学的哲学理念、哲学立场、哲学视野，哪来的“人类学思维范式”呢？

诚然，马克思表述他的这些哲学思想时，还处在哲学共产主义的思想境界里。但是，正是这种哲学共产主义，使他形成了共产主义哲学，即人类自由解放的哲学，而这一哲学是马克思考察解决当时社会历史的具体问题的人类学—哲学基础，使他的一切思考都不能不打上哲学性的人类学思

① 对这一哲学我们已做了较系统的研究，见《马克思实践人类学哲学探索》，云南人民出版社 2012 年版。

② 晏辉：《论哲学在场的方式》，载《哲学研究》2006 年第 3 期。

维范式的烙印。

如果这一人类学—哲学范式的理解可以成立，那就可以说，马克思的“新唯物主义”，是人类学唯物主义，马克思的辩证法，是人类学辩证法。在人类学唯物主义与人类学辩证法基础上，马克思创建了他的人类学—哲学范式。

这里不能不顺便讲讲人类学唯物主义与人类学辩证法的关系。马克思是讲辩证法的，但他讲的不是形而上学的辩证法，不是客观本体的辩证法，也不是自然世界、物质世界的辩证法，而是人类自身存在和自身发展的辩证法，即人类学辩证法，以及由此产生的理论思考、理论组织、理论表述方式的辩证方法。这不过是在他的唯物主义的人类学—哲学立场上，对于黑格尔形而上的理念辩证法的人本化改造。这种人类学辩证法是其人类学唯物主义哲学的内在基础。那种抛开其人类学内涵而把它客观化并与所谓“唯物主义”结合起来而称之为“辩证唯物主义哲学”的想法，显然是不符合马克思原意的，在马克思那里也找不到根据。在马克思那里，既没有研究辩证唯物主义所说的“物质”以及“物质与意识”的关系的文本，也没有研究“客观物质世界”的辩证法的文本，而是大量地研究了人类世界的辩证法的文本。生产力与生产关系的辩证法就是它的典型形式之一。

三、马克思人本理性哲学理念的一贯性

上述对马克思哲学的理解，可能会受到“青年马克思与成熟马克思”的传统观念的批评。在传统观念看来，上述说法即使是对的，也不过是青年马克思的不成熟的思想表现。成熟的马克思是以阶级斗争和无产阶级专政学说为纲的（但这不属于哲学），马克思是无产阶级的马克思。

这是片面理解马克思的总根源。这种观念没有注意到：

其一，马克思的哲学思想主要是在1846年之前的青年时代表达的（此后他未再专门研究哲学问题），如果说他青年时代的思想不成熟，那就要抹杀他的主要哲学思想，只能把18世纪法国唯物主义和19世纪黑格尔

辩证法这种近代哲学内容混和起来作为他的哲学。好像马克思只会吸收别人的“合理内核”来组成自己的东西，一点也没有哲学的原创性。事实上，从继承性上说，唯物主义在马克思那里只不过转化成了实事求是的哲学立场，（传统理解的）辩证法，也只不过是马克思把握问题的哲学方法之一，在此基础上他创立了关于人类世界的辩证法（如生产力与生产关系等等），怎么可能舍弃这种独特的哲学创造而把近代传统哲学理论概括为马克思的“主义”呢？而马克思自己所创生的哲学就被这种观点抛弃在视线之外了。在这里，不仅是以“前马克思的”东西冒充了马克思的东西，而且以马克思所否定的近代形而上学哲学代替了马克思所开拓的关于人类世界的现代哲学。同时，这也是以关于一切存在的传统哲学旨趣，代替了马克思关于“人的社会存在”的具体哲学旨趣。

其二，马克思的上述哲学精神，也绝不限于青年时代，这些精神不但在《共产党宣言》《资本论》中有所表述，而且在1873年之后他生命的最后10年间，他集中精力于实证人类学问题的研究（形成《人类学笔记》），更表明了马克思一以贯之的这种以人类学为基础的哲学构建精神。

其三，我们需要完整的马克思，需要能概括马克思一生理论宗旨的马克思哲学，需要能把马克思全部理论概括起来的马克思哲学。而这，只有实践的人类学—哲学方可胜任。在实践的人类学—哲学的视界里，马克思是人类学的马克思，阶级性不过是他面对现实、面对“时代的迫切问题”而坚持正义的必然选择，它包含在他为全人类的合理生存的奋斗里。

这种传统观念还认为：青年马克思用了太多的费尔巴哈的哲学词语，他这时的哲学思想，主要是费尔巴哈的人本主义。这里没有看到：马克思所说的“人”，人的“类本质”“类存在”，如前表明，不是在人的自然存在的意义上立言的，不是处在历史之外立言的，而是在人的社会存在的意义上立言的社会人，是在历史之内的社会人。因而，其所表达的是马克思自己的哲学思想。如果把费尔巴哈的人本主义称之为自然人本主义的话，马克思的人本主义则可以概括为社会人本主义或辩证人本主义。这是一种人本理性哲学精神。马克思在1843年所说的人的“类本质”，也就是他在1845年所说的“社会化的人类”，而不是自然的抽象的人，不是自然的抽象的“类本质”，因而不是费尔巴哈的自然人本主义。如前表明，马克思特别把自己关于人的哲学叫做“新唯物主义”，把费尔巴哈关于人的哲学叫“旧唯物主义”“直观唯物主义”，就是为了突出这种区别。

四、马克思的人本理性哲学理念与当代世界

事实上，马克思很早就表明了他的革命性的哲学观。他所期望、所要创立的哲学的特征是：

> 哲学不仅从其内部即就其内容来说，而且从其外部即就其表现来说，都要和自己时代的现实世界接触并相互作用。那时……哲学真正成为世界的哲学，而世界也成为哲学的世界。①
>
> 这种哲学思想冲破了固定不变的，令人难解的体系的外壳，以世界公民的姿态出现在世界上。②

这样的参与现实生活的“以世界公民的姿态”出现在世界上的哲学，怎么可能是传统理解的四大哲学呢？只有概括成为以人类的合理生存、健全发展与自由解放为核心的人类学—哲学，它才能以世界公民的姿态出现在世界上。以每个单个的人为体现的人的社会存在、社会境遇、社会生存状况，自由的实现程度，是这种哲学关注的焦点。马克思的一些论述表明：这样一种以人的生存合理性为根据而直接要求对尘世、对法、对政治进行合法性批判的哲学，这样一种通过批判为人类的合理生存与自由解放开辟道路的哲学，本身就是一种关心社会历史进步、关心人类命运的实践的人类学—哲学。只有这一哲学，才能与当代世界历史发展结合起来，以当代的世界公民的姿态出现在世界上。

马克思是为人类自由解放而奋斗的伟大战士。他所创立的实践的人类学—哲学，也就是关于人类的自由和解放的哲学。但是，在他那个工人每

① 《马克思恩格斯全集》第1卷，人民出版社1965年版，第121页。

② 同上。

天要工作14小时而仍然“不拥有”生活必需资料而不得不过“非人生活”的时代，人类解放就不能不首先以无产阶级解放呐喊出来，马克思也不能不首先为作为“时代的迫切问题”的无产阶级的解放而奋斗。但是，历史的发展总是会出现许多意料不到的新东西，这些东西不断发展丰富，就会使历史呈现出新的面貌，开辟出新的发展条件，原来由历史显示的必由之路，也就会因有新的历史因素、新的现实、新的可能性和新的问题而退居其后。今天，任何明智之士都不会再认为，当代世界的发展之路在于无产阶级革命和无产阶级专政，而是包含无产阶级解放与其自身的全人类的合理生存、健全发展与自由解放问题。

那么，人类的合理生存、健全发展与自由解放是否完成了呢？是否不再成为问题了呢？任何具有真正的自由、平等精神的人都不会这样认为。

人类的合理生存、健全发展与自由解放，人类社会成为种种不同的“自由人的联合体”，还是一种必须由世界各国人民长期自觉奋斗的任务，从世界历史发展上讲，还需要以历史发展所形成的新的条件、新的手段去奋斗。这就需要把人类学—哲学与当代世界的“迫切问题”结合起来。这种迫切问题主要是：在资本推动下的经济全球化、政治多极化、技术智能化和生态危机化背景下的贫富更加分化、南北差距更加扩大、宗教文化对立、特权顽固存在、冲突不断出现、大国霸权主义、核战危机严峻、资源日趋枯竭、生态问题困惑和危害每一个人的健康生存，但又有种种新因素、新希望、新发展的时代。马克思主义的实践的人类学—哲学，其迫切任务就是要以合理性审思、合法性批判为武器，研究解决人类的这些迫切问题，至少为它的不断解决开辟道路，以有利于全人类的合理生存、健全发展和走向自由解放。

事实上，在新世纪，我们也许正处在一个真正需要并可能以“人类性”改造人类社会、人类世界的时代。一个可以把一直被生产力所限制的、被种种社会异化所异化了的“人的世界和人的关系”还给人自己的时代。当代的生产力、创造力和物质财富已在物质技术基础上为全人类的合理生存和健全发展创造了必要的条件。问题是，基于人的自私本性和资本增值本性（二者是同一回事）的在人类的政治关系、经济关系、思想意识关系等等方面的不合理、非法性的东西依然严重存在，并且依然统治着人和统治着社会。所以，马克思的以对资本主义和一切不合理社会进行无情批判的人类学—哲学，应当是可以大力发挥作用的时代！

（原载《马克思人类学哲学构建管窥》，云南民族出版社 2008 年版，第 95 – 107 页）

从人类学—哲学范式看马克思主义传统哲学理论的困境与出路

有人问，为什么要提出以“人类学唯物主义”“人类学—哲学”来概括马克思哲学乃至马克思主义哲学。这是由于，我们深感当前的辩证唯物主义、历史唯物主义、实践唯物主义、唯物辩证法、人道主义等理解范式，与马克思的哲学理念不相符合，甚至掩盖了马克思真正的哲学创造。这诸多提法本身就表明，每一种提法都有它的困境和局限，能不能正视这些困境和局限，是我们能不能解决问题、找到新的出路的关键所在。

一、“辩证唯物主义”理解范式的困境：不是马克思所要创立的哲学

列宁认为，辩证唯物主义包括“哲学唯物主义”和“唯物辩证法”两部分。他指出，前者不过是强调物质不依赖于人的客观存在性，由此应当导出马克思的尊重事实的唯物主义态度。但是，由于在《体系》的具体理论内容中不得不研究物质的特性，这就不能不转化成了通常的、传统的形而上学“唯物主义”。对这种以物质实体为对象的“唯物主义”，马克思从来都没有赞同过。马克思所说的“唯物主义”，主要是方法论的唯物主义、态度性的唯物主义，而不是实体性的唯物主义。所以，他特别强调自己的唯物主义是“新唯物主义”。但是，长期以来，人们都以传统的“物质”范畴来理解马克思的唯物主义，停留在18世纪法国唯物主义对物质的理论研究上，即以传统的物质概念解释世界。对这种倾向，恩格斯早

就作了经典性的批判和排除：

> 人们在理解现实世界（自然界和历史）时，决意按照它本身在每一个不以先入为主的唯心主义怪想来对待它的人面前所呈现的那样来理解，他们决意不怜惜地牺牲一切和事实（这里所说的从事实本身的联系而不是从幻想的联系来把握事实）不相符合的唯心主义怪想。除此之外，唯物主义没有更多意义。①

恩格斯的话表明：马克思的新唯物主义，不外是放弃西方哲学中的和事实不符合的唯心主义怪想，即从实在的事实出发，实事求是地理解人类的现实世界。这里所说的“从事实本身的联系而不是从幻想的联系来把握事实”，不过就是尊重事实的科学态度而已，不过就是“实事求是”、从事实出发思考把握问题。由此可以看出，邓小平把马克思主义哲学的精髓概括为“实事求是”是多么精辟。但是，长期以来，人们一直把“唯物主义”理解为对客观自在的自然物质世界的研究，把它当成神一样来标榜，成了一种物质崇拜——这实际上是原始的自然崇拜的反光——而不知道传统的唯物主义与唯心主义的区别和斗争，作为对世界本体的不同追求，从马克思时代起，就不再是哲学的问题了。马克思表明他早就超越了这种哲学思考：

> “唯灵论和唯物主义过去在各个方面的对立已经在斗争中消除，并为费尔巴哈永远克服。”又说，“彻底的自然主义或人本主义既有别于唯心主义，也有别于唯物主义，同时是把二者统一起来的真理”。②

这就是说，马克思为了与传统唯物主义有别，他用“真正的唯物主义”“彻底的自然主义”来标示他的实事求是的哲学立场。“唯物主义”

① 《马克思恩格斯选集》第4卷，人民出版社1996年版，第238页。
② 马克思：《神圣家族》，人民出版社1962年版，第120页。

在马克思那里，只不过是观察人类世界的实事求是的哲学立场和科学态度。“除此之外，唯物主义没有更多意义。”

进而，马克思不仅没有讨论过形而上的“物质”内容，还把以物质为对象的唯物主义作为形而上学来反对。他说：费尔巴哈早就“扬弃了无限的东西，创立了现实的、感性的、实在的、有限的、特殊的东西”作为出发点的“真正的唯物主义”①，即从具体存在的事实出发。

如果说，费尔巴哈哲学对马克思真有重大影响的话，那就在于它使马克思跳出了形而上学的哲学追求，回到了对人来说实在的可感觉的具体的“对象、现实、感性”世界中来。而马克思的哲学建构则更进一步，他的唯物主义，则是以“现实的从事实际活动的人”作为哲学思考的出发点的。因此，那种以抽象的物质崇拜为核心的、不关心人的唯物主义、物质本体论，是不符合马克思的哲学理念的。恩格斯的话表明，他早就在做这种清除物质崇拜或唯物主义崇拜的工作了。奇怪的是，为什么我们今天还有一批哲学家仍对此咬住不放并把它强加给马克思呢？要知道，关于“物质世界”，早就成了自然科学的领地了。在自然科学的物质概念之外再构造一个哲学的物质范畴，是一种历史的倒退。

如果这一理解是对的，那就是说，以物质为本体、为基础的即建立在物质崇拜基础上的辩证唯物主义，离马克思的哲学理念很远。马克思的“新唯物主义”，不过是要求实事求是地从哲学上对待人类世界、人类所面对的“对象、现实、感性”的态度性、方法论的唯物主义。这也就是说，在马克思那里，如果以物质为基石的唯物主义站不住脚，那么，“辩证唯物主义”也就无立足之地，因为它正是以形而上的物质为基石的。它强调的不过是把辩证法引进这种物质世界之中，追求自然辩证法、客观辩证法、物质世界的辩证法的辩证唯物主义。马克思是强调辩证法的，但是，以上意义的辩证法和辩证唯物主义，马克思从来没有涉及过，更不符合马克思的哲学观。把马克思没有涉及的东西作为他的“主义”，不是有借马克思之名立非马克思之实的嫌疑吗？

① 马克思：《1844年经济学哲学手稿》，人民出版社1979年版，第111页。

二、“唯物辩证法”理解范式的困境：不能表达马克思的辩证法思想

传统的“辩证唯物主义”又建立在“唯物辩证法”的基础上。这种唯物辩证法，是以自然辩证法为基础的客观物质世界的辩证法。马克思是讲辩证法的，但他讲的不是以上意义的辩证法，也不讲客观精神或整个世界的辩证法。马克思在《对黑格尔辩证法和一般哲学的批判》中明确强调：费尔巴哈早就从根本上推翻了这种本体论意义的“旧的辩证法和哲学”①。马克思在黑格尔的绝对理念的辩证法、自我意识的辩证法中，所读出来的不是物质世界的辩证法，而是作为人类世界的“推动原则和创造原则的否定的辩证法”②。它不是自然物质世界的辩证法，而是“人的自我创造过程”的辩证法，是人的生成的辩证法，即它是人类自身的存在和发展的辩证法，是人与自然关系的辩证法，它关注的是“自然界和人类生活的各个环节”之间的辩证法，是人类社会、人类世界的运动发展的辩证法。他所强调的，是从人的自然性与社会性的矛盾看待人，从人的主动性与受动性的矛盾把握人，从人类的生产力与生产关系的矛盾理解人类世界的辩证运动。这些都是在人类学高度对于人类生存发展的辩证法的把握。如果要对马克思的这些辩证法作概括，笔者认为，只能概括为人类生存发展的辩证法，或简言之——人类学辩证法，而不是唯物辩证法。另外，马克思在《资本论》的导言中所强调的他的辩证法，主要是对人类的经济活动的理论研究、理论组织、理论表述方面的辩证方法。是人类学辩证法的具体运用，是方法论的辩证法。它渗透在马克思《资本论》的整体结构中。所以，马克思所强调的“作为推动原则和创造原则的否定的辩证法”，只能适用于人类世界和对人类世界的研究和把握方式。他关于辩证法的最有名的一段话：“辩证法在它的合理形态上引起资产阶级的恐怖”，也只能

① 马克思：《1844年经济学哲学手稿》，人民出版社1979年版，第110页。

② 同上书，第116页。

适用于人类世界。马克思强调：应当把黑格尔的“辩证法，看做是真正人的生活；因为它毕竟是人的生活的抽象”①。

马克思完全没有把它还原到客观物质世界或自然界中的意思。马克思既没有“唯物辩证法”的哲学理念，而“唯物辩证法”论者也没有意识到马克思的人类学辩证法。而这种人类学辩证法，却是马克思真正的哲学创造，也是对黑格尔绝对理念辩证法的人本化改造。

所以，“辩证唯物主义”所说的“辩证法”，“唯物辩证法”所说的“辩证法”，以及传统理解的本体论的、自然界的辩证法，显然都在马克思的哲学理念之外。它们在马克思那里找不到根据，因而不是马克思的哲学建构，不是马克思的“主义”，不能概括马克思的哲学精魂。当代马克思主义哲学家俞吾金先生就指出：“在我们看来，恩格斯谈论的所谓自然辩证法实际上是不存在的。”②

这也就从自然基础上否定了所谓的唯物辩证法的存在。“唯物辩证法”是强加给马克思的形而上学的虚构，马克思是不作形而上学的虚构的。对这个先贤早就论证了的问题这里之所以还需要絮叨，在于这种主张在我们这里今日还大有人坚持，甚至还牢固地统治着一些人的思想。这不是以非马克思的东西代替真实的马克思主义吗？

三、“历史唯物主义”理解范式的困境：不能概括马克思的广泛哲学构建

在“辩证唯物主义”哲学体系中，通常把历史唯物主义作为马克思主义的社会历史观，这一定位应当说是恰当的。但是，反对辩证唯物主义的学者认为：历史唯物主义才是马克思和马克思主义的正宗哲学。的确，马克思真正强调并对其核心理论作了阐述的，是其“唯物史观”。它从人类必须生产自己的物质生活资料及其生产力出发，解释人类社会及其历史发

① 马克思：《1844年经济学哲学手稿》，人民出版社1979年版，第128页。

② 俞吾金：《重新理解马克思》，北京师范大学出版社2004年版，第331页。

展，这是他的哲学创造。但是，把马克思所说的“唯物史观”上升成为历史唯物主义哲学，这一步走得太远，并不是马克思所希望的。

这里，我们要注意马克思所强调的如下思想：其一，马克思表明，他之所以强调“历史”，在于当时的德国理论界仍然深受黑格尔唯心主义历史观的影响，处处张扬“历史”，强调以唯心主义历史观解释人类社会，因此，马克思不能不与盛行于德国思想理论界的唯心史观针锋相对，也以“历史”来说事。“历史”一词属于针砭时弊的、不得已而用之的词语，是出于当时德国的现实斗争的理论需要。[①] 这也就是说，在“历史”背后有更深刻的东西（人类）存在。其二，马克思明确强调：历史的前提不能不是人，不能不是人类：“全部人类历史的第一个前提无疑是有生命的个人的存在。”[②]“人类”不能不比其“历史”更根本。其三，马克思在建立自己的这种唯物史观时，强调他的出发点是人，是从事实际生活的“现实的个人”，即人是他的唯物史观的出发点。在他看来，“历史无非是人的活动而已”。

把以上三点结合起来就可以说：历史不能不是人类的历史。在马克思那里，历史不是无主体的历史，“人类”是历史的主语，“历史”是人类的谓语。因此，马克思唯物主义历史观的实质是唯物主义人类观，人类是历史的本源和本体。没有人类哪来历史？而“历史唯物主义”却不能不把历史当成本源和本体，强调历史而放逐人类，见史不见人，从而离开了马克思哲学的真精神。

这就是说，把唯物史观放大为独立的“历史唯物主义哲学体系”，就把历史观背后的人和人类给遮蔽掉了，所以，萨特称之为“人学的空场”。突出历史规律而放弃对人的研究和关怀，背离了马克思哲学的真意。它忽视了这样一个最浅近的真理：历史的主体不外就是生活着、活动着的人类。因而，关于历史的哲学，其深层根据不能不是关于人类的哲学。脱离开了人的“历史”，没有以人为本的“历史”，不是真实的而是抽象的“历史”。正是在这样的意义上，马克思说把他的理论理解为历史哲学，是

① 马克思、恩格斯：《德意志意识形态（节选本）》，人民出版社2003年版，第22页。
② 同上书，第11页。

对他的侮辱。但是，长期以来，人们只限于对马克思文本的局部字面理解，而没有理解这些字面背后的深意。

进而，马克思在《关于费尔巴哈的提纲》中，明确表示他的哲学是以人类为立足点的“新唯物主义”哲学，这一哲学是“从主观方面”、从“人的感性活动”来理解“对象、现实、感性”即具体的客观世界。后来，当马克思研究历史时，又提出“唯物史观”，这只是前者向物质生产、向历史领域的深入。把它扩展为代替或淹没前者的历史唯物主义，把它当成马克思的全部哲学建构，在逻辑上就不能不把马克思明确强调的新唯物主义排除在外。因为前者不可能逻辑地包含在“唯物史观”这种历史观之中，它的涵盖范围比唯物史观更大。相反，“唯物史观”的内容倒是可以逻辑地概括在“新唯物主义”里，二者是作为整体的世界观与作为部分的“历史观”的关系。因而，把马克思所说的“唯物史观”扩大为历史唯物主义哲学体系，扩大为世界观，既不符合马克思的本意，也不能概括马克思的哲学建构。有的学者也看出了这一点，因此力图提出以人为起点的、能概括更广泛内容的“广义历史唯物主义”。笔者认为，一旦实现这种概括，就不能不上升到人类学唯物主义的地平线上来。

结论是：在马克思、恩格斯那里，关于历史的唯物主义观点，实质上不过是关于人类的唯物主义哲学之一部分。由于马克思把人所改变的自然界叫做“人类学的自然界”，因此，关于人类世界的唯物主义哲学，当然可以概括为“唯物主义人类学—哲学”，简称为“人类学—哲学”。从这一哲学立场看，“历史”不能不是“人类”这一主体的一大特性。“人类”是源，“历史”是流；“人类”是历史的主体，“历史”是人类的特性。因而，那种“以流代源”、以“特性”代替那产生特性的“主体”，难道不会遮盖马克思哲学的本真所在吗？

恩格斯曾经说过，他的哲学理论工作（被后人概括为辩证唯物主义哲学体系）马克思是知道的。对此我们无权否认，但同样重要的是，马克思对恩格斯早年的“经济学大纲”大加赞赏（而恩格斯不是一位经济学家），而对其“作为分工”的哲学理论构建，却从来不见有任何肯定意见。实际上，二人不仅在哲学观上不同，二人的哲学立场也是一个站在主观的、人的（准确地说是人类学的）立场上思考哲学，一个站在客观的、自然的立场上思考哲学。如果马克思要表述意见，二人就可能会陷入哲学争论之中。

四、“实践唯物主义”理解范式的困境：不能把握马克思的人类性意蕴

改革开放以来，我国形成的一种新的哲学思潮，就是以“实践唯物主义”来概括马克思哲学。笔者也是“实践唯物论”这一哲学思潮的最早提出者之一（1985 年在全国“马哲史”会议上）。但是，仔细想来，这一理解也难以表达马克思哲学的真精神。这首先是由于：“实践唯物主义”一词本身是个值得在逻辑上商榷的概念：如果其所“唯”之“物”是指自然物质世界，那就和前述的“唯物主义”或“辩证唯物主义”归于一流；如果所“唯”之“物”是指人的物质生产实践，那就和“历史唯物主义”归于一流。而如果所“唯”之“物”是指一般意义上的抽象的“实践”，那再加上“实践”一词作定语就有同语反复之嫌，从逻辑上看，“实践唯物主义”这一概括不能成立。如果这是指以实践解释一切，那只能叫“实践主义”或葛兰西的“实践哲学”，加上“唯物”好像多余。至于被实践唯物主义学者引以为据的马克思的“实践的唯物主义者”一词，不过是指那些敢于正视不合理现实而从事实际的革命改造活动的人（即共产主义革命者）而已，决非是为一种哲学下定语。如果马克思有这种哲学意识，他早就会把“的”“者”去掉，以“实践唯物主义”来称呼他的哲学了！马克思没有这样做，正好表明马克思没有所谓的实践唯物主义哲学思想。

把马克思哲学理解为“实践哲学”“实践唯物主义”的依据，主要是《关于费尔巴哈的提纲》（以下简称《提纲》）。的确，马克思非常强调实践。在《提纲》的十一条中，有七条讲到实践。但是，马克思是把“实践”当做哲学对象来论述的还是当做新哲学的思维方法来论述的？这是问题的关键。可以说，马克思的“新唯物主义”，的确是把实践作为观察理解世界的根据的，但那只是一种“实践的思维方式”而已（高清海），并不是要以“实践”为对象构造一种哲学。实践既然不是马克思哲学思考的

对象，而只是马克思思考人类世界的方法方式，实践唯物主义哲学就不能成立。

那么，《提纲》创立了怎样一种哲学呢？《提纲》的提出主要是批判费尔巴哈哲学的，费氏哲学是从人的自然本性上研究人的自然人本主义哲学或者说哲学人本学，“人”就是他的哲学探讨的对象。对这一对象，马克思没有批判，表明马克思保留了这一哲学把人作为对象的合理性。马克思的批判主要在于如何把握“人”这一对象：他一是批判费尔巴哈从人的自然本性上理解人，强调人的“社会性”，要求从“社会关系”上把握人；二是指出社会生活在本质上是实践的，因而要求从实践上理解和把握人与人类社会，而不能满足于把自然性的“感性的人”作为对象。这样一来，实践在这里主要是理解人类世界的手段性的即方法论意义的实践。例如，《提纲》的第一条①，主要是要求从实践的视界理解事物和世界，这是方法论的；第二条②，主要是讲实践对于理论的优先性，这是认识论和方法论的；而第三条③，主要讲要从实践上理解“人的改变”与“环境的改变”的一致性，这里的“实践”依然是理解人和世界变革的手段，依然是方法论的；第五条④，是对实践本身的解释，即它是“人类感性的活动”，它表明人类是实践的主体，实践不过是人的活动方式而已，这是解释论的；第八条⑤所强调的“实践的理解”，即从实践上理解人类的社会生活，认为这是理论正确性的前提，这属于真理论范畴；第十一条⑥讲“改变世界”，把实践作为改变世界的手段，这依然是方法论的。所有这些

① “从前的一切唯物主义——包括费尔巴哈的唯物主义——的主要缺点是：对事物、现实、感性，只是从客体的或者直观的形式去理解，而不是把它们当做人的感性活动，当做实践去理解，不是从主观方面去理解。”

② “人的思维是否具有客观的真理性，这不是一个理论的问题，而是一个实践的问题。”

③ “环境的改变和人的活动的改变的一致，只能被看做是并合理地理解为革命的实践。”

④ “费尔巴哈不满意抽象的思维而诉诸感性的直观，但是他把感性不是看做实践的、人类感性的活动。”

⑤ “社会生活在本质上是实践的，凡是把理论导致神秘主义方面去的神秘东西，都能在人的实践中以及对这个实践的理解中得到合理的解决。”

⑥ “哲学家们只是从不同的方面解释世界，而问题在于改变世界。”

“理解”，都是要求把实践作为观察理解人和人类世界的手段，因而都是方法论而不是对象论、“本体论”的。把它概括为“实践的思维方式”是比较符合马克思原意的。

需要分析的是第九条①：马克思强调一种“把感性理解为实践活动的唯物主义”，表面看，这里好像讲的就是“实践唯物主义”。但是，这是针对费尔巴哈的：费尔巴哈反对抽象的无限的东西，强调以现实的感性的对象和感性的人作为哲学的对象，这是他的哲学进步。但是，他直观地理解这种“感性对象”，而不知道人的感性在于他的活动：“人的感性活动”，即实践。因此，他不能从实践上来理解人。注重自然性的“感性对象”还是注重实践性的“感性活动”，是费尔巴哈与马克思的本质区别之一。马克思批评道：“他承认人也是‘感性对象’。但是，他把人只看做是‘感性对象’，而不是‘感性活动’，因为他在这里也依然停留在理论的领域内，没有从现有的社会联系、从那些使人们成为现在这种样子的周围生活条件来观察人们。”② 由此可以看出，马克思这里所强调的依然是从“人类感性的活动”即从实践来观察理解人，依然是理解人类世界的方法论，而不是把实践作为哲学思考的对象。“实践”作为在康德、黑格尔哲学中就闪闪发光的词，马克思怎么会把它作为自己的哲学对象呢？马克思的朋友魏德迈就强调“实践哲学”，马克思却只字未说，这一情况表明了马克思对“实践”的态度。至多只能说，马克思把“实践”作为他创立新哲学的观察手段。事实上，马克思是不会把任何抽象概念作为自己的哲学探讨的。我们要强调的是：马克思把“实践”理解为“人的感性活动”“人类感性的活动”，即实际创造着自己的物质生活和精神生活的人的活动。就是说，马克思把人视做实践的主体，实践不能不是人的实践，人是实践的主体。这也就是说，要想理解马克思哲学，就应当从人类的实践深入到实践的人类中，这就不能不过渡到人类学唯物主义哲学中来了。

马克思在《提纲》中明确强调的“新唯物主义的立脚点是人类社会或

① “直观的唯物主义，即不是把感性理解为实践活动的唯物主义，至多也只能做到对‘市民社会’的单个人的直观。”

② 马克思、恩格斯：《德意志意识形态（节选本）》，人民出版社2003年版，第22页。

社会化的人类"①。这句话，再明白不过地强调了马克思的哲学是关于"人类世界"的哲学。如何把握人类世界？《提纲》表明，要从"人的感性活动"即从"实践"的立场出发理解和把握人类世界。"实践"的意义就在这里。这，就是马克思最基本的哲学理念。这一哲学理念表明：第一，马克思"新唯物主义"哲学的对象是人，是从事感性的实践活动的"现实的个人"和他们的集合：人类；第二，实践只是观察把握人类社会、人类世界的立场、视角、手段和方法，因为"社会生活在本质上是实践的"。

实践既然只是理解把握人类世界的方法手段，那它就是一种思维方式，一种实践的思维方式，这一点高清海早就指证出来了。他不赞成"实践唯物主义"或"实践哲学"而提出方法论的"实践思维范式"，实在是入木三分。

于是，问题就被归结为：是应当从对象上还是应当从方法上命名一种哲学呢？从对象上命名，即把它定位在是关于人类世界的唯物主义哲学，那就应当称之为人类学唯物主义，而不应当叫做实践唯物主义。实践只是人类学唯物主义哲学的思维范式、思维方式。

总之，"实践唯物主义"范式之所以不能概括马克思的哲学思想，一方面，在于这一提法没有跳出传统的形而上学本体论的哲学思维框架（所以后来就不能不出现"实践本体论"），而这是马克思早就抛弃了的；另一方面，称之为"实践唯物主义"或"实践本体论"，都难免把方法论的东西当成了"本体性的"对象论，从而以末代本，以偏概全，遮蔽了马克思真正的哲学创造。

出于同样的原因，西方马克思主义所谓的"实践哲学"的提法，也没有把握住马克思哲学的特质。在今天，"实践哲学"只是对现代一些具有实践意义的哲学的统称，它包括现代哲学的许多不同的流派，如存在主义、实用主义等。马克思哲学当然属于"实践的哲学"、行动的哲学，但不能用实践哲学来概括。他主要是从实践的思维方式观察世界，但他所建立的不是关于实践的哲学，而是关于进行着实践活动的人类的哲学。谈论

① 马克思：《1844年经济学哲学手稿》，人民出版社1979年版，第17页。

脱离开人的实践不能不走向形而上学。实践的主体是人类，实践只是人的一种功能、一种活动，因此，它像“实践唯物主义”的提法一样，把马克思哲学思想中的丰富的人类性意念，都排除在外了，从而阻挡了人类学唯物主义的理解道路。这种多方面曲解了马克思的哲学本意的理解，怎能以马克思主义哲学自居呢?

事实上，许多哲学家都深深感到“人类性”在马克思哲学中的重要。西方马克思主义者广泛地把马克思哲学称为“人道主义”“人本主义”“人的解放哲学”等，已经注意到人在马克思主义哲学中的地位。改革开放后，我们有“人学”“人的哲学”“类哲学”等的提出，同样注意到了马克思哲学的人类性特质。但是，“人学”突出了个人和人的一般性问题，而排挤了马克思所关心的“人的社会问题”和“人类问题”；“类哲学”突出了“类”而排挤了“个体的人”。在马克思那里，他总是把“个人”与“类”、人的个体性与类本质作为同一个东西来把握的，而不是抽象的关于“人”或关于“类”的哲学。在他那里，个人与类，人的活动与人类社会，人的生存与人的发展，人的生产与人的实践，人道主义与人的解放，等等，都是相通的。问题在于如何找到一个立足点，把马克思的这些哲学理念都统一起来。这就是本文所要努力探索的方面。本文提出的人类学唯物主义哲学，在多大程度上把握住了马克思哲学的真精神，这可以从马克思更广泛的哲学理念体现出来。

五、超越困境：走向人类学—哲学范式的构建[①]

前面的讨论表明，传统的辩证唯物主义、历史唯物主义，新近强调的实践唯物主义等等，都不能概括马克思的哲学开创。所有这些从某一范畴出发的理论，都不能不陷入片面性困境。至于人道论、生存论、交往论、人学、类哲学等等，更是从一定侧面对马克思某一哲学理念的突出强调。

① 为了尊重传统的提法，我们仍然用“唯物主义”概念表达马克思的哲学态度和哲学方法。实际上，作为态度和方法的唯物主义可以省略，而直接称之为“人类学—哲学”或“实践的人类学—哲学”，但这需要另外论证。

不过，这些哲学主张所强调的唯物性、辩证性、历史性、实践性、人道性、生存性、交往性等特质，虽然任何一个范畴都不足以概括马克思哲学的对象，然而，却都这样那样地把握住了马克思哲学的某种特质：它们都不外是“人和人类”这一对象的性质，都不外是人类性的某种体现。问题是，能不能找到一种对象，把所有这些性质都包含于自身之内呢？能！这就是马克思所说的“以人类社会或社会化的人类”为立足点的唯物主义人类学—哲学范式。“人类”是一种对象性、社会性存在，是个体与类群的集合，只要抓住人类，这些特性作为人类的特性就会获得统一的生命，成为马克思唯物主义人类学—哲学范式中的特征性规定。所以，“人类”或曰“人类的存在”，人的生命存在和人的社会存在，才是马克思哲学的对象性、本体性的东西。因此，只有把马克思哲学概括为是关于人类世界的哲学，即唯物主义人类学—哲学范式、人类学—哲学才比较恰当。考虑到作为“人的感性活动”的实践在人类生存发展中的重要性（它是人的生存发展方式），可以概括为实践的人类学—哲学。只有这样才可以把以上特性都包含在自身之内：它们的正确名称应当是人本唯物论、人本辩证法、人本历史观、人本实践论等等。在这一视野下，这些特性都只是马克思哲学的定语而不是马克思哲学的主语。

然而，要走上这一步有一个前提，这就是要从传统的对马克思本人的片面理解中走出：传统观念把马克思理解为阶级性的马克思，而不是人类性的马克思。这种观念认定马克思的学说是以阶级斗争和无产阶级专政为纲的，马克思是无产阶级的马克思。今天看来，这一理解只能是一种片面的理解。它只是把握住了马克思阶级性的一面，而没有把握住马克思人类性的一面。世界历史发展到今天，是到了全面理解马克思、深刻理解马克思的时候了。这就是应当从与“阶级性”有别的“人类性”这一广义立场上理解马克思和马克思主义：我们应当注意到，马克思理论中更广泛、更重要、更深刻的内容，是以“人类性”为根基、以全人类的合理生存与自由解放为目标的，这一方向形成了广义的马克思主义理论。马克思大量提出和关注了与阶级性相反的人类性、人的类特性理论。诸如：人，人性，人的尊严，人的本质，人的本性，人是人的最高本质，人的自由个性，人的全面发展；人的生命，人的需要，人的生存，人的发展，人的自由，人的活动，人的交往；人与动物的区别；人的本质力量，人的主动性与受动性，人自身的辩证法；人的感觉、欲望、意识、思维、理性、认识、精神；人类学的自然界，自然界的人类性，感觉的人类性，人本主义，人道主义，自然主义；等等。并且给人类性即人的类特性下了定义："自由自觉的活动恰恰就是人的类特性。"① 这些论题以及这里给人的类特性所下的定义，显然是他对全人类的关怀所形成的人类性理论。马克思的唯物主义人类学—哲学范式，就是建立在这种人类性理念之上的。

前述诸种主义，之所以不能概括马克思哲学的精魂，在于它们都不能站到广义立场上来。所以，它无法面对马克思自己高举的哲学旗帜——"新唯物主义的立脚点是人类社会或社会化的人类"，都无法以"人类"这一哲学理念为依据，全面把握马克思哲学和马克思主义。

从世界历史发展考虑，从马克思主义的新的生命力考虑，马克思主义的当代发展，不是固守其狭义的方面，而是要适应当代"世界历史"发展的要求，创建以人类解放为宗旨的广义马克思主义理论。它不是哪个民族的，也不是哪个阶级的，它属于全人类，因为马克思属于全人类。事实上，马克思的《资本论》，也是为人类解放服务的，他的"剩余价值"所体现出来的哲学精神，主要在于"剩余价值"不应当为"资本"所独占，而这就是以人类正义为核心的追求人类合理生存的哲学精神。世界历史在当代的发展形势，需要出现能概括马克思一生理论宗旨的广义马克思哲学，需要能把马克思全部理论统一起来的广义马克思主义哲学。而这，只有唯物主义人类学—哲学范式哲学方可胜任。

在全球走向现代化的今天，在全球问题日益尖锐而人类步入生存风险的时代，开拓、发展马克思的广义哲学理论，将是马克思主义在21世纪振兴的基础。

（原载《学术探索》2007年第5期，第1－6页，《高等学校文科学术文摘》，2008年第1期摘发，第143－144页）

① 马克思：《1844年经济学哲学手稿》，人民出版社1979年版，第50页。

从对马克思主义哲学的据点式发展跃向整体式发展

回首新中国成立60多年来，我国马克思主义哲学的发展，可以说，是个在接受苏联的马克思主义哲学体系的基础上，有自己的逐步深入转换的发展过程。这种深入转换和发展，表现在两方面：一是发展据点的更新即转换；二是在每一个据点中由浅入深、由片面到全面的发展。我们这里主要讨论前一方面。

一、对马克思主义哲学的诸多据点式发展

（一）以“物质”和“辩证法”为据点的“辩证唯物主义”

新中国成立初期我们所接受的苏联在20世纪30年代所构建的马克思主义哲学，是建立在两大理论据点之上的理论体系：其一是“物质”；其二是“辩证法”。根据这两个据点建成的辩证唯物主义哲学体系，力图把唯物主义发展的核心成果——物质概念，与主要在唯心主义体系中发展起来的核心成果——辩证法概念，结合成一元性的理论体系。应当说，这一结合是大体成功的。它的成功在于既概括了唯物主义哲学史的成果，也概括了辩证法发展史的成果。由于这一哲学是以物质为本体的本体论哲学，我们在20世纪50年代全盘接受过来之后，60年代前后主要根据列宁《哲学笔记》中的“辩证法也就是黑格尔和马克思主义的认识论”的思想，作了一些认识论的理解和发展。毛泽东当时也说“哲学就是认识论”

(1965)。至于把辩证唯物主义“应用”于社会历史而形成的历史唯物主义，已属于低一层次的理论，有的学者就不把历史唯物主义视为可以与辩证唯物主义平起平坐的哲学（所以，本文不对其进行讨论）。

把这一理论放在马克思、恩格斯的思想体系中看，立刻就会发现：它的以“物质”为据点的“唯物主义”，既不符合马克思的思想，也不符合恩格斯对哲学的见解。马克思所说的唯物主义，不过在于“按照事物的真实面目及其产生情况来理解事物”[①]，正如恩格斯所强调的那样，他们的“唯物主义不过是抛弃任何不切实际的唯心主义怪想而已，除此以外没有别的”[②]。即不过是立场性、态度性、方法性的唯物主义。这就否定了以物质为据点的唯物主义的合法性。因为他们清清楚楚地知道，以物质为据点的唯物主义，不过是康德的法国唯物主义所达到的结果。至于“辩证法”，特别是建立在物质世界内部的辩证法，马克思、恩格斯都没有说过。马克思所说的辩证法，主要是指人类世界的辩证法和辩证方法。恩格斯借助自然科学，力图发现自然界的辩证法基础，建立辩证自然观，他的《自然辩证法》不过是这一努力的还不成熟的一些札记。他在公开理论场合，倒是把辩证法作为方法论来强调的。在晚年他明确指出：“对于已经从自然界和历史中被驱逐出去的哲学来说，要是还留下什么的话，那就只留下一个纯粹思想的领域：关于思维过程本身规律的学说，即逻辑和辩证法。”[③] 这话明确否定了自然辩证法作为哲学的合理性，强调辩证法不过是思想领域的东西。既然在马克思、恩格斯那里都找不到这两个据点，辩证唯物主义作马克思主义哲学的合法性就自然成了空壳。所以，改革开放后我国马克思主义哲学思想的发展，就不能不以否定“教科书”的形式来否定这一体系了。

还在马克思时代，对物质的认识已由哲学的领域转移到了自然科学领域。在自然科学的物质概念之外另外构造一个哲学性的物质概念，不能不是多余的。它对于现代科学与精神文化来说，已失去了哲学启迪的意义。从提出这一体系的狄慈根和普列汉诺夫来说，他们都不是严格意义上的哲

① 《马克思恩格斯全集》第1卷，人民出版社1956年版，第47页。
② 《马克思恩格斯选集》第4卷，人民出版社1996年版，第238页。
③ 同上书，第237页。

学家，更不是现代哲学家，只能站在近代哲学的立场上作出这一概括。这对于马克思所达到的反对一切形而上学的现代哲学境界来说，不能不是一种倒退。正是由于把马克思主义哲学概括为辩证唯物主义，马克思真正的哲学创造就不能不被遮蔽。

（二）以“历史”为据点的“历史唯物主义”或“历史哲学”

对马克思主义哲学的理解，最接近马克思、恩格斯思想而又最有文本基础的，是以“历史”为理论据点的历史唯物主义的提出。马克思和恩格斯对他们在《德意志意识形态》中所强调的“唯物史观”都比较重视，后来恩格斯称之为历史唯物主义，这一强调既是完全符合当时的社会历史任务的，又是以人为基础的。其核心是把历史理解为人的活动：马克思、恩格斯都强调“历史不过是人的活动而已”。但是，后来的辩证唯物主义对于历史唯物主义的构建，则是抛开人的主体地位，单纯地以《政治经济学批判导言》中的生产力逻辑为根据，以物质生产的“铁的规律”形成其理论体系，从而忽略了《德意志意识形态》中所强调的人的本源性、主体性和能动性，这就不能全面理解马克思、恩格斯思想。

我国在20世纪90年代之后对于历史唯物主义的强调，则是出于对以上辩证唯物主义和实践唯物主义的否定而产生的。的确，这两种理解体系，都不能不降低历史概念在马克思主义哲学中的重要性。

但是，当时对历史唯物主义的强调，一开始仍然是传统理解的理论框架，即没有人的地位的历史唯物主义。所以，进入21世纪初，一种包含人的或者说以马克思的人的理论为基础的“广义历史唯物主义”就提了出来，最近又进了一步：提出了把马克思的人与自然的关系也包含进来的“大历史唯物主义”。但是，不论怎样，只要我们强调的是历史唯物主义，就不能不是以“历史”为据点的对马克思主义哲学的解释体系。至于中外都有的“历史哲学”的提法，更把这一据点发展到极端。这种以历史为据点的理论，如何把创造历史的人、人类，把人与自然界的生态关系放在主导地位，是个迄今还没有解决的问题，因为以历史为据点不能不排除人的主导地位。

值得注意的是，马克思明明只把自己的观点称之为“唯物史观”，而并不称之为历史唯物主义。作为历史观，只能是某种哲学的历史观，从产生的时序上说，也只能是他的“新唯物主义”哲学发展深化出来的历史观。马克思并没有把它上升到一种哲学的高度。他明确强调：唯物史观作为“对现实的描述会使独立的哲学失去生存环境，能够取而代之的充其量不过是从对人类历史发展的考察中抽象出来的最一般结果的概括。这些抽象本身离开了现实的历史就没有任何价值。它们只能对整理历史资料提供某些方便，指出历史资料的各个层次的顺序。但是这些抽象与哲学不同，它们绝不提供可以适应于各个历史时代的药方或公式”①。正是在这一意义上，马克思反对把它作为历史哲学来看待。但是，以历史为据点的历史唯物主义，无论从逻辑上说还是从事实上说，都不能不违背马克思的告诫而把它发展成为一种历史哲学。

无可否认，“唯物史观”是马克思哲学思想发展的峰尖。然而，如果只看到这个峰尖而不顾马克思构建的整个哲学高山，那不仅不能全面理解马克思，还会曲解马克思。事实正是这样的。

近来有的同志也看到仅仅以历史为据点不能概括马克思主义哲学，提出了辩证的、实践的、历史的唯物主义。但是，据点加据点不能等于整体，正如所有部分的加和不等于整体一样。

（三）以“实践”为据点的实践哲学或实践唯物主义

在中国，“文化大革命”之后，政治上的改革开放为哲学发生革命性变化开辟了道路。哲学界鉴于“文化大革命”时代精神导向的迷误，提出了“实践是检验真理的唯一标准”，这虽然饱含政治含义并且还是在认识论的范畴内提出来的，但是对“实践”的哲学关注，很快就在中国兴起了实践唯物主义和实践哲学思潮。

对马克思主义哲学的实践哲学（发源于葛兰西）和实践唯物主义（发源于南斯拉夫）的理解，就其抛弃物质和辩证法这两个理论据点来说，显然是一种革新。这比起“物质”和“辩证法”两个据点来，显然更具有经典文本依据。而当它以“实践”为据点重构马克思主义哲学时，立刻就

① 马克思、恩格斯：《德意志意识形态（节选本）》，人民出版社2003年版，第18页。

超越了对“实践”的传统的认识论理解，而不能不上升到本体论层次，所以，“实践本体论”的产生就是这一思潮的必然产物。

实践哲学和实践唯物主义从一开始提出之时，就是把“实践”作为一个本体论的据点提出来的。葛兰西指出：“实践哲学的创始人（马克思）是从来不把自己的哲学叫做唯物主义的。”① 这就是说，“实践”超越了唯物主义与唯心主义的对立，它本身就是自足自立的本体论意义的实践。这一理论的发展一方面发现了实践在马克思哲学中的重要地位，另一方面力图构建一个以实践为核心的对周围世界和社会历史的统一解释理论，这就不能不把实践作为一个形而上学范畴突出出来，成为理解世界的根据。于是，我们在进入马克思时同时又走出了马克思：因为在马克思那里，实践不过是人和人类的一个谓语，他所说的实践都不过是对具体的、活生生的从事实际活动的人的界说，不过是人的生存方式、生活活动以及改变世界的方式和手段而已。它表明的不过是人和人类世界的一种特征，他以“人类的感性活动”来界定实践。而实践唯物主义和实践哲学则把“实践”作为一种脱离人的抽象的主语来运用，否则就不能作为理论生发的据点来解释一切。至多，只能把实践理解为“人的（生成的）本体论”“社会历史的本体论”（笔者1985年提出的观点）。但是，学术界却把它发展成为解释人的周围世界甚至客观世界的“实践本体论”。这种把实践作为本体论的实践唯物主义和实践哲学，同样背离了马克思和恩格斯哲学的真旨。它充其量不过是强调了实践在马克思主义哲学中的重要地位而已。有关学术界至今未能形成一个以实践为基点的实践唯物主义或实践哲学的理论体系，表明把实践作为理论据点的先天软弱性。相反地，人们对于实践的研究，则从观念论进路、伦理学进路、本体论进路、生存论进路向后现代进路发展（徐长福），特别是把实践与人的生存问题联系起来，在21世纪初又发展出了备受关注的生存论哲学。但是，谁的实践？谁的生存？这就不能不走向对实践和生存主体即人和人类的关怀，从而预示了对实践的人类学理解方向的到来。

① 葛兰西：《实践哲学》，重庆出版社1990年版，第152页。

（四）以“解放”为据点的“解放哲学”

马克思的解放理论，恩格斯当然是知道的，但是，他没有上升到哲学范式的高度来理解。倒是伯恩斯坦，充分理解到“人的解放”在马克思哲学思想中的重要性，从哲学上突出了马克思的人类解放理论，以“解放”为理论据点把马克思的哲学理解为“解放哲学”。这是第二国际对马克思主义哲学理解上的重要贡献。后来伯恩斯坦一直被作为修正主义分子进行批判，马克思的“人的解放”“全人类解放”这种人类性诉求，也就一直不被重视，成了无产阶级解放的附属物，转化成了阶级性诉求。

马克思这一思想的光辉，在我国改革开放的时代天空中再一次闪耀出它的万丈光芒。近来一些同志纷纷强调马克思的哲学就是解放哲学。这当然比以前的诸多理论都更接近马克思的哲学思想。

但是，正如实践哲学不能不以实践为据点一样，解放哲学也不能不以“解放”为据点来构建理论体系。然而，正如我们面对前述理论，不能不追问“谁的实践”“谁的历史”那样，谈到解放，当然也不能不问：谁的解放？“解放”依然是个谓词，它的主词不能不是人或人类，无论是无产阶级解放还是全人类解放，都不能不以人为根基、为主词。是以人为根基还是以解放为根基构建理论体系，成了解放哲学的二难选择：以人为根据，就不能再是解放哲学，因为解放不过是人的诸多问题之一；以解放为根据，解放何意？人将放在什么地位？不以人为根据的“解放”显然也就失去了解放的本意。

此外，西方马克思主义对马克思主义哲学的重新理解，在我们思想领域的改革开放中也得到了理解和尊重。这些理论有一个特点，就是开始突破一定的理论据点，从一种哲学精神上来理解马克思哲学。卢卡奇一方面正确地理解了马克思的辩证法是主体与客体之间的辩证法，因而是社会历史发展的辩证法，说“认识到这种方法被限定在历史的和社会的范围内，是特别重要的”①。另一方面也深深感受到了马克思的人本论，虽然他没能全面理解，但理解了它的精神实质，把它概括为“人道主义”。认为马克

① 卢卡奇：《历史和阶级意识》，重庆出版社1989年版，第6页。

思主义哲学就是人道主义哲学。这就比较接近马克思哲学的早期出发点了。他后来提出的社会存在本体论，不能不说是对马克思哲学理念的比较好的把握。柯尔施从理论与实践相统一的角度，把马克思主义哲学理解为改变现存秩序的革命哲学，这就比较接近马克思哲学重在实践、重在“改变世界”的特质。这些无疑是对马克思哲学真旨的逼近。

当然，以一定的范畴为据点来理解马克思主义哲学，依然有强劲的势头。如以脱离社会性的抽象的“人”、一般性的“人”为据点，以脱离个体的“类”为据点（类哲学），以西方的哲学人类学为据点，等等。其实，人道主义、人本主义也是一种理论据点。好在这些主张的影响都不大。这些情况表明，以任何抽象范畴为理论据点来概括马克思哲学乃至马克思主义哲学，都不能不失之偏颇。

毫无疑问，以上以不同据点为根据、为主导的哲学，都是马克思主义的后继者们对于经典作家哲学思想的理解和结合时代需要的发展。其积极意义是应当肯定的。

问题是，每一种据点式的展开，虽然充分展现了这一范畴的哲学意蕴，但却不能不遮盖其他范畴的意蕴，从而，其他范畴也不能不以自己为据点作同样的弘扬，这就是几种据点式哲学互相争雄的原因。既然这些据点式发展不能再现马克思、恩格斯的哲学思想整体，既然这些据点式发展所形成的理论也不能互相承认，在逻辑上更不能结合起来，那么，如何突破这种据点式发展呢？

二、对马克思、恩格斯哲学理念的全面理解

上述种种据点式的理解和发展，它们之间的相互否定，说明任何以抽象范畴为据点理解马克思主义哲学，都不能不失之片面。要摆脱这一困境，当前必须全面理解马克思和深入理解马克思，看看马克思都有哪些哲学构建，而不要先用一把尺子把青年马克思的一些哲学思想打入地下，再用我们自己的理解为据点解释马克思的哲学思想。

马克思主要是一位经济学家，虽然他青年时代热爱哲学，在后来也说

他“没有哲学就不能工作”，但除了其博士论文之外，单纯的专门为哲学而探讨哲学的著作不多。因为在他看来，没有任何既有的哲学问题还值得探讨。但是，马克思作为一位伟大的人类思想家不能没有他自己的丰富的哲学思想。这些思想在他批判当时的理论思潮和时代问题时不断表达出来：

作为理论起点的1841年的博士论文，是借希腊哲学从本体论层次上来宣扬人的自由本性的（1）。

1842年在一些论文中，他一是要求新的哲学对现实世界要有干预性，称之为“真正的哲学”应当是作为“世界公民”的哲学（2）；二是提出了“用人的眼光”来观察把握世界的“人类精神的真正的视野”①，它表明马克思的广义人类学视野已经形成（3）；三是强调以“人是人的最高本质”等等为表述形式的人类学价值原则，从而创立了以人类学价值原则干预现实世界的新的哲学理念（4）。

1843年他强调其哲学的解放性，在肯定政治解放的基础上强调“无产阶级解放”和“全人类的解放”（5）。

1844年在《巴黎手稿》中，青年马克思一是强调人与自然的区别和关系、人在自然界的劳动生成和人的人类学存在（人是自然存在物、社会存在物等等）（6）；二是强调人的人类学特性和人的生命的辩证本性（7）；三是强调共产主义就是“实践的人本主义”，确立了他的哲学的实践的社会的人本立场（8）；四是强调异化劳动和劳动与资本的对立，初步建立了以人生存逻辑对抗资本积累逻辑的基本斗争方向（9）；五是强调要以人的社会性来理解人类行为，创立了社会人本论（10），同时也为人类学的实践论、历史观、辩证法、解放论等奠定了理论基础；六是提出了作为哲学范畴的广义的“人类学”这一概念，为人类学—哲学的形成奠定了理论基础（11）；七是同时确立了他的哲学的阶级性使命和人类性使命，为人类性的广义人类学—哲学判定了理论基础（12）；八是提出“自由自觉的活动恰恰抑是人的类的特性”，为人的自由本性和自由解放理论判定了理论基础（13）；九是提出了人的本质力量的对象化与自然界的人化这

① 《马克思恩格斯全集》第1卷，人民出版社1965年版，第116页。

一人与自然关系的基本哲学矛盾，为广义人类学—哲学奠定了一根红线（14）；十是提出人改变世界的两种尺度即物的尺度（科学的尺度）与人的尺度（内在固有的尺度即价值尺度）（15）；等等。

1845 年，在《关于费尔巴哈的提纲》中，他一是明确强调这一哲学的实践性，因为“社会生活在本质上是实践的”（16），这是干预性的进一步发展；二是进一步强调这一哲学的人本性，整个十一条提纲都是谈论人和“人类世界”的问题的（17）；三是明确提出他的“新唯物主义”哲学及其“立脚点”是“人类社会或社会化的人类”，指明了这一哲学是立足于社会化的人类而把握人的生存世界的哲学（18）；四是以“人类的感性活动”来理解实践，这就把实践提高到了人类学高度（19）；五是强调要“从主观方面”去理解“事物、现实、感性”即人的周围世界，创立了从人的“主观方面”即人的人类学方面理解世界的人类学世界观（20）；六是进一步强调人是“社会关系的总和”，完成了以“社会人”为根据观察理解人类社会的社会人本论（21）；七是强调要创立以实践“改变世界”即改变不合理的现实社会的哲学（22）；等等。

1846 年在《德意志意识形态》中，青年马克思和青年恩格斯一是批判抽象的人、孤立的人而探索“真实的人”，强调要以“从事实际活动的个人”作为他的哲学理论的出发点（第一章中曾五百多次提到人）（23）；二是建立了以“人的个体生命的存在”为本体的个体生命本体论（24）；三是强调人的需要，建立了人的需要论（25）；四是强调人的生存发展迫使人进行物质生产和物质交往以及它在人的历史发展中的重要性，以西欧历史为蓝本对由此导致的世界历史发展阶段作了划分，形成“唯物史观”（26）；五是强调人类生存发展的基本形式是社会共同体（27）；六是强调社会分工对人类生存发展的限制以及它的消亡与人的全面发展的关系（28）；七是强调世界历史的发展与人的自由发展（29）；八是把“自然史”与“人类史”联系进来，强调他们所关心的是人类的活动、人类史（30）；九是强调社会存在与社会意识、语言与意识之间的制约关系（31）；等等。至此，青年马克思的基本哲学理念大都得到表述，以后则是不断地深化和发展。

1847 年的《哲学的贫困》、1859 年的《政治经济学批判导言》以及后来在《资本论》中，专门讨论了作为方法论的辩证法（32），以及人类经济活动的辩证法、人类世界历史的辩证法，完成了他在人类学辩证法方面的发展创造（33）；等等。

1848年在《共产党宣言》中，马克思强调了无产阶级革命要以“每个人和一切人”的自由发展为目标，把无产阶级革命上升到人类学高度，把公有制代替私有制作为世界历史发展亦即人类发展的必然环节（34）；等等。

1858年在《经济学手稿》中，他进一步指明了人类走向自由解放的历史发展三阶段论（35）；等等。

1859年在《政治经济学批判导言》中，他一是强调了唯物主义历史观中的生产力与生产关系的矛盾运动，建立了生产力逻辑的历史观（36）；二是指出了人对世界的四种基本生存掌握方式，完成了人对世界的关系理论（37）；等等。

1867年出版的《资本论》，一是在以上思想基础上进一步提出了改变不合理世界的经济学根据，即剩余价值被资本家无偿占有（38），完成了他以劳动者的生存逻辑反对资本逻辑的斗争（39）；二是强调人类未来的合理发展方向，要以人与自然界的合理关系为前提（40）；三是强调未来的共产主义，要以“人的自由而全面的发展”为旨归，从而完成了他的广义人类学—哲学的最终目标（41）；等等。

1873年之后，他以主要精力，力图在对狭义的实证人类学和历史学的研究中，发现人类发展的一般问题（42），和它在不同社会文化环境中的特殊表现，探索不同民族的具体历史发展道路（43），进一步直接表明马克思在人类学中探索人类生存发展问题的广义人类学方向（44）；等等。

概括以上四十多种哲学理念，基本上都是马克思青年时代创立的关于人和人类世界的哲学理念。可以说，在马克思那里，在他的以科学社会主义为体现的“阶级性使命”之上，还始终存在着一种“人类性使命”，即关怀人类命运、关怀人类苦难、关心人类如何走向合理生存与自由解放的人类学情怀。

然而，除唯物史观之外，对他的所有这些哲学思想，马克思只是格言式地提出、标明、强调、显示，并未作深入阐述。由于他深入阐明了的只是它的新唯物主义哲学的历史观而不是其全部哲学，并在其上构建了科学社会主义，于是，一个以“阶级性使命”为根据的狭义马克思主义理论体系就建立起来。由于它在现实斗争中的重要性，反而遮蔽了马克思以上诸多人类性的哲学理论构建和他为全人类解放而奋斗的人类性使命。

由上面简单的考察就可以看出，前面那种以物质、以客观辩证法为据点构建的哲学，在马克思的理论文本中并没有地位。在恩格斯那里也只是得到歪曲的反映。而那种分别以实践、以历史、以解放等为据点构建的理论，在我们初步列出的马克思、恩格斯的主要哲学思想之林中也只是一种局部性理论。为了突出它们，通常做法是把这些选为据点的哲学思想无限放大，力图以它概括马克思的全部哲学思想。然而，实际上则是以这些放大了的理论遮盖了马克思的其他哲学理念，即使有些显露出来，也会被作为错误的或不成熟、不重要的说法而忽略过去。这就不能不失去了从整体上理解马克思主义哲学的立场。

显然，从整体上理解马克思，不能再以上述任何一种哲学理念为据点，于是，问题就被归结为：如何把握和概括这些哲学理念呢？如何从整体上理解马克思的这些哲学创造呢？

三、整体式发展：从广义人类学高度把握“人和人类世界”

仔细考察上述被作为据点的物质、辩证法、实践、历史等概念范畴可以发现，它们都是一些抽象性概念，都不是指具体的对象性东西：物质是个抽象的形而上的概念，辩证法、实践、历史、解放等等也是这样，它们总得是某种东西的辩证法，某种东西的实践、历史、解放。脱离开“某种东西”，它们都不能独立自足地存在。这“某种东西”是什么呢？不仅如此，前述四十多种哲学理念，也大都是对于“某种东西”的界说，它们都有一个主词，一个作为被思考、被把握的对象的主词。

这个主词，我们认为，不过就是马克思所强调的人或者是“人类社会或社会化的人类”，用他的另一个说法亦是“人和人类世界”。马克思没有讨论客观的物质世界，他所讨论的自然界也只是“人类学的自然界”，是与人组成生态一体关系的自然界。也没有讨论“整个世界”或“一切存在”。在马克思那里，只有人和人类世界才是他所关心的具体的“对象性存在”“世界历史性的存在”。显然，上列四十多种哲学理念，都不过是对人和人类世界即“社会化的人类”的种种规定性的界说。至少，这里可以初步肯定，马克思的“社会化的人类”就是他明确说出的他的哲学的对象性世界。脱离开这个对象世界，辩证法、实践、历史、解放等等便都失去了讨论意义。换言之，马克思关心的是从事物质生产的人、实践的人、历史的人、辩证的人、追求解放的人，实践、历史、解放等等都不过是作为对“社会化的人类”的某种特性的界说才有哲学意义。

这样一来，我们不必把所有据点加和起来，而只要上升到它们的主体，即人和人类世界，更切近地说是人的生存世界，那就会纲举目张，从整体上把握住马克思的种种哲学理念的内在联系。因此，人和人类世界就是能概括马克思上述哲学理念的整体性范畴。

那么，是否抓住了“社会化的人类”，就抓住了从整体上理解马克思哲学构建的法宝呢?

这里有个如何理解和把握“社会化的人类”或“人和人类世界”的问题。仔细分析马克思哲学论断的立足点、出发点和归宿点可以看出，他把握人类世界的新的哲学“眼界”，是他在 1842 年就提出的站在广义的人类学立场上所产生的人类学眼界。所谓广义人类学立场，就是全人类合理生存、健全发展与走向自由解放的价值立场。只有站在这样一种高度，才能发现上列哲学理念的内在统一性，也才能理解《经济学手稿》《关于费尔巴哈的提纲》和《德意志意识形态》等等中所表露出来的真正的哲学思想何在。最近，“马克思、恩格斯人类学”研究专家李立纲同志，就《德意志意识形态》的人类学问题指出：

马克思恩格斯的这一著作，是历史上第一部以严谨的科学态度对如此多的人类历史重大问题进行论述的广义人类学巨著；同时也是一部为马克思主义奠基的著作。①

这里，把《德意志意识形态》理解为“广义人类学巨著”是一种创造性见解，是对马克思理论事业的真正的理解。马克思早年提出的“人类精神的真正视野”，就是马克思自己创立的广义人类学视野。事实上，在马克思时代，人类学一方面以文化人类学、民族人类学这种狭义的具体实证学科的形式开始发展起来；另一方面，自康德的《实用人类学》出现之后，一种超出具体的人类学问题而上升到人类的一般问题对人类进行哲学思考的广义人类学思潮也出现了。马克思由于对“人类幸福”“人类苦难”“人类命运”即人类生存问题的极端关心，自然从一开始就自觉不自觉地参与开创了这种广义人类学思潮，以这种思想理念构建了他关于人类世界的哲学理论。

在《德意志意识形态》中，无论是对于费尔巴哈还是对鲍威尔与施蒂纳的批判，都主要在于批判他们的错误的人的观念，力图弘扬一种正确的人的出发点，这就是“从事实际活动的个人”“现实的历史的人”，即社会性地真实地存在着的个人。他力图从这种“真实的人”出发把握他所说的“人和人类世界”的诸多问题。

上面随便列出的四十多种哲学理念，都是马克思、恩格斯在不同时间针对不同理论问题而表露出来的广义人类学—哲学理念，是他们从广义人类学视角提出的关于社会化的人类、关于人类世界的新的哲学理念。所以，我们把马克思在这种广义的人类学高度的哲学构建，称之为广义人类学—哲学或实践的人类学—哲学等，这是一种以人类世界为对象的人类学唯物主义。顺便指出，这种广义人类学思潮，在马克思之后，在舍勒那里，最终发展成为一种“哲学人类学”，即从哲学上对人类一般问题进行研究的一般人类学。它和马克思的广义人类学—哲学的根本区别在于：能不能深入人类的具体社会问题之中，关不关心解决人类生存发展的具体问题，即有没有社会历史性。所以，马克思的广义人类学—哲学是他所独创的全新的哲学，而绝不是什么西方已有的哲学人类学。

① 李立纲：《马克思恩格斯人类学编年史》，云南民族出版社2009年版，第88页。

总结过去是为了今后发展。马克思主义哲学在我国60年的发展表明，未来马克思主义哲学的发展，不能再从任何抽象的理论据点出发，而必须上升到人类学高度，直接站立在“社会化的人类”这种人类学立场上，把“人和人类世界”作为马克思主义哲学的研究对象。只有在“人和人类世界”这种对象性存在中，我们才能发现实践、历史、辩证法、解放论等等在人类的生存发展和走向自由解放中的地位，把以唯物、辩证、实践、历史等等为据点的哲学开拓，在广义人类学—哲学的高度中重新统一起来，并在这种整体性高度的统一中争取有比较大的、适应于当代世界历史发展需要和我国改革开放的理论要求的发展。

这两年国内最热切的哲学话题，是马克思主义中国化问题，我们想强调的是，只有首先深入理解马克思哲学的真正特质，马克思主义的“中国化”“时代化”以及“坚持、发展”问题，才有可能得到真正的发展。

（原载《云南社会科学》2009年第6期，第78－83页）

马克思人类学—哲学范式对人和人类社会的关注

实践的人类学—哲学：以实践改变不合理世界的哲学

马克思的人类学实践论，研究的是人类生存发展的基本实现方式，是人在改变世界中改变人自身的基本活动方式。这一方式一方面创造了人，另一方面创造了人的社会生存方式。但是，全部的问题就在这里：人的社会生存方式作为由生产和生产关系维持的生存共同体，作为由统治和从属结合起来的社会层次结构体，由于人们在其中所处地位的不同，对于政治权力和经济权力的占有和掌握的不同，它在把人结合成社会共同体以便共同生存这一合理性基础上，却由于人们在结构、占有和分工等等方面的不同而产生出不合理性乃至非法性，即人们在利益上呈现出来的上层统治下层、中心统治边缘、强者统治弱者的不合理关系及由其导致的不合理存在。这种不合理与非法性利益关系和存在，如果没有正义的精神和力量的不断打压，它就会无限膨胀，出现严重的等级对立、劳动与资本的对立而危及一部分人、大部分人的生存，从而也导致共同体的生存危机，这就不能不出现社会动乱或革命。实践的人类学—哲学，作为在现代社会产生的哲学，作为维护劳动者、共同体以及全人类合理生存与健全发展的哲学，其基本任务就是要审思、发现和批判这种社会的不合理性，为实践地改变世界的不合理性、走向合理生存开辟道路。在这个意义上，马克思的实践的人类学—哲学，乃是力求以实践改变不合理世界的哲学。

一、马克思对旧哲学的批判和他对新哲学的创建

马克思生存在历史上最不合理的时代，这种不合理主要体现在两个方

面：一方面是德国封建专制主义对于自由、真理、正义的压抑；另一方面是新的工业社会中劳动与资本的严重对立，这种对立使劳动者每日劳动14个小时而还只能过非人的生活。这种权力与资本严酷统治的世界，马克思称之为“动物世界”。所以，对于立志要“为人类幸福”而工作的人，面对这种不合理世界，就不能不首先立志改变它，这就成了马克思主动承担的历史使命。在这种历史使命面前，马克思作为一个理论家，不能不运用一切理论武器进行批判。他首先选择的是哲学，但是，传统的哲学从来不是一种武器，而不过是哲学家们站在现实之外面对广袤宇宙的遐想。它虽然以追求最高真理自诩，但是，从来不关心现实世界的真理正义问题。所以，马克思对这种传统的形而上学哲学，从一开始就抱着批判、轻蔑的态度，正如他轻蔑一切统治阶级的意识形态一样。他对现行德国哲学的批判，代表了他对一切既有哲学的批判：

> 这些哲学家没有一个想到要提出关于德国哲学和德国现实之间的联系问题，关于他们所作的批判和他们自身的物质环境之间的联系问题。①

> 当然，我们不想花费精力去启发我们的聪明的哲学家，使他们懂得：如果他们把哲学、神学、实体和一切废物消融在“自我意识”中，如果他们把“人”从这些语句的统治下——而人从来没有受过这些语句的统治——解放出来，那么，“人”的“解放”也并没有前进一步。②

马克思对旧哲学的讽刺和批判，甚至提出要“消灭哲学”，在于传统的哲学无法面对人类发展所遇到的现实问题。所以，马克思从一开始，就要创立“真正的哲学”，作为“世界公民”的即参与现实生活的哲学，能够“改变世界”的哲学。这种哲学是要能够“在批判不合理的旧世界中创

① 《马克思恩格斯全集》第1卷，人民出版社1995年版，第66页。
② 同上书，第74页。

建合理新世界”① 的哲学。在这种哲学意向下，马克思陆陆续续地创造出了他的实践的人类学—哲学。看不到这一点，就会说马克思没有哲学，马克思的理论不是哲学。

这里，“从不合理的旧世界到合理新世界”，表明它是直接关于人类世界的哲学，而不是关于人类生活之外的物质的、客观本体的形而上学哲学；“批判与创建”，决定了它是一种“改变（不合理）世界”的哲学，而要改变就先要认识和解释，因而它同时又不能不是为改变世界而“解释世界”的哲学。

在马克思以前，哲学一般都是力求从最简单、最根本的方面即本原性和本体性方面出发，解释整个世界，这样形成的哲学一般只能是解释世界的哲学。马克思超越了这种传统的形而上学哲学的思辨阴影，他从对人类命运的强烈关怀出发，从事新的哲学思考。这使他对整个西方哲学进行了反思，确立了他自己的新的能够改变世界的哲学方向。在《关于费尔巴哈的提纲》中，他提出了他的新的哲学纲领：

> 哲学家们只是用不同的方式解释世界，问题在于改变世界。②环境的改变和人的活动或自我改变的一致，只能被看作是并合理地理解为革命的实践。③

这里所说的“改变世界”是不是对哲学的要求？由于整个提纲是讨论哲学的，“改变世界”当然也是从哲学上说的。因此马克思就在哲学史上第一个明确提出了改变不合理的人类世界的新哲学。它鲜明地表达了马克思对资本统治世界的批判态度。正是由于这一态度，促使马克思通过自己的身体力行，在理论批判与革命实践的双重活动中，创造了这一“改变世界”的哲学的基本内涵。

马克思对“改变世界”的哲学的创立，关键在于把“作为人类生存方式的实践”引入了哲学，通过把人类学意义的“实践”引入哲学，解决了

① 《马克思恩格斯全集》第1卷，人民出版社1995年版，第516页。

② 同上书，第57页。

③ 同上书，第55页。

如何改变世界的问题，从而把传统的近代哲学的认识论问题，转化成了现代哲学的实践论问题，把在认识论范畴中对真理的争论和追求，转化为在实践活动中对于生存价值世界的追求和创造。从而，马克思不仅终结了形而上学两千年来的追问，也终结了近代哲学认识论三百年来的探索与迷惑。

由于任何实践作为人类的生存实践，都不能不是对某种生存价值性的追求，这也就开创了从实践性、价值性上考察哲学问题的新时代。这是马克思所创建的“新唯物主义”哲学的特质，也应当是马克思主义哲学的核心问题。

但是，长期以来，我们没有把实践透彻地放到改变世界的人类学价值论方面去考虑，更没有意识到它与人的生存发展的联系，而是把实践孤立出来，直接创立实践哲学或实践唯物主义，这就把马克思的哲学的人类学意义的深层特质遮挡在视线之外了。

马克思的“改变世界”，当然首先是改变人类世界。“在批判不合理的旧世界中创建合理新世界”为这一层定了性。它指明了所要改变的是人类世界的不合理与非法性存在。而批判和改变不合理的与非法性的存在，就是为了人类的合理生存与健全发展而奋斗。因而，这是一种通过实践改变不合理世界而为人的生存合理性而奋斗的哲学。

这样一种哲学，应当概括为什么哲学？它可以归入哪一种既成的哲学门类？可以说，没有任何现成的哲学术语、哲学门类可以概括马克思创造的这种改变不合理世界的新哲学。西方一些学者以他们传统的人道主义、人本主义来理解马克思的哲学，这就不能不曲解或遮蔽马克思的哲学创造。这就是说，马克思的哲学理念、马克思的哲学创造、马克思的哲学精神，形成了一种还没有被人们理解的新哲学。

这样一种新哲学，由于是为人类的合理生存服务的，人和人类世界不能不是这一哲学思考的对象，在这个浅近的意义上，我们初步把马克思的“改变世界”的哲学，理解为实践的人类学—哲学。

二、实践的人类学—哲学：改变不合理世界的哲学

传统上，人们仅仅把马克思的实践思想放在认识论中考虑，认为实践是检验真理的标准。而没有放到实践价值论方面去考虑，更没有意识到实践的人类学—哲学的层面。今天，许多同志都认识到了马克思实践论的重要意义，称之为哲学的“实践转向”，并以此提出“实践哲学”“实践唯物主义”等等。但是，这又在多大程度上符合马克思的主张呢？要知道，马克思的实践，是他超越传统的本体论哲学和认识论哲学的标志，是创立以实践改变世界的实践的人类学—哲学的标志。在这里应当注意到：马克思《关于费尔巴哈的提纲》，不仅是对费尔巴哈对人的错误理解的批判纲领，也是创立他自己关于人和人类世界的实践的人类学—哲学的哲学纲领，整个提纲都是关于如何理解人和人类世界的问题的。包括对“实践”的最高理解，也是把它理解为“人的感性活动”“人类的感性活动”——这种人类学意义的理解。对此，人们为什么视而不见呢？从人类学意义理解的实践，就能把人类学意义的生存价值性和客观真实性统一起来，把真理性问题和价值性问题在实践上统一起来，而这正是力图改变世界的实践人类学—哲学的特征之所在。这些特征有：

其一，马克思所说的“新唯物主义的立脚点是人类社会或社会化的人类”，正是指明了他的新唯物主义哲学，是以人类为对象的人类学唯物主义。这个已到口边的话马克思没有说出，因为以“人类社会”或“社会化的人类”为立足点的“新唯物主义”，只能是人类学唯物主义，而人类学唯物主义也就是人类学—哲学。

其二，只有在这个人类学—哲学的视域下，才能理解马克思所提出的“实践”的人类学意义：实践是人类不断地创新他的对象世界又不断地创新他自己的生产和生活的活动本身，是人类的存在方式、生存方式、发展方式，即走向自由解放的方式。正是在这一意义下，才能把人类进步的价值尺度即人类的自由解放放在第一位。

其三，实践是人的诉诸物质性的活动。所以，马克思通过对人类学意

义的“实践”的引入，就为实践人类学—哲学奠定了社会物质活动基础。在这个意义上可以说，马克思的哲学是实践的人类学—哲学，即力图通过社会物质关系的改变而改变世界的哲学。

其四，马克思要求以“人类的感性活动”来理解“对象、现实、感性”，理解人的一切对象，这正是要求从人类学眼光出发观察世界，从人类学的价值要求出发理解世界。而这就是人类学世界观的建立。因此，我们认为，《关于费尔巴哈的提纲》，作为“新世界观”的宣言，就是实践的人类学世界观的确立。

其五，把实践作为人的生存活动来理解，也就必然要考虑它的价值要求，因为，人的生存发展活动在本质上是一种追求生存价值的活动。对实践进行生存价值性要求和以实践为武器进行生存价值性批判，这两者是一致的。而这，正是实践的人类学—哲学的核心理念。因此，所谓改变世界，就对象方面说，当然是指对不合理、不合法的即不符合人的生存价值要求的“非人世界”的改变，就人的方面说，它也是对人自身的不符合生存合理性要求的改变，两方面都有明确的人类学价值目标，是指对一切不符合时代要求、不符合人们的共同体的合理生存要求的批判改造。从这个角度说，实践的人类学—哲学就应当从人的生存价值视野观察和批判世界。由于人类自身辩证法的存在，现在和将来的任何一种社会，都不会没有它的不合理性，这就使实践的人类学—哲学有它的长久生命力，它在今天乃至今后的意义，更会凸显出来。

其六，马克思创立的实践人类学—哲学，是一种以人的合理生存为理念的新的批判哲学范式。这种哲学范式的特征，就在于对人类社会的物质关系、制度关系、思想关系进行合法性批判，对不合理的现实存在进行合法性批判，并在批判中反观现实，规划未来，引导现实向合理化、合法化方向变革，追求在具体的时代境遇中寻求人的合理合法的生存方式，从而规范其未来发展变化的道路。

其七，由于社会的物质关系背后、制度关系背后、思想关系背后都是人的关系，因而，对社会的物质方面的、制度方面的、思想方面的批判，从根本上说，也就是对人的合理生存关系的批判。在这个意义上，它也是一种广义的伦理学：它力图创立比较合理的符合人的本性的人的关系，这就是马克思“把人的世界和人的关系还给人自己”的要义所在，是一种对人类的整体伦理学或大伦理学的诉求。这种广义伦理学从人类在自然界中的合理存在开始，对人的现存异化的生存状态进行批判，强调人的自由、人的价值，力图“把人的世界和人的关系还给人自己”，以达于人的自由和解放。由此形成了实践人类学—哲学的最高伦理宗旨。

总之，由于马克思对人类生存实践的关注，这就把哲学转向了人类世界，从而使实践人类学—哲学得以形成。如果说，孔德从实证主义出发批判了形而上学以及以往全部哲学的话，那么，马克思则从人类的生存实践出发，批判了形而上学以及以往的全部哲学。这就有可能使新的哲学专注于人类社会的根本问题。

三、改变世界的前提：对一切进行合法性批判

马克思的实践人类学—哲学，首先要求对现实采取批判的革命的态度，即对一切社会存在进行合法性批判。要做到这一点，就要首先分析社会的不合理性，作为合法性批判的根据。

实践的人类学—哲学，从关注社会的合理性开始，特别是统治和支配社会的政治的合理性、经济制度的合理性。事实上，对于社会支配关系，人们总是要以合理不合理来评价的。合理性问题以及以合理性为基础的合法性问题决定着人们对现实的态度和行为。

马克思人类学的实践范畴的提出，是一种思考规范的改变，即由认识论规范转向实践论规范。认识论规范是：世界的本原是什么？人是怎样认识它的？世界的根本原理是什么？人应以什么态度对待它们和对待生活？等等。而实践论的规范，主要是功能性、价值性规范，其规范原则是：世界是如何存在的？人应当怎样改变它？人的生活是怎样的状态？哪些是不合理不合法的存在？人应当怎样为合理生存而斗争？怎样才能更合理地生活？等等。这后一种思考规范，就为实践人类学—哲学奠定了思维范式的基础。这是一种人类学思维方式，它不再着眼于对认识的真理性审视，而是着眼于实践的生存价值性批判，即转向了以生存价值性为准则的合理性

合法性批判。或者，如某位同志所言，由真理性批判转向了合法性批判。这样一种人类性、价值性思维范式的出现，正是实践的人类学—哲学的思想前提。而这正是由马克思所奠定的。

在这里，自然就出现了需要反复追问的问题：何为合理性？何为合法性？这当然是一个历史的文化具体性的问题，不同的历史时代和不同文化有不同的社会存在，不同的实践、不同的问题，也有不同的合理性合法性准则。但是，从哲学上看，所谓合理性，主要是指合规律性与合目的性的统一；所谓合法性，主要是指合理性与历史发展性的统一，也就是从历史观点来看的合理性。它要求社会对象应当符合历史发展的具体要求，应当符合人的本性要求，达到科学性与价值性的统一。由于“合乎理性的准则只能从事物的本质……中取得”（马克思），这就对合理性价值提出了科学性要求。这种价值性与科学性的统一、“应当”与“是”的统一，其中间环节，直接来看是实践，间接来看即从根本上看则是人类本身。换言之，马克思的价值要求包括科学价值和人文价值，并力求把对人文价值的追求建立在科学实证之上，同时成为一种科学价值。马克思的人文价值尺度是三位一体的价值尺度：政治解放（含思想解放）、无产阶级解放（含经济解放）与人类解放，前者是在各个时代都会有的问题，中者是当时最迫切的问题，后者是社会发展全过程中都存在的走向未来的终极性的问题。在马克思及其以来乃至以后的时代，凡是符合这三大价值要求的，都是合理的。而凡是现实合理的，它的历史存在也就是合法的。在这里可以说，凡是现实合理的，都是历史合法的；凡是历史合法的，都是现实合理的。因此，凡是从现实视角进行的合理性批判，也就是从历史视角进行的合法性批判；凡是从历史视角进行的合法性批判，也就是从现实视角进行的合理性批判。马克思所运用的“批判的武器”，就在于在批判中，从貌似合理的东西中剥离出对象的不合理性，而以一种历史的合理合法性取而代之。所以，马克思把他的实践人类学—哲学的使命，概括为“全部问题都在于使现存世界革命化，实际地反对并改变事物的现状”，这成了马克思全部理论活动的目标。因此可以说，“批判”就是马克思的实践人类学—哲学“使现存世界革命化”而走向自由解放的精神武器。

但是，合理性毕竟是个复杂的问题。当黑格尔说“凡是实在的都是合理的”时，他指的是具有历史必然性的即“实在”的事物是合理的，否则就是不合理的；当他说“凡是合理的都是实在的”时①，他指的是合理的东西都有它的实在性和应当存在性，不合理的东西都是不应当存在的。他指出了合理性与实在性的深刻的辩证关系。不过，即使合理的事物，也会随着历史发展而凸显其不合理性。因此，合理性与不合理性一般是同时存在、相互消长的。恩格斯在分析上述命题时强调：

> 凡在人类历史领域中是现实的，随着时间的推移，都会成为不合理的，因而按其本性来说已经是不合理的，一开始就包含着不合理性；凡在人们头脑中是合理的，都注定要成为现实的，不管它和现存的、表面的现实多么矛盾。②

恩格斯由此作出了一个革命的、与黑格尔相反的结论：“凡是现存的，都是应当灭亡的。”（同上）这句话，可以概括马克思、恩格斯当年的革命态度和革命思想：这就是要从历史发展规律的视角，分析认识现实事物的合理性与不合理性。它主要体现在如下四方面：

（一）社会产权结构、阶级结构的合理性与不合理性

人类作为物质的存在物，作为依靠自身的物质生产活动而生存的生命物质的存在物，他的最基本的活动，就是满足生存需要的生产活动。而要生产，就要有生产力和生产资料，就要有在这种生产力和生产资料的基础上结成的一定的生产关系进行生产，这些关系在生产资料所有制基础上形成社会的产权结构和经济结构。它在历史上的主要形式或者必然性形式，就是私有制的产权结构。马克思表明：这种私有制的产权结构和建立其上的经济结构，它既有其必然性，是文明发展的经济实现形式，即一定社会的物质文明的实现形式，因而是合理的；但它又是建立在一部分人剥削另一部分人的基础之上的，它形成了社会的统治与被统治的阶级结构，这又

① 黑格尔：《小逻辑》，商务印书馆1960年版，第55页。
② 《马克思恩格斯全集》第4卷，人民出版社1965年版，第198页。

是不合理的。组织生产的合理性与极度剥削的不合理性，构成了它的历史的二重性。更为重要的是，马克思认为：在资本主义时代，由于私有制和劳动异化，由于劳动者被剥削得失去了“人的生活”，从而使阶级对立与阶级斗争发展到了不可调和的阶段，因而它已经完全转化成为不合理的存在，而失去了合理性的存在就是非法的存在，就应当被批判、被超越或被打倒。

（二）社会公权结构、政治结构的合理性与不合理性

人作为社会的存在物，作为要通过社会性的关系和结构而结合成整体进行生存活动的存在物，他总要形成主导与从属、统治与服从的公共的政治关系及其体系。这种关系及其体系自然会产生支配整体协调运行的权力，这就形成了产生于社会之中而凌驾于社会之上的、支配整个社会的公权结构、政治结构。这种结构在原始时代属于权力公有制，在文明时代（奴隶制、封建制时代），主要属于权力的帝王私有制。而资本主义的革命在本质上是权力公有制革命，虽然还局限于资产阶级，但是已开通了向真正的社会公有制（普选制）转化的道路。这些我们在别处已作了研究。这里要强调的是：不论是私有制的公权结构，还是公有制或集团公有制的公权结构，它作为文明发展的制度实现形式，都有它的历史合理性，在这个意义上，它是一定历史时期的制度文明的实现形式。但是，由于它总是和一定统治者人群的利益结合在一起，总是维护着其传统的利益和制度，它就总是保守的、反对改革和革命的，是为少数人服务的，从而经常落在由群众形成的时代精神的后面，因而它又总是不合理的。因为它本身形成为统治阶级，它作为社会治理的合理性，又淹没在其对被统治阶级的政治统治、政治专制的不合理性之中。并且，其政治专制总是导致社会的政治对立与政治斗争，严重时就会使整个社会处在危机状态，陷入非法性旋涡，从而必须进行揭露和批判。

（三）社会思想结构、观念结构的合理性与不合理性

人不仅是物质的、社会的存在物，人更是精神的存在物，是个具有意识与自我意识、具有理性与非理性的、具有知识和信仰、具有目的和要求

的，特别是具有思想道德观念的存在物。人不仅具有这些精神的东西，并且能根据生存发展的物质利益需要而“创生”这些精神的东西。但是，人更容易直接受这些精神的东西所左右、所支配。正由于这一点，反映现存利益关系的统治阶级的思想，由于有意识的提倡和宣扬，由于有政治优势和经济优势，就常常成为统治社会的思想。这些思想观念之间，也会有它们的基于社会物质结构状况和社会制度结构状况的精神结构，即思想结构和观念结构。很显然，在一个社会中起支配作用的统治阶级的思想观念结构，一般来讲是文明发展的精神实现形式，即精神文明的实现形式，在这个意义上它有合理的一面。但是，正像它们所反映的东西有合理与不合理的二重本性一样，这些精神的东西自身也有合理性与不合理性。它们作为统治阶级利益的精神形态，往往保护既得利益，保守传统偶像，排斥异己思想，反对变革，反对新的具有革新意义的思想观念，为不合理社会构筑精神堡垒，成为社会进步的精神障碍。因此，在今天，那种维护少数人利益的、这样那样地维护专制统治的思想道德观念，显然属于不合理的思想观念。在它被倡导的合法性中，潜藏着它在精神上的专断和排除异己的不合法性。因此，对现实的革命态度，就首先需要运用批判的武器，对统治性的思想道德观念进行合理性合法批判，并且作为对整个社会进行合法性批判的精神前提。马克思、恩格斯的《德意志意识形态》就是这样的杰作。

马克思的这种实际批判活动，为实践的人类学—哲学的学术使命树立了榜样，这就是要对现存社会的一切方面，包括社会的物质存在、制度存在、精神存在，都要进行以生存合理性为体现、为根据的合理性、合法性批判，从而——以革命或改革两种方式——改变社会的不合理、不合法的非人状态，“把人的世界和人的关系还给人自己”。使整个社会、所有的人，都能发挥人的自由性和创造性，在合理合法的状态下生存发展，走向自由人的联合体。

总之，任何一个社会，在它合理地产生之后，它的物质生产层面、社会制度层面、精神规范层面，都会有许多不合理、不合法的乃至反动的东西。实践的人类学—哲学，就是要首先盯住这些非法性东西进行批判，即对一切现在的东西进行合法性批判，并以此为实践地改变世界开辟道路。

（四）实践人类学—哲学的使命：对一切进行合法性批判

既然人类社会有它的合理性与不合理性，而不合理性造成了人类的生存灾难，因而，实践的人类学—哲学作为“改变世界”的哲学，当然首先要立足于改变不合理世界这一革命性的态度上。马克思对此相当明确，他的基本态度就是：

> 对于实践的唯物主义者即共产主义者来说，全部的问题就在于使现存世界革命化，实际地反对并改变现存的事物。①
>
> 绝对命令：必须推翻那些使人成为受屈辱、被奴役、被遗弃和被蔑视的东西的一切关系。②

这两段话，代表了马克思的立足于合法性的实践人类学—哲学的批判精神。它表明，这种改变世界的哲学，应当通过实践改变人类社会中的一切“非人关系”。表明了实践人类学—哲学作为改变世界的哲学的理论批判任务。马克思一生的理论斗争和革命实践，实质上都在做这一改变世界的理论工作和实际活动，因而，他的一生，也正是从理论和实践两方面创生这一哲学的一生。

如前表明，马克思的实践人类学—哲学，作为“改变世界”的哲学，以合法性批判为手段。它不仅要解释人类世界，也要根据这种解释而改变人类世界。作为“解释世界”的哲学，它要从哲学层面揭示人类世界的基本规定及其合理性的哲理基础，这已如“上篇”所述。作为“改变世界”的哲学，首先遇到的问题是要改变什么。这就是要把握住“时代的迫切问题”，即现实的社会基本问题，并对它的各个方面进行合法性批判，也就是要对它的不合理、不合法的现实问题和行将成为问题的问题进行批判。进而，是以何为据进行批判，以及通过批判所要达到的方向。这些，马克思都是解决了的。

---

① 《马克思恩格斯选集》第1卷，人民出版社1995年版，第75页。

② 同上书，第10页。

从哲学上看，而不是从专制制度的当权人物的狭窄眼界来看，任何社会都不应拒绝合法性批判。合法性批判，它是时代的耳朵，是理性的眼睛，是人民长远利益的依靠，是社会良性发展的保障，是清除社会腐败、保持社会清新的消毒剂，是对人民负责的政府难得的良师，是民主原则本身的天声和光荣的实现，是社会非法性存在的清道夫，也是追求真理的正直知识分子的天责。只有本身就是不合法的政治存在，才会害怕合法性批判；只有本身就依靠专制来树立虚假权威的独裁者，才会无情地压制合法性批判。所以，从来的反动势力都极端仇视合法性批判，对进行合法性批判的人进行精神的政治的乃至武器的打击，但历史总会给他们以正义的支持和公正的评价。当然，正像任何生态环境里都会有多余的杂草那样，在合法性批判中也会出现不合理的声音，但它本身也不能不被置于合法批判之中，在理性的分析和人民的选择中就会销声匿迹。

事实上，任何社会都会有不合理不合法的东西，哪怕是一个新生的或生命力正在旺盛的社会、革命的社会，由于历史的复杂性都不能没有大量的非法性的东西，它正有待于合法性批判来清除。实践的人类学—哲学，作为在任何时代、任何社会都要依据历史发展的当代进步水平追求合理性、合法性的哲学，不能不把合法性批判作为它的基本手段。因此，它在现实的表现中，就要从批判社会现实的非法性开始。这是马克思实践人类学—哲学的真谛所在。实践人类学—哲学的哲学使命，就在于对一切社会存在进行合法性批判。

自康德以来，哲学精神就是一种批判精神，马克思也正处在一个批判的时代，所以，马克思一踏入社会，就以一种批判地审视一切的姿态出现（《莱茵报》时期），而马克思一开始自己的独立事业（创办《德法年鉴》时期），就宣称要对现存的一切不合理的社会存在进行合法性批判：

> 要对现存的一切进行无情的批判，所谓无情，意义有二，即这种批判不怕自己所作的结论，临到触犯当权者时也不退缩。[①]

① 《马克思恩格斯全集》第1卷，人民出版社1965年版，第416页。

而这一批判的首要方面或核心准则是：

> "人是人的最高本质……必须推翻那些使人成为受屈辱、被奴役、被遗弃和被蔑视的东西的一切关系。"①

马克思一生都在理论战线上践行他的这种批判的实践。马克思所说的"在批判旧世界中发现新世界"的批判精神，最能体现他基于过去、立足现实、开创未来的新的哲学精神。正如有的同志所说，马克思的哲学批判精神，本于人的"生存本质的文化自觉"，其批判指向"一切既有的和将要生成的东西"：①指向未生成的可能性疆域；②指向现有造物（自然物与人造物）的自在性与异己性；③指向主体自身，以达于自我觉醒。否则，就不能克服人的异化。或者，如另一种说法：马克思的批判指向过去（前现代）、现在（工业文明）和未来（走向自由自觉的个性）。所谓前现代，指自在自发的生存状况，自然主义的文化精神；所谓现在（工业文明），马克思的批判就在于指出，它既有其理性精神，又要超越其局限，并对其社会的机制、危机进行批判，指出其向"未来"发展的必然出路。

那么，马克思在哪些方面展开了批判呢？可以概括地说，他从结构整体上批判了整个社会：他批判了当时的社会物质存在（私有制和劳动异化、资本主义生产等）、社会制度存在（专制政治、资本主义制度、虚假民主、资本主义生产关系等）、社会精神存在（资产阶级国民经济学、青年黑格尔主义者、黑格尔唯心主义、形而上学、唯心史观、直观唯物主义以及一切既往哲学等等）的整体结构，对当时的现实社会进行了全面的批判。正是在这一批判中，他有针对性地呼吁对社会进行思想解放、政治解放、经济解放、（无产）阶级解放、人的解放的五大解放的政治斗争。

当然，在一定历史时期、一定社会条件下具体批判什么，那是由具体历史任务决定的，也决定于一定学者的历史眼光、历史使命、历史胆量和对于真理正义的责任。马克思的整个思想体系，都是在这种批判中形成的。例如，通过哲学批判，创立了以实践论为基础的实践人类学—哲学；

① 《马克思恩格斯选集》第1卷，人民出版社1995年版，第9-10页。

通过经济学批判，创立了剩余价值理论；通过历史批判，创立了唯物主义历史观；通过哲学—政治批判，创立了科学社会主义；通过实证的人类学批判，创立了人类历史发展多条道路的理论；通过对现实政治的和哲学—经济学批判，创立了通过无产阶级的革命斗争走向人类解放的理论，并指导了当时无产阶级的革命斗争；等等。真的要做一个马克思主义者，在哲学上就是要做一个这样的实践的人类学—哲学家。如果这一理解是对的，那就是说，传统上所说的坚持辩证唯物主义，坚持历史唯物主义，都不过是坚持了一个被片面理解的、被扭曲的马克思而已。

四、以实践为手段，改变不合理世界

（一）马克思的人类学实践论

要理解马克思改变世界的理论，首先要理解他的实践论。马克思与康德、黑格尔不同的是，他提出了人类学意义的实践论，有如第一篇所分析的。这里，需要指出它的如下三个特征：

其一，马克思的“实践”，作为人类学意义的实践，在于实践是人类不断地创新他与对象世界的关系而又不断地通过创新他自己的他本身的“感性活动”，是人类本身的生存方式、发展方式，即在自然界和客观世界中争取自由自觉地生存的方式。正是在这一意义下，实践才是人类学意义的实践，才能是为人类生存发展奠定社会物质基础的实践。在这个意义上才可以说，马克思的哲学是实践的人类学—哲学。

其二，把实践作为人类学意义的人的生存方式来理解，如前所说，这也就必然要考虑它的价值要求。因为，人的生存活动在本质上是一种追求生存价值目标的活动。这里应当注意到：如果说，解释世界的哲学主要在于其真理性思考的话，那么，改变世界的哲学则进一步上升到对于实践的价值应当性诉求。正由于这一点，以实践为根基的改变世界的哲学，高于解释世界的哲学。

其三，马克思对人的生存价值性要求，集中起来一句话，就是人类的合理生存、健全发展与走向自由解放这一生存逻辑的实现。马克思实践人类学—哲学的核心问题正在这里。这是站在人类学价值高度上力图改变世界的重大哲学主题。当代的世界历史表明，人类至今还处在走向这一目标的途中。因此，只有在这个人类学的价值高度上，才能彰明它的特质，才能充分理解马克思主义对于全人类生存发展的指导意义，充分理解马克思在哲学史、思想史、革命史、当代改革史以及人类未来发展史上的重大意义。

一般来说，审思世界的目的是为了批判世界，批判的目的是为了改变世界，而改变世界的目的是为了人的生存合理性的实现。这一系列活动都是一种复杂的历史性活动。如果我们能够对马克思理论作出综合分析，那我们就应当注意到：马克思在这些理论开拓中，既包含了解释人类世界的理论，又包含了改变人类世界的理论。而且，“解释理论”与“改变理论”互为基础、互相体现，是一种在性质上相互支撑的理论。但是，在这里，我们还必须把这一理论展开来：

（二）“改变世界”的理论根据：解释世界

如果我们不是孤立地理解马克思各种直接的理论表述，而是从人类学高度对它们作出综合分析，那我们就会得出较为综合的马克思实践的人类学—哲学的理论范式。我们应当注意到：马克思在这些理论开拓中，既包含了解释人类世界的理论，又包含了改变人类世界的理论。而且，“解释理论”与“改变理论”互为基础、互相体现，是一种在性质上相互套叠的理论。从这个综合的层次看，我们应当首先分析马克思通过研究而“解释世界”的理论。当然，这种“解释”是为“改变”服务的。如前面（第一篇）已经研究的那样，这种解释世界的理论至少包括以下方面：

其一，以“社会人”和“人的社会存在”为本，研究解释人和人类世界。马克思研究了作为人类学—哲学的本体论起点的“人的生命存在”，提出了“社会人”和“人的社会存在”等等范畴，从而把人和人类世界建立在人的自然存在、社会存在与精神文化存在的统一之上，把人的本质规定性理解为自我创造与自我超越性；把人的社会存在理解为人类学—哲学范式的存在论根基等。这形成了马克思解释世界的理论基础。

其二，研究人的人类学关系，把它作为人类生存发展的关系基础。如把人的生存关系理解为人作为“对象性的存在物”必然发生的关系；把人的社会支配关系理解为人作为“社会存在物”必然形成的关系；把生产关系理解为人在生产中必然发生的关系；把人对世界的生存掌握关系，理解为人在“对象性活动”中对世界的掌握方式；等等。从而在人的人类学的深度上解释人类世界。

其三，研究了人的人类学的存在形式，即社会共同体。马克思在《德意志意识形态》中，多方面研究了共同体的问题。人作为社会存在物，不能不以生存共同体的形式存在。马克思研究了共同体的公共权力制度、共同体的生产资料所有制、共同体的经济政治结构，形成了他的社会经济形态理论，以及共同体在经济形态上的发展更替，形成了他的社会历史发展观。

其四，研究了人的人类学的生存发展活动，从人类的历史发展理解人类社会。如马克思研究了社会共同体的分层与其生存发展功能，研究了共同体的发展变革：从神圣本位（神主、君主）走向自然人性和民主、从传统走向现代的历史过程，以及人和其社会共同体走向解放的历史发展阶段。即马克思的唯物主义历史观，也就是从世界历史高度解释世界的人类学历史观。

其五，人类实践活动所创造的世界——人的生存价值世界。马克思研究了人的生产创造与人的生存价值世界的形成，它在“生态—技术”基础上形成的“物质—财富”世界，特别提出了形成它的劳动异化；人们对这个世界的生产资料和社会财富的占有不公，它走向公平占有的历史道路。表明实践的人类学—哲学，不能不是研究人类的生存价值世界的合理创造与合理分配的哲学。

其六，人类生存发展的本质性要求：人的合理生存、健全发展与自由解放。马克思从人的生存需要出发，表明了人的生存合理性要求。但是，在历史与现实中却充满了不合理性，并重点研究了无产者的合理生存问题。概括地说，人类生存的本质要求，是个人在共同体中的合理生存；人类发展的本质要求，是个体与共同体在可能条件下的健全发展；人类精神的本质要求，是个人在社会上、思想上的自由解放。马克思还表明，人类自由解放包括个体、共同体与全人类三大范畴。当然，马克思还有其他许许多多的对人和人类世界的研究和解释，这些都是为改变世界服务的。因为人类学—哲学就是为人类的生存合理性而改变世界的哲学。

（三）“改变世界”的现实根据、实践途径和发展走向

马克思不仅从人类学高度解释了人和人类世界，也提出了以实践为手段改变世界的基本的根据、途径和发展走向。它包括：

其一，“改变世界”的现实根据：人的生存价值世界的异化。他通过劳动异化，研究了在物质生活资料的生产中出现的人的生存价值世界的创生和异化，指出这是人的类本质的异己化，它造成了人类社会的生存价值世界的对立状态：价值密集与价值稀薄的争抗。从而表明，实践的人类学—哲学范式，就是研究生存价值世界的合理创造与合理分享的哲学。

其二，改变世界的起点，现实世界的迫切问题和不合理存在。他认为，实践的哲学作为改变世界的哲学，要从“一个时代的迫切问题”开始，并对“问题”进行合法性批判。在马克思的理论中，有大量的对不合理世界的直接揭露和批判。它表明，马克思的人类学—哲学范式，是通过合法性批判改变不合理世界的哲学。

其三，改变世界的途径和方式，通过合法性批判为实践改变开辟道路。他指出，要以实践改变世界，首先要对问题进行合理性审思、合法性批判，才能进行合法性改造。他不仅指出了“实践”作为哲学思考的新规范，而且指出了实践作为变革手段，是通过创造生成新的东西而改变世界。而这种改变，就是要“把人的世界和人的关系还给人自己”。马克思的研究表明，对人类世界来说，只有通过实践改造，才能实现人的合理生存与健全发展。

其四，改变世界的一般方向，逐步实现人的自由解放，走向“自由人的联合体”。马克思把人类自由解放的实现问题视为实践的人类学—哲学的最高问题。因而，实践的人类学—哲学的哲学使命：就在于消解异化，实现人的自由自觉的创造活动，以“确立此岸世界的真理”。表明人类解放的必由之路，是通过人的价值创造，实现人的自由解放。而历史的步骤是，通过量的积累，逐步实现人的自由解放，逐步走向“自由人的联合体”。

其五，“改变世界”、走向自由解放的基本环节。他的研究表明，首先是思想解放，这是实现自由创造的前提；进而是实现政治解放，这就是实现公民在政治上的民主平等、公平正义，这是人的社会创造得以发扬的前提；再而是经济解放，即从贫困化和产权统治中解放出来，走向共有制。这是通过经济解放实现阶级解放，主要表现为阶级统治和特权政治的消除。通过这些实际的解放，实现人的解放，这是各种解放在个体生命身上的实现。总的来说，马克思追求人的生存发展的九大解放（详见其他著述），而实现九大解放，是构建现代人类社会的合法性基础。

其六，人类生存发展和走向自由解放的微观机制与宏观规律。马克思把人类生存发展的根基，植于人与自然环境的生态协调之中。在此基础上，马克思研究了人类生存发展的动力，这就是生存合理性要求推动的创生力（创造力与生产力）的发展；人类生存发展的方式，即生产力与生产关系的交互促进运动；人类生存发展的方向，即不断走向人的合理生存与自由解放。马克思还表明了人类走向自由解放的许多微观机制，即对立功能的二元交迭互促变化机制，如“剧中人—剧作者—剧中人”“生产关系—生产力—生产关系”等等。马克思还在规律的意义上把握住了人类生存合理性赖以实现的总体性、辩证法，即人类学辩证法。总之，马克思表明，实践的人类学—哲学范式，是研究人类世界生存发展的根基、机制和规律的哲学。

在21世纪，我们也许正处在一个真正需要并可能以“人类性”改造人类社会的“动物性统治”的时代，一个可以把一直被生产力所限制的、被种种社会异化所异化了的“人的世界和人的关系”还给人自己的时代。在生产力、创造力如此发展，物质财富如此丰富的时代，已在物质技术基础上为全人类的合理生存乃至健全发展创造了必要的条件。问题是，基于人的自私本性的资本逻辑的统治，已经渗透在人类的政治关系、经济关系、思想意识关系以及与自然界的关系等等一切方面，那种不合理、非法性的东西以资本逻辑、权力逻辑的形式依然统治着人们，依然统治着人和统治着社会。正是在这样的意义上，马克思的以对资本逻辑和一切不合理、不合法世界进行无情批判的实践的人类学—哲学，应当是可以大力发挥作用的时代！并且，只要世界上仍然被不合理、非法性的东西所统治，只要有生存价值世界的对立和斗争，只要人的生存逻辑还在与资本逻辑拼搏，只要“每个人和一切人”的自由发展还没有实现，我们都应当大力弘扬马克思主义的旨在改变这种不合理世界的实践人类学—哲学。对于马克思主义哲学来说，“解释世界”不过是个理论前提，“改变世界”才是理论的全部目的。马克思的哲学就是以实践“改变世界”的新哲学。

最后，一句话，马克思实践的人类学—哲学在批判和改变中的奋斗目标，就在于每个人与一切人都能自由解放的自由人的联合体的实现。

（选自《马克思实践人类学哲学探索》结语，云南人民出版社 2012 年版，第 219 – 239 页）

人类学历史观视野中的现代政治文明及其核心：制度—权力文明

文明是从人类学价值高度衡量一定民族和国家的发展解放程度的概念。因而应当从人类学历史观方面来批判衡量文明的发展。马克思对“政治文明”的提出就是这样的，他在一个关于政治制度的写作提纲里，把“集权制与政治文明”作为一章列出来。很明显，在马克思那里，“政治文明”是在与“集权制”相对立的意义上提出来的。这一思想在当代共产党人那里，显然是得到了继承的。例如，在重提“政治文明”的江泽民同志那里，是在与“民主政治”相并列的意义上提出来的。这正好表明，马克思主义所理解的政治文明，应当是以民主政治为基础的现代社会文明。但这要从人类文明的历史发展讲起。

一、从人类学历史观看现代政治文明

人类学历史观，也就是从“世界历史”的发展眼光，来看历史发展中具有全人类意义的进步积累和进步台阶。从政治方面看，现代政治文明就是这样一种具有全人类意义的进步台阶。它的产生，有个本于社会矛盾状况及其改善意图，首先在人们的精神中以文明的政治理念出现，继而是文明的政治制度的形成和创立，而后是文明的政治行为的实施，终于形成一种文明制度。这就是说，现代政治文明，从其生成结构上说，可以区分为政治理念文明、政治制度文明、政治行为文明。我们不妨结合其人类学的历史发展对其略加分析。

（一）政治理念文明

人类的组织和行为作为一种已经实现了的事实，作为一种实践行为，都首先产生于他的观念。马克思指出的人在制造一个东西之前已经先在观念上把它制造出来的原理，在人类的社会政治组织生活中也是适用的。但只有那种进步的被普遍接受的思想观念，才能上升成为人们的精神理念。也只有这样的精神理念，才能稳定地指导人们的社会组织和实践行为，因而，现代政治文明的出现，首先在于现代的政治理念文明的形成。它有个本于良好社会愿望的、从科学探索开始到思想理念，再到政治实践的过程。那么，现代政治理念，主要有哪些具有全人类性呢？这可以用人权理念、民权理念（包括普选理念、代权理念、分权理念、舆权理念、多党理念等）和把这一切上升成为法律观念并通过法律来保障的法权理念来概括。

从人类历史发展上看，现代政治理念产生于以下历史发展：

其一，是自文艺复兴以来以人的观念代替神的观念的人本化、理性化发展。

其二，是自启蒙运动以来对人类理性、人文精神的弘扬和对于人的尊重的兴起，以及个人在社会中的特立作用的兴起。

其三，是人类理性的健康发展对社会政治制度的科学化、民主化、公平化、合理化要求。

其四，是基于新兴的、以科学技术为基础的资本主义生产方式对于人、对于社会组织和其思想政治的要求。

其五，从哲学上看，是新的生产方式导致的“人的依赖关系”的解体和以“物的依赖关系”为基础的个人独立精神（个人主义）的张扬。

于是，现代政治理念，作为人类社会在物质生产发展、科学技术发展、精神理性发展的基础上出现的关于人类本身的组织方式、社会存在方式的新思想，就成了对人类政治生活的科学而合理的要求。具体而言，这些理念的产生，是在西欧新兴的资本主义生产方式和政治实践（如15、16世纪的英国）的基础上，由一批先进的思想家、哲学家、法学家，在科学的、人本的精神理念上提出，进而通过资产阶级革命加以实施和实践，并随着资本主义制度的发展而逐步完善的。

因此，从人类历史发展上看，现代政治文明首先以文明的政治理念出现，继而以文明的政治制度的创立和文明的政治行为的实施，从而形成一种现代的文明政治制度。因此，要理解人类在现代政治文明方面的进步特征，首先要明白人类历经几百年所创造的现代政治理念。这主要是针对个人的人权理念、针对共同体中的全民的民权理念和针对社会和国家这种共同体的整体秩序的法权理念。

（1）人权理念。人权理念发源于古希腊斯多葛派的与“神法”相对立的“自然法”观念，即人生而自由平等的观念。在西方人看来，自然界本身就有一种法的精神，有如中国的“道”，贯通一切又高于一切，这就是一切人生而自由、天然平等。古罗马拜占庭皇帝查士丁尼在其《法学总论》中就说过：“根据自然法，一切人生而自由。”格老秀斯论证了自然法的天然合理性：自然法不是上帝创造也不是人创造的，它本来就有，是自然的，因而它自己是自己的根据，自己是自己的源泉，这种自源自律使“自然法”不受神权与俗权的侵犯，成为支持人生自由、社会正义的根本精神。这一古代理念通过斯宾诺莎、洛克、卢梭等哲学家、思想家的进一步研究和阐述，形成了比较完善的人的自然权利观念。这种自然权利观念在近代培育了个人的独立精神（个人主义），成了英国、法国等资产阶级革命对抗封建专制的根据，最后以人权的成熟形式出现。人权以人的自然权利为基础，是人的独立自由平等精神的法律表现。它是人在克服了马克思所说的“人的依赖关系”的等级观念、奴性观念之后的精神解放、人格解放的体现，因而是文明发展的一大进步。它最终成了法国《人权宣言》、美国《独立宣言》等等的核心精神。《人权宣言》强调：“不知人权，忽视人权，或轻蔑人权，是造成公众不幸和政府腐败的唯一原因，所以，决定把自然的、不可剥夺的和神圣的人权阐明于庄严的宣言中。”它包括自由、财产、安全、反抗压迫、自由交流思想等等天然权利（天赋人权）。而人权是资产阶级革命及其至今最重要的政治理念，二战之后，鉴于法西斯兴起和专制政治的教训，世界上普遍重视和加强了人权建设。1848 年的联合国《世界人权宣言》称：“人皆生而自由，在尊严及权利上均各平等”，并具体提出了人的五大人权：①基本权利：生命权、人身自由、安全权；②司法过程中的人权；③人身权利；④公民的政治权利；⑤经济社会和文化权利。在20世纪后叶，人权至上观念更是风行全世界，绝大多数国家都不能不崇奉之。在其彻底的贯彻中，人权和民权甚至有何者优先的争持，总的趋向是认为民权不能违背人权，大有人权至上之趋势。因而，人权是现代政治理念文明的支撑观念和先导观念。在今天，有哪个国家敢公然抵制人权呢？如何更好地实施人权，全面扩大人权，成了20世纪后叶以来的人性化思潮，也是一个国家得以进步的人的保障。

（2）民权理念。人权理念在政治生活中就形成民权理念。民权理念即“人民主权”的理念、民主理念。“民主”一词也源于古希腊，原意是“人民的权力”“人民进行统治”，它是相对于“君权”和君主专制而言的。卢梭把它发展为“主权在民”“人民主权”，这是马克思也强调的，是对现代民权理念的很好表达。实际上是封建专制集权制度的权力私有制的对立物。如果说，人权理念是针对每个个人的话，那么，民权理念则是针对个人的集合，即整体、人民、全民。民权理念与“君权神授”“朕即国家”这种权力私有制度的君权理念正相反，它要求人民掌握国家的最高权力，建立一种以权力公有制为特征的民主政治制度。这是对作为原始遗留的封建帝王权力的否定，是现代民本政治文明的开始。

但是，在任何情况下，广大人民都不可能直接参与国家的管理，于是，选出自己的代表，形成代议制，依多数原则选出自己的国家领导人，就成了自然而然的因而又不能不是必然的选择。所以，民权理念就只能转化为人民对于国家领导人和国事活动者的普遍的、直接的选举权、监督权、罢免权，其最方便最有效的形式就是任期制。普选制度，就成了民权理念的很好体现。在民权理念看来，只有通过人民的选举、人民的同意，才能成为代理国家大事的国家领导人，其权力也才具有合法性。一旦其权力被滥用，异化为不法的东西或少数人进行专制的工具，甚至成为反对人民的工具，人民就有权罢免他，以保护国家权力的人民性。所以，杰斐逊说：“人民本身才是政府惟一安全可靠的保管者。”① 邓小平也把“人民同

① ［美］托马斯·杰斐逊：《杰斐逊选集》，朱曾汶译，商务印书馆1999年版，第254页。

意不同意，人民满意不满意，人民赞成不赞成”作为社会主义施政取舍的依据。

无产阶级革命和其政权的建立，显然也是继承“主权在民”“人民主权”的民权理念并力图发扬光大的。所以力图建立“人民群众直接参与管理”（列宁）的真正人民的国家。“苏维埃”即工农兵代表管理国家。这在如何实现民主方面不能不是一种新的探索。列宁也是这样直接强调民主的：

> 民主是国家的形式，是国家形态的一种……民主意味着形式上承认公民一律平等，承认大家都有决定国家制度和管理国家的平行权利。①

但是，如何让人民在实质上也能达到这一点呢？办法是人民群众能够直接参政。所以，列宁生前既强调人民的选举权、监督权和罢免权，又强调人民的直接参与，多方解决防止集权专制和实现民主的问题。但是，又为什么还是出现了斯大林的违背民权理念的专制集权制度，从而使苏联埋下了覆灭的后患呢？这不能不是现代世界历史中最值得深思的政治悲剧现象。

这里，必须注意“人民给权”和“给人民权”的区别，集权政治的最好心愿是“给人民权”（就其进步方面说），民主理念是“人民给权”。前者只能“官选民”，它不能克服自身的异化；后者则是“民选官”，除非硬性指定或贿选，它不可能发生异化。在革命成功之后，革命领导人自然而然地成了国家领导人，这是既合理又合法的，人民也是拥护的。作为人民领袖，自然应当在“给人民权”方面下工夫。但是，如果不能把“给人民权”转化为“人民给权”的民主制度，则革命还不能言成，还有被革命的危险。

民权理念是人权理念的深入发展和整体体现，是现代政治理念文明的主体。民权的实施，就是社会公权的权力公有制的创立。它具体表现为普

① 《列宁选集》第31卷，人民出版社1972年版，第96页。

选理念、代权理念、多党理念、分权理念和舆论自由权理念等诸多方面。它们是一个相互制约的有机体，没有后者的实现，也就没有前者得以实施的可能，对这一重要问题拟专文分析。

（3）法权理念。法权理念，是人权理论与民权理念在整体层面即国家层面上的结合而形成的现代法治理念、法治精神。不以人权理念和民权理念为根据的“法权理念”，只能走向专制极权。

任何权利都要通过法律来保护，没有法律保护的权利不成其为权利。为了保障人权、民权及其普选权、代权、分权和舆论自由权等等，必须实行法治。所以，现代政治理念的另一个重要方面，是以以上诸多先进理念为内容的现代法治精神，它形成了法律至上的法权理念。它甚至上升成为“法律主权论”“法学世界观”，成了人权和“人民主权论”的法律基础，是现代政治理念文明的重要组成部分。

在西方，由于自然法、自然权利观念根深蒂固，随着现代社会的兴起，在17、18世纪就形成一种恩格斯所说的以自然权利观念为根基的“法学世界观”、法律主权论，这是由于社会的公正（公平正义）意识、理性（真理）意识、自由平等观念及人权观念比较普遍化，社会意识超越了自然限制和人的依赖关系，达到了新的文明阶段的表现。这些新的思想理念，必然否定人的依赖关系，否定人治，否定帝王私人统治国家的合理性。帝王或权威人物的人格统治（人治），不过是人的自然血统即原始的部落酋长制的遗影。它已经远远不能适应新兴的以工业、科技和“物的力量”独立起来的以个人主义为特征的人的精神、理性精神的成长，这种精神力图以一种法律规定的公共政府来表达共同意志。它集中体现为新形成的宪法精神。从而，宪法成了一种以社会理性、人的理性代替封建人治的最高法律。事实上，现代宪法就产生于自由（英国《自由大宪章》，1215）、权利（英国《权利请愿书》，1628）、人身保护（英国《人身保护法》，1679）等法的精神。[①] 这种以宪法为主的规范政府权力而保护全体人民的法学世界观、法律精神，就它与“神权世界观”相对立言，它是“人权世界观”，它的法律表现，就是法国的《人权宣言》；就它与“贵族

① 李昌道等：《外国法律制度导论》，复旦大学出版社2003年版，第52页。

世界观”相对立言，它是“平民世界观”，“人民主权论”是它的理论表现；就它与“君主主权论”相对立言，它是“法律主权论”，宪法就是它的体现；就它与原始自然的“人治”相对立言，它倡导的是非人格的“法治”。从人治上升到法治，从依赖于人格到依赖于法，是人类精神、社会的一大进步，是从原始到现代性的表现。总之，它使文明上升到了以超自然的、非人格的即以人类社会的事理和人理为法则这一高度上来了。所以，它是文明发展史上了不起的现代性的飞跃。不能实现这一步，就不能进入现代社会，就不能以封建社会、奴隶社会的尾巴出现于现代世界。

现代法治理念，作为人类历史进步的有科学底蕴的人文精神，作为理解个人与社会、个人与国家关系的系统的法治观念，理所当然地为当时代表历史发展和科学进步的资产阶级所接受，成为经典的近现代法治精神。它的实质，乃是人类进步精神以法的形式在现代世界的成熟，并以进步的法律制度的形式，规范着新兴的资本主义社会。历史进步性、科学性和人民性，即符合事理、人理乃至心理，是现代法治精神的发展方向。

现代法治精神的特点，首先在于它对超越帝王统治之后的最高权力的规范。自从有了国家之后，就有了法。但古代的法主要是“法”民、“法”罪，而不是“法”君、“法”国、“法”权。相反地，现代法治精神则首先要规范那摆脱帝王而又统治社会的最高权力：“法治的主要功能在于防止、束缚专横的政治权力，确立和维持一个在权力、作用和规模上都严格受到法律限制的有限的政府。”① 即它是保障人民的民主、自由和权利之法，这是现代法治精神的精髓。所以马克思说：现代“法律是肯定的、明确的、普遍的规范，在这些规范中自由的存在具有普遍的、理论的、不取决于个别人的任性的性质。法典就是人民自由的圣经”②。而体现这种“人民自由”的法律精神，主要是宪法精神。

现代法治精神的另一体现，就是法律至上观念。即以法律主权论代替君主主权论。法律作为公民意志的表现，不仅规范民众，也更规范政府，一切人上至国王总统，下至平民百姓；一切机构上至立法议会、司法机

---

① 眭明泉：《两种形态政治监督的比较及思考》，载《广西社会科学》2002年第5期。

② 《马克思恩格斯选集》第1卷，人民出版社1965年版，第71页。

关、军警和政府，下至商务、工会活动，无不受法律的规范。并主张法律面前人人平等，从而形成法治社会。而“自由”就被理解为可以从事法律没有禁止的活动。当然，现代国家能否真做到这一点，只要看看在不同社会制度中都普遍存在的经济政治特权就知道了。

现代法治精神根源于社会政治上的个人至上思想（个人主义），把对个人的保护放在首位，所以，以个人为根基的人权成了法律思想保护的核心。“三权分立”的实质，是三权互制，其用意，也在于限制上层某种权力的恶性膨胀，成为绝对权力，从而危及社会和个人。

总之，有如美国法学家庞德所说，随着18世纪政治法律思想的发展，天赋人权观念盛行，法律至上原则得到社会共识，个人主义成为法律至上的精神支柱，成为限制一切统治权力、保护个体及其利益以防止国家和社会损害的工具。这一原则假定个人是一切事物的中心，国家存在的目的是保护个人利益，建立法院和法律的功用是保护个人及其权利，防止其转化成为压迫人民和剥夺个人权利的机器。①

马克思对现代政治理念文明也是肯定的，他所赞扬的“政治理智”“政治精神”，实质上都是指上述现代政治理念。

在这里，我们不用观念、思想这些词而选用“理念”这一概念，在于前者所指带有随意性，缺少坚定性和实践意图；后者则较有稳定性和坚定性，并且作为精神的东西力图通过实践转化为行动，并创造出较为理想的现实状态。因此，正如实际所表现出来的那样：上述文明的政治理念，首先通过资产阶级的革命和改良实践，而不断发展完善，转化成了在历史比较上最为文明的政治制度，即以制度为体现的政治文明。

现代政治文明，作为人类的社会政治生活的组织—统治方式，它是建立在现代政治理念的基础上的。它作为人类社会政治生活和政治制度的科学化、人本化、公平化的发展解放程度，是人的发展解放程度在社会政治生活中的体现。它使人类的权力制度走进了文明化的时代。

（二）政治制度文明

现代制度文明，作为以民为本的权力制度，是在一定经济基础上形成

① ［美］庞德：《普通法的精神》，唐前宏译，法律出版社2001年版，第53页。

的、以一国的权力机构和其宪法为核心的、保护人民和管理国家的法定政治制度，它体现为规则性的法制文明、实体性的组织体制文明、运行性的权力文明等诸多方面。因此，现代制度文明的首要体现，就是由理念文明形成的法律制度，以及由法律制度规定的政治制度的总和。它包括法制文明、组织体制文明和权力运行文明。

（1）法制文明，即法律制度的文明，是现代制度文明的首要特征。其最高体现就是“宪法”。法制文明的程度，主要就体现在宪法对于政府的规范和对于人民的保护方面。它基于人权理念和民权理念。

现代宪法，是人权和民权这种政治理念文明的产物。它一方面规定着国家的政治制度，规定政府各部门如立法、行政、司法既分立又相互制衡的关系和权限，以及议会、总统、总理的关系和权限，政府各部门及其相互关系和职责。法律没有规定的权力，任何人任何部门不得行使，行使就会无效或违法。这样，法律至上的观念就在宪法中充分体现出来。另一方面宪法的主要功能就是保护公民的人权、民权、舆论自由权等权利。法国1789年宪法称为《人权宣言》，美国1776年的《独立宣言》以人权为重点，被马克思称为“第一个人权宣言”。它宣称：人人生而平等，人人有生存权、自由权和追求幸福的权利。政府的正当权利，则是经被统治者同意授予的。政府所依据的原则和组织其权利的方式，务必使人民认为唯有这样才最有可能使他们获得安全和幸福。后来发展出来的《权利法案》的第一条，就是国会“不得制定”“剥夺人民的言论或出版自由，剥夺人民和平集会及向政府请愿申冤之权利”。所以，宪法，作为法制文明的体现，从法律上规定了现代制度文明以人权、民权、分权和舆权为主要特征。

但是，法制文明不能孤立存在，它实际上必须通过组织建制才能转化为政治制度，形成制度文明。

（2）组织体制文明，即由法律规定的社会政治组织的结构文明，是由法制的规范条文转化为社会组织之后的政府建制，是政治理念以组织面貌出现的实在体现。换言之，文明的法律制度对政治制度的规范，总要以组织结构的形式体现出来，转化为组织体制文明。现代国家的国家制度、政府制度，如共和制度、民主制度等，都不能不以组织体制的形式出现。

人类历史发展至今，最文明的组织体制，就是三权互制的政治体制。

这是以权力约束权力的最佳建构，它比任何其他形式的政治体制都更能防止权力集中、权力滥用和权力腐败，但它只适用于民主制度。

政治组织，表面上是一种职务架构，实质上是以人为要素的权力结构系统。这种结构系统由于以人为要素，既要符合系统科学的事理法则，又要符合社会人群的人理法则，还要符合法律的法理法则。不符合人理、事理和法理，就不可能是科学的、合理的，因而也就不会是文明的。在这里，不仅要科学地认识组织或系统的特性，把握事理法则，还要科学地认识人和理解人，把握人理法则，根据人和组织的特性，创造行使权力的组织系统。

通过组织的建构，理念文明就以制度的形式成为实质性的存在，如议会制度、行政制度、司法制度、普选制度、政党制度、文官制度、监督制度等等。于是，现代制度文明就以一种全面的方式出现于世界。

法制文明转化为组织体制文明，但组织体制文明与法制文明的统一，就形成权力运行文明。这是由于：组织体制是受法律规范的由人组成的权力系统，其目的就是为了掌握和运用庞大的权力体系，这就会出现权力的运行，一种政治制度文明不文明，有没有生命力，主要就体现在它的权力运行是否文明。

（3）权力运行文明，这是一种文明制度的实践核心。因为权力就是决策，决策就要行动。权力越大决策的影响力就越大，它会成为决定社会的最重大的行动，涉及千百万人的利益、安全、生命和国家命运。所以权力又是制度的核心。权力的运行也就是制度的运行。权力运行文明体现在按规范行事，但这需要有效的监督。

从表面上看，在组织中运行的是各种政治事务，实际上是在权力所限范围内的种种决策。这些决策，都是由一定的人进行的。因此，每一层次、每一部门的权力，如果没有限制和监督，都有可能被掌权者所滥用、私用，从而损害社会及私人。在这里，掌权者的政治道德是重要的，但他是人，有着人的种种关系、弱点、局限和欲望，它们与权力的结合就会滥用。如果没有监督，特别是人民的有罢免力的监督，就不可能保障权力在文明轨道上的良性运行。所以，任何政权都关心它的权力的制衡和文明运转。

历史表明：三权互制、舆权（舆论自由权）独立，可以有效保障权力的良性运行、文明运行、长久运行。它是人类对社会权力的科学认识和人文化发展、民主化发展的结晶。资本主义可以运行得好，社会主义也应当运行得好。这一点，越来越为我们党的高层领导所认识，老一代革命家任仲夷就指出：

> 现在腐败得不到有效的遏制，根本原因是权力得不到有效的制约。立法、行政、司法这三种权力，资本主义国家存在，社会主义国家也存在，三权互制指的是这三种权力相互制约、相互平衡，它的本质就是制约权力的滥用。西方国家几百年的实践已经证明，“三权互制”对制约权力、遏制腐败非常有效。就像市场经济能有效配置资源一样，这是人类创造的管理国家、管理社会的有效工具，是人类创造的政治文明，不应是资本主义的专利。①

这些话，笔者认为，和邓小平的南方谈话一样重要，一样科学，一样符合时代要求，符合人理和事理，符合人类学原则。它代表了我们党内一种新的走向未来的革命思潮。

权力运行文明建立在对人和社会权力这种事物的科学认识之上，即建立在对人理和事理的掌握之上。但它作为人的工具，却依赖于人的政治理念和政治品德。因为，权力作为对人和社会及其财富的支配力，是任何人、任何政党都想无限掌握的，历代的许多战争，都是权力争夺战争。如果没有现代政治理念，特别是人权理念、民权理念、分权理念和舆权理念，就不可能建立民主的权力运行机制，不可能出现权力运行文明。也就是说，权力运行文明不但要建立在权力公有制的基础上，还要建立在民主理念和民主制度的基础上，因为权力公有制仍然可以以中央集权的形式运行，那样一来，其文明运行就只有依赖极不可靠的掌权者的政治道德水平了。

法制文明、组织体制文明和其权力运行文明，共同组成了现代政治的制度文明。它在历史上的第一个体现，就是经由资产阶级革命建立的资产

---

① 任仲夷：《政治改革需要勇气》，载《南风窗》2004年7月16日。

阶级政治制度。

（三）政治行为文明

政治制度文明，作为国家的法律政治制度，其目的就是要规范一国政府的权力关系、权力运行和对待民众的态度和行为，因此，必然要转化为政治行为文明。

政治行为文明，作为权力运行的体现，主要体现在以下四方面：

一是法律的规范性行为。无论政府和民众，都要按法律的规范行事；特别是政府和政要，权力在手，一旦失范，就会给国家和民众带来灾害。规范性行为不但可以使权力运行有序，更重要的是权力为谁掌握，是否违背民意，涉及权力是否滥用。特别是其民主机制、监督机制，一般都能有效地限制官员的自利行为。人们指出："在当代的自由民主政体的两党竞争中，任何一位政治领导人也不会愚蠢到用破坏政治游戏规则的代价来满足自身的当前利益。"① 因而政治一般比较清明。

二是重大政治活动的程序性行为。它一般也由法律预先规定好，以免出现越权和争执行为。它要求政府各部门的重大政治活动，都要按司法程序办理，如按选举程序进行选举，按司法程序进行审判，等等。

三是政务的公开性行为。如政务公开、议会开放等等。公开性原则是包括比较保守的思想家如康德、黑格尔都要求于政府的。这在现代西方民主社会大都能够做到，也为无产阶级政治所希望。列宁就说过："没有公开性来谈民主是可笑的。"② 但是，公开是为了让人民知情，知情是为了让人民监督，监督是为了保证政治的人民性，所以，实质公开就非常重要了。正是透明和公开，才能使腐败、浪费和滥用权力无发生之可能。

四是政府和公职人员的透明性行为。公开就要透明，即政府几乎所有的工作，都能让民众看得到。政府的重大举措、重大建设，"政府的钱怎么花，花到哪里，花了多少，都是透明的，公开的"。公职人员的经济、交往活动、个人收入等等也是透明的，可以被人民和舆论随时监督和检查。除非

① 何俊志等：《社会中心论、国家中心论与制度中心论》，载《天津社会科学》2003年第2期。

② 《列宁全集》第41卷，人民出版社1990年版，第272页。

保密制度所限，任何隐秘行为、越权行为、不法行为都应当受到追究。

政治运行的民主性、科学性、有效性。行为文明，作为制度的内在本质的外在表现，它首先依赖于其政治的民主性、科学性和运行的有效性。民主性如前所述。科学性在于该制度的合规律性和合人伦性，即符合事理和人理、人理和心理的程度，符合世界历史发展要求的程度，符合从人的依赖关系中走出而进入物的依赖关系的时代，符合全民由于“物的独立性”而出现的“人的独立性”要求等等时代理念。民主的科学的政治制度，只要在组织体制上合理，人员选择合理，也就会比较有效。有效还包括不犯错误和少犯错误。而运行是否有效，是否耗能少而效率高，是现代文明制度在科学性上的一大要求。

作为“政治行为”文明，特指政府的活动和行为要符合法律的规范，依法“文明”行事。这里所谓文明，主要是针对政治权力特别易犯的专断粗暴而言，特别是在司法、执法过程中，在强权对弱民的过程中。一个没有文明的政治理念的人，一种没有以民为本、以人为本的政治权力，就特别会把粗暴的、不文明的行为表现出来。

政治行为文明涉及政府和人民的关系问题，是其全部政治理念文明、政治制度文明的集中表现，所以各国都比较重视。由政治理念文明转化为政治制度文明，再转化为政治行为文明，一种新型的民主的政治文明就展现在世界历史中了。当然，由于世界的复杂性，现代政治文明还受到宗教的、意识形态的左右，还有它的各种不同的、不断变化的政治体制，以适应不同的生产力发展和社会文化的需要。但大方向是明朗的。

二、制度—权力文明在政治文明中的核心作用

在政治文明的三大构成中，政治理念文明是其主导因素，大体说来，有什么样的政治理念就会有什么样的政治体制，但它却是精神性的软因素，依赖于人们的信奉和实施，它的力量在于转化成为国家的政治制度。制度文明是文明理念的法定的组织体现，是社会权力的载体和运行手段，因而是政治文明的决定性的核心因素、硬因素，它对政治文明具有保障作

用；行为文明是政治理念和政治制度的运行方式、显现方式，是政治文明的整体表现，也是人民的评价依据。在这里，关键是制度和权力，二者是不可分割的一体：制度是权力的依存实体，权力是制度的体现并受制度规范。由于制度中包含有强制性的法制、运转性的组织体制、决定作用的权力，正是这些因素保证了政治文明的实现。因而，制度—权力文明不能不是政治文明的核心。当代西方制度中心论者豪尔认为：制度就是在各种政治经济单元中构造着人际关系的正式规则、惯例，受到遵从的程序和标准的操作规程。制度既受理念支配又产生着新的理念，并由于权力的操作而转化为行为。因而，制度—权力文明起着核心作用。

制度—权力文明的核心作用，在于制度是权力的源泉、载体和运行体系，而权力则是制度的行动力量。在社会政治生活中，权力是一种影响力、改变力、控制力、强制力，因而是在制度规范下起决定作用的。权力可以对理念加以取舍、选择、解释，权力的性质又自己决定它的表现，即决定政治行为的文明表现。因此，权力和它的行使制度，就是政治文明的体现。

现代性的制度—权力文明，不仅维护着全体公民在政治上法律上的公平正义，也应维护公民在发展机会上和劳动分配上的公平正义，维护全体公民的合理生存、健全发展和走向自由解放，最终实现公民在产权上的公平正义（共产主义）。

事实上，政治文明只有思想理念是远远不够的，它必须转化形成为制度和权力，以制度—权力的一体化来保障其理念的实施，以制度赋型的权力治理社会，推动社会走向现代文明境界。

（一）现代政治文明的局限

以上对于世界历史发展出来的具有人类学意义的现代政治文明的讨论，只是一种理想的、理念的、综合的讨论，而非事实的讨论。在事实上，没有哪一个国家能达到这一步。另外，这种政治文明还有它的重大局限：

其一，它依然是一种以私有制为基础的剥削制度，是贫富差距向两极分化的不合理制度，它本身还有待历史的发展和选择。

其二，作为它的根本特征的民主，仍然是有限的、在资本主义制度内的民主，人民只可能在几个给定的资产阶级政党候选人中进行选择，而不可能对制度本身进行选择。

其三，民主也只是维护多数人的统治，哪怕是绝对多数，也会压制另一部分人的意志，因而不能成为真正的民主、全民的民主。

其四，广大的人民群众仍然存在着被剥削、被压迫的命运，他们的真正利益和要求，在这种民主制度中还是难以实现的。

其五，代议制，既排斥了人民的直接民主的可能，其代议者（议员）又会为了自身的利益而向专权者的压力倾斜，不能抵制专制统治者上台。尤其是在代表的选择方面被上层控制的情况下，就会失去民主的真谛。例如20世纪30年代的德、意、日等国，从民主制度蜕化为法西斯帝国主义就是明证。

其六，这种政治文明既然以资产阶级私有制为基础，它也就不能摆脱资产阶级追逐利益的自私和狂妄，力图把其狭隘的阶级利益扩大到全世界，无视他国人民的国权、主权和人权，这就出现了祸害世界的帝国主义。

其七，这种文明还大都走不出民族性、国家性的范围，即还是在民族国家的范围内有效，还上升不到全人类性的人类学价值高度，因而是有待发展完善的。

当然，在西方，这种政治文明在一开始时，其程度还是比较低的，只有在工人阶级、人民群众和进步力量的不断斗争中才一步步“完善”起来。但是，作为以一部分人剥削另一部分人为基础的政治制度，作为维护贫富悬殊的政治文明，无论怎样，都掩盖着、包含着不文明的东西，它的改进有待世界历史的进一步发展。社会主义的政治文明，就是力图超越这种政治制度而走向更文明的政治制度而兴起的。

（二）社会主义政治文明

社会主义政治文明，是针对资本主义政治文明的局限性而产生的。资本主义虽然在政权方面促进了权力公有制的出现，但在产权方面却保护资产阶级私有制度，广大无产者的被剥削地位不变，被压迫的地位也就不能改变，更无民主可言。所以，马克思、恩格斯的以消灭私有制剥削、实现资产公有制的政治革命就出现了，并且走向了成功。

但是，这里要注意的是：马克思、恩格斯从事革命理论和革命活动，不是站在哪个国家的立场上的，而是站在人类的世界历史发展进步的立场上的。因此，他们代表人类发展方向和世界历史进步提出的社会主义、共产主义，不仅仅是无产阶级的意识形态，更是全人类的进步意识形态，马克思一再强调，无产阶级只有站在全人类进步发展的立场上即站在人类解放的立场上，才能理解和从事自身的解放。所以，马克思说：人类解放，“这个解放的头脑是哲学（人类学哲学），心脏是无产阶级”。

由于意识形态不过是社会经济基础的思想反映，那么，社会主义和共产主义，作为关于全人类发展进步的意识形态，它也应当是当代世界历史、世界社会经济基础的反映，而不能仅仅是几个社会主义国家相对落后的经济基础的反映。因此，对社会主义和共产主义的理解，也应当站在世界历史发展进步的立场上来理解。而不能仅仅站在“本国特色”的基础上来理解。事实上，社会主义乃至共产主义，在今天的世界上为各个国家的进步力量所主张。社会主义是今日遍布世界的社会党、社会民主党、工党和共产党共同的旗帜。共产主义运动的历史表明，这两派都是对马克思、恩格斯的政治思想在不同文化政治背景下的不同发展。

这也就是说，要站在全人类的发展解放、全世界人民的发展进步的立场上即人类学价值高度上来理解社会主义政治文明的进步性。也只有在这个意义上，马克思主义、社会主义、共产主义才能在世界历史意义上代表先进生产力、先进文化和最广大人民的根本利益。

这就是说，社会主义政治文明也应当从世界历史进步意义上来理解，即它应当以社会主义的现实发展要求为纲，以人类政治文明发展的世界历史进步性要求为基础，形成新的更加符合马克思“人的解放”方向的现实的社会主义政治文明。

这也就是说，从世界历史发展进步来说，社会主义政治文明在结构上同样包括政治理念文明、政治制度文明和政治行为文明三大组成部分。在政治理念上，它应当继承世界文明的发展成就，即不否认上述人权理论、民权理念、法权理念和现代法制精神的世界历史合理性、人类进步合理性，以及其相应的政治制度和政治行为在各国的发展适应性，否则，人民就不会选择和适应它们。但是，作为中国现实发展状态的上层建筑的中国特色的社会主义政治文明，首先应当适应当前中国的现实发展状况，以及它在中国未来发展方向上的要求和可能性。

社会主义的政治理念文明，在人权方面，不是不讲人权，而是讲大多数人、全体人民的人权，即消除一部分人的经济政治特权之后的更加公平的人权，所以邓小平说：讲人权，“首先一条，是多少人的人权？是少数人的人权还是多数人的人权？全国人民的人权？”只讲少数人的人权就是讲封建特权。并强调指出：作为多数人的人权，首先就是全国人民的“生存权，发展权”，即广大人民群众一要生存，解决温饱，二要发展，走向富裕和幸福，这是实实在在的人权，是中国人民最重要的人权要求。也就是广大劳动人民的合理生存、健康发展和走向自由解放的人权。中国特色的社会主义的政治理念文明，把人的生存权、发展权放在优先地位，是完全符合中国经济社会还处在不发达状态、广大人民的生活水平还比较低这一实际情况的。同时，这也是对世界人权理念的重要补充和纠正。

在人民主权即民权理念方面，在普选制还不能普遍推行的情况下，首先在基层即在村、乡实行基层民主选举，取得经验然后逐步向上推行，在时机成熟之时，同样要实行普选。邓小平认为：“大陆在下个世纪，经过半个世纪以后实行普选。”① 就目前来说，这还只是一种努力的方向。而且不能不是注定要走的方向：马克思认为，“人民主权”，就体现在普选制度上。他指出：真正的“普选权是人民主权意志的绝对行为”，但当时的资产阶级并未能真正实行②。普选权作为权力公有制的人民实现形式，它不是指间接选举、层层选举，而是基层全民直接选举国家领导人，这是世界历史发展形成的现代政治文明的结晶，是世界先进文化的政治表现；是人民主权的一种实现形式。它的理想状态，是让人民成为国家制度的原则，即实现人民的主权地位，使权力公有制能够彻底实现。

同时，社会主义政治文明的一个新的民主理念，是如何让人民群众直接参与政治生活和国家的领导，这是从列宁开始就应当解决的问题。

但是，社会主义如何创建自己的新型的民主政治，苏联没有探索出来，中国也还在探索之中。可以肯定的是：社会主义的本质目的不是要搞

① 《邓小平文选》第3卷，人民出版社1993年版，第220页。

② 《马克思恩格斯选集》第1卷，人民出版社1966年版，第632页。

集权政治，更不是要搞专制政治，马克思曾经激愤地指出：在“专制政体下面人人……都无价值”，搞专制制度就是搞人民对统治者的“动物崇拜”①。目前在各社会主义国家的中央集权制，只是一种政治斗争的过渡形式，一则民主的实现需要政治文化、法权理念的基础；二则国际国内的政治斗争的客观需要，还不得不采用中央集权这种有力的政治形式。从集权到民主，在社会主义也需要一个历史发展过程。江泽民对社会主义“民主政治”“政治文明”的提出，就为这一探索提出了任务。

总的来说，马克思主义的最高理念，是人的解放。社会主义政治文明，从根本上说，是为人的解放开辟道路的政治文明。因而是以人为核心的、以人为本的人类学的政治文明。这就要求它要不断根据人民的利益、人民的要求和现实的问题进行改革。当前出现的对高级官员的审计制、问责制、引咎辞职制、罢免制，虽然还未成“制”，但正像干部任期制一样，终会成为对滥用权力的限制制度，是社会主义政治文明的新发展。当然，它作为上层建筑，还不能不受它的较为落后的经济社会文化的发展水平限制，在目前的发展还不算高，但它过去在不断地发展，将来还会不断地发展完善，切忌把它当成固定不变的东西。问题在于要不断地根据人民的和时代的要求进行改进。

最后，可以强调的是：社会主义政治文明一方面要向新型的民主政治发展，发展出比资本主义更高的民主政治文明；另一方面要大力推进中国特色的社会主义在生态—技术基础上，构建物质—财富文明、制度—权力文明、精神—规范文明和生活—行为文明的全面发展。这一切，都需要政治文明的主导。它作为社会文明中的一个关键因素，它存在的价值和目的，就是要推动社会在生态技术基础上对这些文明的全面的健康的发展。由于篇幅关系，本文对此不再讨论。（兰文华参与）

（原名“论现代政治文明及其核心：制度文明”，原载纳麒、郑维川主编（执行主编刘阶群）《云南政治文明建设报告》，云南大学出版社 2005 年版，第 228－243 页）

① 《马克思恩格斯全集》第 46 卷（上），人民出版社 1979 年版，第 494 页。

马克思的生态理念及其对人—境生态系统的揭示

马克思是人类思想史上最早的生态思想家。在“生态”这个词还没有出现时，就从根基上表达了人与自然界的生态原理，创立了一种生态哲学。他从人的自然本性出发，把人与自然的关系视为自然界内部的互为对象、相互依存、双向塑造的关系，这实际上是把人与自然界视为生态系统，即人—境生态系统，为人类今日走向生态文明奠定了深刻的生态理念基础。

一、人与自然界：同一个生态整体

（一）人是自然界的人

马克思首先把人作为自然存在物来看待。“人直接地是自然存在物。而且是有生命的自然存在物。”① 人作为自然存在物，不论怎样发展，都是自然界的一部分，他与自然界的最基本的关系，首先是自然界内部的相互关系。马克思直接表明了这一层：

> 所谓人的肉体生活与精神生活同自然界相联系，不外是说自然界同自身相联系，因为人是自然界的一部分。②

这就是说，人既是一种有机生命体，又是无机自然的构成物。这样人

① 马克思：《1844年经济学哲学手稿》，人民出版社1979年版，第120页。

② 同上书，第49页。

就总要以其他自然物作为自己的存在条件、存在前提。马克思指出：正像人是“自然的个人，是自然存在一样”，人的存在的“第一个客观条件表现为自然、土地”，表现为他的无机体，即人“本身不但是有机体，而且还是这种作为主体的无机自然。这种条件不是他的产物，而是预先存在的；作为在他之外的自然存在，是他的前提”①。

马克思表明，人和任何自然存在物一样，是一种依赖其他存在物而存在的存在物。这就为把人与自然界看做是生态性的共生整体奠定了理论基础，确立了人与自然界之间的生存依赖关系，虽然这是马克思生态理念的基础，但这仅仅是问题的一方面。

（二）自然界是人类学的自然界

马克思所理解的自然界，与一般人所理解的单纯自然界不同，而是“人类学的自然界”。换句话说，人所面对的自然界，不是本来的“与人无关的自然界”，而是在人的生存实践活动中“人化的自然界”，即通过人的作用而打上了人的烙印的、有利于人的生存的自然界；是生成人、养育人的自然界；与“人的肉体生活与精神生活”的健全发展密切相关的自然界。人正是在这种人类化了的即人改变了的自然界中生存的。同时，马克思也提出，人也在实践中不断加深向本来的自然界的深入，不断扩大着这种“人类学的自然界”的范围。所以，人所面对的自然界是人在与自然界的相互作用中历史地生成和发展着的自然界。只有这种自然界，才是可以让人建立种种生存关系而成为人的生活实践的对象世界。所以，马克思不讨论那“与人无关的自然界”。对于马克思来说，这样一种人化的自然界，也不是由人任意摆布的自然界，而是有着自己的“自在生活”和自身规律的自然界，是“走着自己道路的”自然界，人既依存于它，服从于它，它不会迎合于人；人又必须认识它和利用它，把它人化为自己的生存环境。人只能在被人改变了的这种人化了的世界中生存。这是人作为有自身生命的存在物，在存在上必然要产生的对象性的生存前提，是任何个体生命存在的前提。

① 《马克思恩格斯全集》第46卷（上册），人民出版社1995年版，第487页。

（三）人与自然界：互为对象的生态整体、生态系统

“作为自然界的人”与“人类学的自然界”的统一，就是人与自然界互为对象的生态一体性存在。马克思表明，一方面，自然界作为人类学的自然界，作为人所从出的自然界，它在物理上、生理上与人就有同一性，天生就有适应人类生活的“人类性”，在人的努力下进入和形成人的生活世界的人类性，这是在人之外的人的生存的前提；另一方面，人本身既是有机体，又是智力化、主体化的自然，人与自然界是血肉一体的生态整体。马克思是以“人的无机的身体”来表达这一点的：“自然界，就它本身不是人的身体而言，是人的无机的身体。这就是说，自然界是人为了不致死亡而必须与之持续不断地交互作用的人的身体。”① 自然界是“人的无机的身体”。

人则是自然界的智力化、观念化了的有机的身体，这是一种深刻的生态思想。“有机的身体”与“无机的身体”的“交互作用”，就是一种互为生存对象的生态结合体：生态整体，即生态一体性。这种一体性用今天的话说就是一种生态系统。虽然当时还没有生态整体、生态系统这些词，但是，马克思早就把握住了人与自然界的这种鱼水交融的生态系统，人正是在这种生态整体即生态系统中实现自己的生存的。

总之，人类作为一种在自然界中生长起来的自然存在物，他的生成，他的存在，他的生存和发展，都首先有个自然前提。他是自然界的一部分，而自然界也是他的一部分，人与自然界不是二元对立的存在，而是生态一体的存在。恩格斯也有这种人与自身界的生态整体的思想。这是十分重要的，它为人与自然界的关系打下了生态学的理论基础，奠定了人的生态存在的基本原理。

根据马克思的这些思想，在当代生态危机条件下形成生态学的马克思主义理论，倡导生态文明，应当视为是马克思主义发展的当然选择。

① 马克思：《1844 年经济学哲学手稿》，人民出版社 1979 年版，第 49 页。

二、人—境生态系统的形成：以社会为中介

（一）社会：人与自然界之间的中介

但是，以上考察还只是抽象的考察，它所考察的人与自然界的这种生态整体、生态系统的存在，还只是一种自然的客观的存在，即仅仅是就人与自然之间的“关系”的考察。而人与自然之间的关系不是单独发生的，马克思从来就强调，人与自然的关系是通过社会并在社会中发生和形成的，这是理解马克思生态思想的关键点。只有通过社会的中介，它才转化为具体地真实地存在着的生态关系，并且，只有这种社会化了的生态关系，才是人可以自觉意识、自觉调控的关系。马克思强调：

> 社会是人同自然界的完成了的、本质的统一，是自然界的真正的复活，是人的实现了的自然主义和自然界的实现了的人本主义。①

这就是说，人不是像动物那样直接地与自然界发生关系，而是在特定的社会关系如生产关系中才与自然界发生关系的。正是人以社会关系的方式参与，正是人在社会中生成的意识与意志的参与，并且意识到自己对自然界来说是主体，人才能把与他构成生态一体的自然界作为他的生存对象来看待，才能自觉建立他与对象的关系，从而把人与自然的生态整体性变成了他与自然界的可感、可知、可控的生态关系，人就在他与自然的这种生态关系中生存。②

---

① 马克思：《1844年经济学哲学手稿》，人民出版社1979年版，第75页。

② 这种自觉的生态意识、生态关系，在原始的刀耕火种的轮番耕作里就已存在。封建时代也比较重视，笔者曾在丽江的一个风景区，见到清朝时树立的石碑，刻的是中央政府颁发的保护森林的文告。

（二）人—境生态系统的形成

在通过社会而形成的人与自然的生态关系中，既有人的存在的直接的具体的自然前提，如马克思指出的“地理条件、山岳水文地理条件、气候条件以及其他条件”，如可食生物条件等等，① 它们的综合形成人的生存环境；又有人的存在的自身前提，这就是在其中进行生存活动的有自己的需要、利益、意志和情感的人，以及他对其周围环境的意识、意志、知识，改变它的技术和技能——进行生存实践活动的人：正是这两方面在人的社会活动中的统一，才形成由特定历史文化所规范的人与环境共同形成的人—境生态系统。② 人总是在这种人—境生态系统中，按自己的生命需要和技术能力，进一步通过实践改变环境以实现自己的生存和发展的。正是在这个意义上，马克思强调：“环境的改变和人的活动的改变的一致，只能被看作是并合理地理解为革命的实践。”③ 在这里，呈现在人面前的，一方面是作为生存主体的人自身；另一方面是作为客体的人的生存环境。人就在这个由人与自然界在社会中共同创造出来的人—境生态系统里生存和发展。不把自然界理解为在一定的人—境生态系统中作为人的生存实践的对象的自然界，就不是“人类学的自然界”，而只能是“动物学”的自然界。人作为人，不可能在这种自然界中生存。因此，提出人—境生态系统，既是马克思生态理念的一种逻辑结果，又是我们理解马克思的“人类学的自然界”的理论前提。这是我们从马克思的生态理念中所得到的第一个对今天的生态文明建设有重要意义的理论据点。

人—境生态系统，是人（通过社会）不断地创造、生产而生长的生态系统。是人和自然环境的互依互生、互促互长的生态系统。在人—境生态系统中，既包含自然事物互为对象，又包含人与自然事物互为对象以及它们的生成和改变的复杂关系，是由人的需要、智慧与自然界的规定性与可能性共同定向的发展性、创生性的生态系统。这是马克思没有言明但实际

① 马克思、恩格斯：《德意志意识形态（节选本）》，人民出版社 2003 年版，第 11 页。

② “人—境生态系统”这一概念，是我们在 20 世纪 90 年代讨论生态文明时提出的，当时只是运用，而没有定义和讨论它的内容，这里是首次讨论。

③ 《马克思恩格斯选集》第 1 卷，人民出版社 1995 年版，第 17 页。

表达出来的生态思想。通常的“生态系统”这一概念，只能指自然界，不能表达马克思的生态理念。同时，也只有在这种人—境生态系统中，人与自然界在存在上才能“互为对象”，成为生态一体的存在而不是二元对立的存在。

在当前的生态思潮中有两种对立的观点：一种是从人出发的人类中心主义，一种是从自然出发或从“生态关系”出发的自然中心主义或生态关系中心主义。一些人指责马克思是前者而加以否定，另一些人又指责马克思是后者而加以否定。然而，如果把马克思通过社会而实现的人与自然界的生态关系理解为具体的由于人的创造而发展的人—境生态系统，这就超越了以上两种观点的对立，它既不是“人类中心主义”，也不是自然中心主义或生态关系中心主义：因为人—境生态系统必须建立在“人”与“境”的互相创生的文化发展之中。以此为中心处理人与自然的生态关系，就超越了以上对立的观念，可以开创人与自然关系的新局面，这就上升到通过人的主动创造改善人与自然关系的现代生态立场上来了。因此，这一概念的提出，有助于生态立场问题的解决，更有利于明确生态文明建设的许多问题。

（三）人—境生态系统划分的相对性、互通性与重叠性

但是，人—境生态系统是个十分相对的概念。因为，“人”是一种巨大的变量，“境”也是一种巨大的变量，而把“人与境”结合成整体的社会，更是一种能动能变的调控力量。在人的数量还不太大的时代，人可以在不同的自然界选择自己的生存之“境”，一旦这里的生态平衡被破坏，人可以通过迁徙选择别的去处。所以，原始族群和古代民族总是处在不断的迁徙之中（当然还有社会的原因）。然而，一旦适应人的生存的地方到处都被占领，一旦人的数量相对于自然环境达到了饱和，一旦地球上到处都被民族和国家的利益边界划定了生存势力范围，而国家内部的省、县、乡村也都成了一定人们的相对独立的生存范围，这就形成了相对稳定的、大大小小的人—境生态系统：整个人类与生物圈之间是一个特大的人—境生态系统，每个洲、每个国家是一个相对独立的人—境生态系统，而其每个省、县、乡村也是一个从属性的、相对的、较小的人—境生态系统。只有在这种具体的生态系统里，才可以进行具体的生态分析，生态建设也才

能落到实处。人—境生态系统划分的相对性在于，大大小小的生态系统都是互通的、相互影响的、重叠的。如一条河的生态系统就可能涉及不同的县、省和国家。所以，一方面，各个生态系统都要单独进行其人—境生态系统建设；另一方面，又要共同联合起来进行更大范围的人—境生态系统建设。而一个或一些生态系统的恶化，同时会影响另一些或整个人—境生态系统的恶化。这种互通性使任何人—境生态系统的建设都不可能是孤立的。当然，人—境生态系统也可以按照自然地理的区域来划分，如黄河流域、尼罗河流域等等，从而出现生态系统的复杂和重叠，但都应当归结于以人的政治行政区域为基础的划分，以便更有力地进行生态文明的建设。

之所以要以大大小小的行政地区划分人—境生态系统，一是在于它们都有一个可以调控本地区的人和境的权力中枢，在生态危机已经严重危及人类生存的今天，只有各级权力中枢才有力量对人—境生态系统进行有力的调控。二是在于这种有特定范围的人—境生态系统，都有它明确的生态主体以及他们共同生存的生态理性精神和道德力量，这是人—境生态系统中的能动的社会力量。

这也就是说，人—境生态系统，它的良性运转，依赖和取决于社会权力中枢。只有通过社会权力中枢的合理调控，一定人—境生态系统里的人们，才能发挥其生命创造性，了解他们的“境”的生态条件和生态需要，改善他们与其生存之境的生态关系，才能使这种生态关系由不合理走向合理。但是，问题是，在由资本逻辑统治的社会里，由于资本的无限增值的逻辑不可克服，迫使人与自然的生态关系也不能趋向合理，它一般体现为人对自然资源的无限掠夺和不顾人的活动对生态造成的严重破坏。这已成了全人类面临的重大世界性难题。根本出路只有一条：摆脱资本对人的统治，摆脱两极分化。相对的出路，就是进行生态文明建设，未来社会只能是以生态文明为前提的社会。这就是说，人—境生态系统，是我们从马克思的生态理念中发掘出来的可以用来分析当代生态问题的一个基本生态范畴。对于当代世界的生态分析和进行生态文明建设，必须从马克思主义的具体的人—境生态系统出发，才能作出具体的有力的分析和决策。比如说，每个县、每个省、每个国家的权力中枢，都要以其人—境生态系统的良性运转来代替对资本的渴求，把自己的辖区视为一个相对独立的人—境生态系统并进行生态分析，从而进行行之有效的生态文明建设。

三、人—境生态系统的生态原理

人—境生态系统是个有自然力、生命力、创造力和调控力的活动系统，这个系统中实现的是人与物的相互变换：一方面，人把自己的生命创造力（马克思所说的人的本质力量）通过劳动、通过生存实践转化到自然物之中，把它变换为适应人的生存需要的社会财富；另一方面，被转化、被改变的自然物、自然的物种力量和尺度也改变着人，转化为人的生命的力量和欲望、知识和技能等等。在具体的人—境生态系统里，人们总是提出自己的生命要求，借助“境”而实现自己的生命要求。但是，由于人的要求是一种无限的张力，它总是会超越自然的限制和自身的能力，这就不能不产生人—境生态系统中的矛盾。人的物质生活与精神生活就建立在这种人—境生态系统的矛盾之中，人们通过人与物的相互转化和变换，不断产生和不断解决这种矛盾，不断推动其人—境生态系统的发展。

这种生存性矛盾，根据马克思所提出的，一是靠发展生产和提高生产力来解决，一是靠人类社会内部的合理占有关系和合理分配关系来解决。马克思的彻底性，把它归结为对私有生产资料占有制度的变革。但在今天，首先是分配制度的相对均衡，但这还有待生产关系、社会关系的不断改进。重要的是，这不仅是人的社会内部的物质占有问题，更是处理人与自然的边界关系、建设生态文明的社会前提。

要在一定社会中建设生态文明，就要明白人—境生态系统的特性。在具体的人—境生态系统里，人在他的生存矛盾的推动下，一方面人与人通过与自然界的关系实现着他们的自然关系、自然特性；另一方面自然界通过人转化成了人的东西，这就实现了马克思所说的“人对人说来作为自然界的存在和自然界对人说来作为人的存在”①，这种双向互为的存在：人与自然界之间建立的互补、互成、互创、互生的生态关系，实际是建立在人

① 马克思：《1844年经济学哲学手稿》，人民出版社1979年版，第84页。

一境生态系统的系统原理之上的。

人—境生态系统有许多原理，这里主要突出的是：

（一）系统性与耗散性原理

人—境生态系统是一个开放的，既是生产、建设的系统，又是耗散、败坏的系统，它有它的输入和输出。其“输入”主要有三：其“人”的输入是需要、知识、意识、意志、技能、智力等人的生命的创造力和劳动力，以及信息、资本、生命和智慧、人的尺度等精神性、动力性、创造性负熵流；其“境”的输入主要是物质资源、天然能源、自然环境、物的尺度等资源性负熵流；其“关系”即人与境的结合，主要输入的是技术、人的尺度与物的尺度的相互适应、相互改变、相互结合而对人的生存价值性产品的生成，以及为此而形成的社会性的管理、组织等秩序性负熵流。而其“输出”也有三：其一是作为生产系统而产出的各种产品、商品和财富，即生产创造出来的物质—财富文明；其二是建立其上的人的人文生活、文化创造及其文化规范，科学、思想、理念的形成，这属于精神—规范文明，人与自然的生态关系将成为最基本的规范；其三是在这些人文财富基础上形成的人的健康生活与生存发展秩序，即人的生活—行为文明，以及维持、维护其存在的社会组织制度和人的各种社会生活秩序，它主要形成制度—权力文明等。这种输入和输出涉及“人—物相生尺度”问题。

通过这种不断的输入和输出，人—境生态系统就同时成为一种动态的耗散系统。根据耗散结构原理，输入的是生命创造力、资源能源等有序性；输出的一方面是各种产品，另一方面是通过消费和耗费最终形成的败坏力，熵增性。如果这后一种输出超过了系统的吸收、净化、恢复能力，它们就不得不作为破坏力再进入系统而使良性生态系统转化成为恶性生态系统。这就涉及“人—物变换限度”问题。当前的生态问题是，一方面在于一些不可再生资源即将耗尽，而人的创造力又相对地落后；另一方面在于人所导致的环境的恶性改变有不可复原之势，而人的数量、欲望及其对自然的破坏还在无止境地增加。

人—境生态系统的关键在于人。如果“人”的输入是人的无限欲望、超绝需要、混乱思想、主观意志等等，而“境”的输入则是已被败坏而没有恢复的环境，就会导致系统陷入混乱。人—境生态系统就无法良性运行。这是由它的如下原理所规定的。

（二）人—物相生尺度原理

马克思在讨论人的生产创造时，指出了“人所固有的尺度”与“物种的尺度”的重要性。它们的相互作用、相互限定，即是人—境生态系统中的人—物相生尺度。人—境生态系统的维系，既在于人以他自身的生理、心理、人理尺度在自然界中利用自然生成某物，又在于自然物也以它的数理、物理、生理尺度在人的作用下向人的需要转化，成为自然的人化物。这是人—境生态系统中的最基本的物质的交流变换过程。问题是，人们常常不知道这种物质变换过程是有尺度的。其表现，一是在于主观欲望的无限膨胀；二是在于不知道自然也有它的数理、物理规律和转变要求，形成一种盲目的实践活动，如“大跃进”。事实上，任何事物都有它的尺度。所谓尺度，既是质的尺度，又是量的尺度。其原理，主要是指人的尺度与物的尺度要互相适应才能相生。即人的尺度有利于客观自然界的物的尺度：按照物的种属生态规律把握事物；物的尺度有利于人的尺度，物的种属生态规律适应人的需要，实现人的合理的目的和要求，其中包括量的关系、可容忍程度等等。只有在这种情况下，才能越来越深地达到人成于物、物成于人，才能二者相生相成。一般讲来，人正是通过人—物相生尺度来创造人们赖以生存的人—境生态系统的。但这有赖于人的行为的科学性和创造性，人对自然的认识和掌握方式（科学技术）的进步，并在这种进步中使人—物相生尺度不断深化。相反地，如果人的欲望有悖于物的尺度以及物的尺度有悖于人的尺度，人—物相生就转化成了人—物相克，人—境生态系统也就转化成为人—境相克的恶性的破坏生态关系的“系统”，等等。

（三）人—物变换限度原理

人—境生态系统，因其人—物相生原理的作用而成为一个物质变换系统。过去认为这种物质变换是无止境的、可以无限进行的，而生态危机出现之后，人们方才认识到：由于地球和资源的有限性，这种相互变换是有限度的。人—物变换限度的原理，在于人与物的相互变换，既不能超越人的生理、心理与人理的限度，也不能超越自然环境的数理、物理与生理的限度，这也就是马克思所说的人与自然界的“合理的物质变换”及其良性变换关系。换句话说，这种变换，既不能破坏自己的、他人的乃至整体生态系统的现在的良性运转，也不应破坏其未来的良性运转（可持续发展）。如何制定出这种合理变换的限度，是个非常复杂也非常重大的生态科学技术问题。不把这种限度研究清楚，我们就只能像动物那样在遇到生存危险或灾难时再转而逃生的被动局面。但是，它首先依赖于社会支配关系的合理性。资本的统治，不可能使这种关系合理化。例如，当前国际上的限制大气排放物的生态举措，要能达到人与自然的“合理的物质变换”很难。

（四）人—境生态逻辑原理

人与自然的生态关系，作为融合人与自然界相互作用的共同规律的关系，有它的复杂规定性，而不是任由人类主观欲望来摆布的。人与境的矛盾，人—物相生尺度和人—物变换限度等原理，在人的生存发展活动中转化成了人—境生态系统中的生态逻辑：人—境生态逻辑。它是在人类本身和人类活动的一定量的基础上产生的。人类迄今都是在这种生态逻辑的支配下呈现自己的生存状态的。其基本原理是：在一定活动总量的基础上，人的活动如果不遵守人—物相生尺度和人—物变换限度，良性的人—境生态系统就会转化为恶性的人—境互伤系统：人对这种尺度和限度的破坏——人超出自己的创造性的过滥活动，就会出现人的生存异化并导致人的生存悖论，使人的良性生存转化为恶性生存，趋于灭亡的生存。相反地，如果人们遵守这些尺度和限度，那就能够维持生态系统的良性运转，实现人的良性生存。这就是说，当前的生态危机，其克服道路就在于：遵循人—境生态逻辑的要求，遵循人—物相生尺度和人—物变换限度，实现人与自然的合理的物质变换与生态要求，建设良性的人—境生态系统，克服人—境生态异化，从而克服由于人的过滥活动导致的人的生存悖论。

明确这些原理及其运行逻辑，对生态文明建设有重大意义，这需要另文深入阐述。（盛莉参与）

（原载《云南大学学报》2010 年第 3 期，第 81－87 页）

论马克思人本理性哲学的应用伦理关怀

——生命、生存、生活关怀兼论“三生教育”的哲学基础

也许是由于编者约稿的巧合，拙文与罗崇敏同志的开山大作《全面实施三生教育，建设现代教育价值体系》，同时发表在《昆明学院学报》2009年第1期的“三生教育”专栏上。在及时拜读了罗文之后我很兴奋：在正感到如何才能把我们所主张的马克思的人本理性哲学应用于伦理学时，罗崇敏同志首倡的“三生教育”，为我们打开了通道。在这里，笔者想就马克思的人本理性哲学的有关基本原理，与“三生教育”的内在联系作点探索。这里应强调的是：人本理性哲学有很多原理，其中作为根基的原理，是以人为本。而以人为本在伦理学中的体现，或者说，它的应用伦理关怀之一，可以概括为对人的“生命、生存、生活”的关怀。这样，对马克思哲学的新理解就和“三生教育”走到了一起。这既是对马克思创立的人本理性哲学的应用性张扬，也是对罗崇敏同志主张的“三生教育”的哲学性张扬。

一、从马克思人本理性哲学的人本理念到人的“生命、生存、生活”

改革开放以来，对马克思哲学和整个马克思主义哲学的理解在不断深化。首先是对经典范式“辩证唯物主义与历史唯物主义”的不断完善和提出质疑，进而是“实践唯物主义”以及其他各种理解范式的提出，其不同理解所形成的不同理论也许有十多种。人本理性哲学——亦即这几年我们

所强调的对马克思哲学的人类学—哲学的理解范式，是我们正在研究完善的对马克思哲学的最新理解。这是一种以“每个人”和“一切人”的合理生存、健全发展与走向自由解放为追求目标的哲学。这一范式的一系列原理，可以作为“生命、生存、生活”三生教育的马克思主义哲学理论基础。

其一，马克思的人本理性哲学，是以人为本的哲学。这种以人为本，既不是像费尔巴哈那样以抽象的人的自然本性为本，也不是像施蒂纳那样以人的孤立个体（“唯一者”）为本，而是以人的个体生命与其类群之间的关系为本，个人与类（通过个人与他人而体现出来）的关系是人的社会关系之母，它使任何个人都成为“社会人”。所以，马克思的以人为本，是以“社会人”为本。社会人首先是“这一个”，是以个体形式存在的有其类的本性的处在复杂关系中的个人，“生命、生存、生活”，首先是这种社会性的个人的存在形式。在这个意义上，以人为本，也就是以人的个体的生命、生存、生活为本。在人的生命、生存与生活中，包含着马克思以人为本的人本理性哲学的本质丰富性。因此，罗文对“生命、生存、生活”的提出，涉及马克思人本理性哲学的基础性理论或理论基础。对“生命、生存、生活”的关注，也就应当视为是从马克思人本理性哲学出发的人生哲学关注。

其二，人本理性哲学的本体论——人的个体生命本体论，为“生命、生存、生活”的提出，提供了马克思主义哲学的本体论基础。本体论是个复杂的问题，马克思哲学有没有自己的本体论？如果有，这本体论为何？可以说不同的理解范式就有不同的主张，学者们提出的马克思哲学本体论观点有十多种。但大体说来，有怎样的理解范式，也就会有怎样的本体论。根据我们对马克思哲学的人类学—哲学范式或人本理性哲学范式的理解，我们把马克思哲学的本体论，理解为人的个体生命本体论，它是整个人本理性哲学的理论根基。

人的个体生命本体论，从本质上说，就是以“每个人”和作为其集合体的“一切人”的个体生命存在为根基，这也就是说，马克思的人类学—哲学，是建立在“人的个体生命存在”的基础上的哲学，没有人的个体生命存在，就没有人类社会、人类世界，也就不会有马克思的人本理性哲学及其本体论。因此，人的个体生命存在是马克思人类学—哲学的基础理论或理论基础。

如果这一点可以肯定（这不是本文所能讨论的），进而应当明白：人的个体生命存在所讲的无非是如下三个环节：人的生命，其本性在于生存；人的生存，其实现的形式在于生活；人的生活，它是生命及其生存的统一和实现形式，三者是三位一体的存在，即人的生命存在。这就是说，人的生命存在，体现在其三环节之中：人的个体“生命”的存在、人的个体生命的持续存在即“生存”、人的生存的实现形式即“生活”。这就是说，生命、生存、生活，是人类学—哲学的个体生命本体论在人身上的直接体现。或者说，它是个体生命本体论在人生领域的体现形式、表达形式，是人的个体生命本体论的人生哲学语言。

其三，马克思的人本理性哲学，其核心价值精神和终极价值追求，是人的合理生存、健全发展与走向自由解放。这是由马克思对人的生存合理性的关切而产生的，是马克思人本理性哲学的人类学价值原则所追求的目标。但是，这种原则不仅仅是人类学意义上的本体论、目的论的原则，就其对人类世界的规范来说，它也是伦理学意义的价值原则。是对人的应用伦理学关切。这种伦理学意义的关切，不是空洞的关切，而应当具体化为对人的个体生命的存在形式——生命、生存、生活的关切。这是三位一体的人生关切。只有关切人生，才能关切世界。

即此三点，已表明“生命、生存、生活”是马克思人类学—哲学的基本原理的人生体现。而人生，就体现在他完整的生命、生存、生活之中。抓住“三生”，也就完整地抓住了人生。“生命、生存、生活”视域，也就是马克思人本理性哲学的人生哲学视域、生命伦理视域。

所以，人本理性哲学与“三生教育”是深度相关的。是“体”与“用”、根与叶的内在性关系，有共同的精神理念。也许正由于这样，二者才能在同一个时代精神的启导下各自独立地问世。

二、从人本理性哲学到生命伦理学：三生伦理

人作为地球上的最高级生命，作为由理性控制的在实践中开辟自己的

生存形式和生活道路的生命，其物种的生存要求产生了其人类学的生存原则：每个人不仅自己要合理生存，也要求别人能合理生存。这就有个如何对待自己和别人的伦理的问题。

对于人来说，从哲学上看，人的伦理首先是生命伦理。生命伦理，是一个生命的生存与其他生命的生存关系，它至少包括四个相互渗透的方面：

其一，是生命的物质变换依赖关系（食物链），这是不同生命自身之间的自然关系，是任何生命的生存可以变更但不能违背的关系，其统治原则即所谓“丛林原则”；而在人类世界，它以“物的生产”的形式而实现，其文明形式的原则是合理分配原则。

其二，是生命的两性依赖关系，这是两性存在物不可违背的自然关系；而在人类世界，它以婚姻的形式和“人的生产”而实现，其文明形式的原则是自愿原则。

其三，是生命存在的环境—生态依赖关系（比如，生命要存在于空气中、重力中，由他物组成的环境中，生存于自然界的生态关系中，等等），它在自然界也不会被违背，因为生命就是在这些环境和生态中产生的，是它的一部分。但人的环境是由人自己的劳动改变和创造的，人的主观意志和利益追求会违背这些关系。

其四，是生命存在的社会依赖关系，因为人是社会的存在物，而社会依赖关系在本质上是一种伦理关系，一种如何处理好以上关系的伦理关系。

人的生命伦理，建立在这四大关系之中。对于人来说，这四重关系都是经由意识的调控和构建而实现的关系，是以社会的形式而实现的关系，它们因之成为生命的社会依赖关系（自然界不存在这种社会关系）。对于人来说，其生命的物质转换关系、两性依存关系和环境依赖关系，都要通过社会的中介和意识的调控，都是以社会的形式通过生命的生产、生存、生活的实践活动而实现的。而且正是这种社会中介和意识调控，使人可以改变、违背和不遵守这种关系，使这种关系服从于社会和意识（片面的意识）的需要，遵从社会和意识的要求，即自然规律以社会的形式体现出来。这是存在于人的生命之间以及人的生命与其他生命之间的一种基本关系，又是往往被违背的关系。所以，在这里，生命之间就需要有以某种价值原则为基础的伦理调节。这就出现了生命伦理：根据人本理性哲学精神、生命伦理学的基本要求，在上述四大关系中坚持以下原则：

"生命"伦理原则：消极地说，一个人的生命存在不能有害于他人、他物的生命存在；积极地说，一个人的生命存在应当有益于他人、他物的生命存在。

"生存"伦理原则：消极地说，一个人的生存不能有害于他人、他物的生存；积极地说，一个人的生存应当有益于他人、他物的生存。

"生活"伦理原则：消极地说，一个人的生活不能有害于他人、他物的生活；积极地说，一个人的生活应当有益于他人、他物的生活。

当然，消极与积极之间，或者消极与积极本身，都有一个广大的伦理空间。其最低要求是："让自己生存也让别人生存"（基督教文明），最高要求是"己所不欲，勿施于人"（儒家文明）。"三生教育"如果不上升到这种伦理学、哲学高度，那只会成为孤立的生存知识教育。

当然，这种三生伦理学原则的实施有一个前提：对剥夺他人生命、生存与生活的侵犯者除外。即它不应当违背"剥夺者应当被剥夺"这一从西方自然法到马克思主义都强调的原理，马克思主义的正义原则就是"剥夺被剥夺"。因为剥夺者以剥夺他人、他物的生命、生存、生活为存在条件，他作为一种有害于他人存在的存在物在先。这样的存在是与生命伦理原则相悖逆的存在。生命伦理原则的实施，以清除反生命伦理原则为前提。这是人本理性哲学的正义精神的集中体现，也是生命伦理学或者说三生伦理学的正义精神之所在。它不给侵略者、剥夺者、压迫者等留下宽容的空间。

三、三生教育：以人为本的生命伦理教育：一种教育伦理学原理

前面的讨论表明，"生命、生存、生活"的提出，虽然充满了哲学—伦理学精神，但是，它却是由一位领导教育实践的很有思想的官员经过深

思熟虑向教育界提出来的。他特别称之为“三生教育”。

罗崇敏同志对“三生教育”的定义是：

> 生命教育是帮助学生认识生命、尊重生命、珍爱生命，促进学生主动、积极、健康地发展生命，提升生命质量，实现生命意义和价值的教育。
>
> 生存教育是帮助学生学习生存知识，掌握生存技能，保护生存环境，强化生存意志，把握生存规律，提高生存的适应能力、发展能力，树立正确生存观念的教育。
>
> 生活教育是帮助学生了解生活常识，实践生活过程，获得生活体验，确立正确的生活观，追求个人、家庭、团体、民族、国家和人类幸福生活的教育。①

这完全是从教育学和教育实践的视角提出来的，是一种规范和指导实践活动的教育理论。其目的很明确：指出三生教育是什么教育和教育什么，从而使教育者概念明确、方向正确。

三生教育的提出不是偶然的，它显然是我们的改革开放的时代精神对人的人本理性关怀的结果，是“以人为本”的哲学精神在教育领域的直接体现，也是对未来的思想教育、素质教育的提升。

但是，教育观念从来不是独立自在的，它总是一定的世界观、价值观、伦理观、人生观的体现。“生命、生存、生活”教育，也绝不仅仅是一种教育话题。如前表明，它不仅涉及马克思人本理性哲学的核心理念，也暗含生命伦理学于其自身。一旦涉及不同人、不同生物的生命之间的关系、生存之间的关系、生活之间的关系（它是不能不涉及这些关系的），它就不能不立刻转化为伦理学问题。这样一来，以三生教育所实施的人生教育，就不能不立刻转化为生命伦理学的教育。并且，它不仅仅是生命伦理学，由于它在三大依赖关系中都不能不涉及人与自然的关系，它同时也

① 见《昆明学院学报》2009年第1期，第1页。

是一种生态伦理学。这就是说，三生教育，不能不同时是一种以人为本的生命伦理教育、生态伦理教育。在包含生命伦理、生态伦理的意义上，生命、生存、生活教育是这样一种根本教育：它不仅仅是提高个体的人生认识、人生能力的教育，而且在一个全面的意义上——涉及所有人、所有物的生命存在和生命关系的意义上，是人作为人、人作为其共同体的存在分子的意义上的基本教育；是对人在人之林中、在有生世界中如何立身、立世、立人的"三立"人生观教育。把这种生命伦理、生态伦理贯注到人生教育中，就会自然形成一种以人为本的教育伦理观，这就成了与当代的时代问题（生命伦理问题与生态伦理问题）紧密结合的教育伦理学。只有这样的教育，才可以通过一批又一批的受教育者进入社会，成为在精神理念和价值选择上能够依循伦理原则解决个人与他人、个人与社会、个人与时代的诸多问题，成为提升个人与时代的质量从而推动时代发展的历史进步力量。

四、三生教育：人本理性哲学的教育观

罗崇敏同志不仅提出了"三生教育"这一重大的时代教育命题，也提出了与此相一致的教育观。首先，他把"生命、生存、生活"教育理解为是一种以人为本的教育观：

> 人是教育的中心，也是教育的目的；人是教育的出发点，也是教育的归宿；人是教育的基础，也是教育的根本。从这个意义上讲，教育就是发展（和提高）人的生命、生存、生活的本真事业。①

同时，作者还以这种以人为本的教育，来重新理解教育的性质，他强调：

① 见《昆明学院学报》2009年第1期，第1页。

> 教育是完善人的生命、促进人的生存、提升人的生活的过程，是人对人的主体间的知识能力传授、生命本质领悟和社会文明传承与创新的过程。①

正是这种教育观，才形成了“三生教育”的实践理路。由此我们看出，罗崇敏同志提出了一整套以人为本的教育观和教育实践观，这在当代和未来是何等需要和重要。

但是，教育观的根子是哲学观、世界观。那么，这样一种教育观的哲学根子是什么呢？这就不能不回归马克思的人本理性哲学上来了。

我们知道，传统的“辩证唯物主义”是不讲人的。它讲的是客观物质世界的一般哲学原理和建立其上的辩证法。传统的“历史唯物主义”也是不讲人的，它讲的是物质生产的生产力与生产关系，以及它的矛盾对社会历史发展的推动。新生的“广义历史唯物主义”或“大历史唯物主义”，也只是把人作为生产和历史的前提和基础，并不直接研究人的问题。影响广泛的“实践唯物主义”或“实践哲学”，不能不以实践为本体，这样也就不能以人为本。“生存论”与“解放论”，虽然不能不讲人的生存与人的解放，但它是以生存和解放为本构建其哲学体系的，同样不能直接讨论人的问题。“人学”和“类哲学”，以及“哲学人类学”（与本文所强调的人类学—哲学不同），其学科性质决定了它只能建立在抽象人性或人的类特性的基础上，不能深入社会研究人的问题，早就为马克思所不取。这就是说，它们都不能站在人的个体生命本体论即以人为本的立场审视问题。只有我们所主张的对马克思哲学的“人类学—哲学”“人类学唯物主义”或“人本理性哲学”的理解范式（三者是同一个东西），才是以人为本的哲学，才是以马克思所说的“社会人”来理解人类世界的哲学。这一哲学以人的个体生命存在为本，研究人与自然以及人与人的关系的合理性与非法性，从经济学、政治学、社会学与伦理学的综合视域，即人类学视域，研究人类社会的问题及其解决途径，力图为“每个人”以及“一切人”的合理生存、健全发展与自由解放开辟道路。所以，只有马克思的人本理

① 见《昆明学院学报》2009 年第 1 期，第 1 页。

性哲学，是以人为本的哲学。而只有以人为本的哲学，才能为以人为本的教育观提供哲学基础。

从以人为本的人本理性哲学来看，所谓“三生教育”，就是对“每个人”和“一切人”在入世之初的这样一种人格理性教育：通过这种人格理性，使受教育者成为实现人的（自己的、他人的与全体的）合理生存、健全发展以及追求自由解放和发展创造的历史进步力量。在这里，三生教育直接体现了马克思人本理性哲学的核心精神——人的合理生存、健全发展与自由解放精神。

这就是说，三生教育，其一，是对人的生命伦理关怀；其二，这一关怀符合马克思的人本理性哲学理念；其三，它是人本理性哲学理念在应用伦理、教育伦理中的体现。在这个意义上，笔者完全同意这样的论断：

> 实施三生教育必须牢固树立以人为本的思想，以人为本是对人主体地位的充分肯定和尊重；以人为本是一种思维方式；以人为本是一种价值取向。要树立以人为本的教育理念，做到以人为中心，突出人的发展；把教育和人的自由、尊严、幸福、终极价值紧密结合起来，真正成为发展人的教育。①

这一论断，实际上是以教育语言说出了人本理性哲学的人本精神。它表明，三生教育作为人生教育，它的深层要求，就应当是建立在马克思的人本理性哲学基础上的教育。换句话说，只有把这一教育自觉地与马克思的人本理性哲学结合起来，才有深厚的马克思主义哲学基础和“世界历史”基础。所以，在强调“三生教育”的“哲学基础是马克思主义”时，应当像国家哲学社会科学2009年的规划题目那样，首先要研究好“什么是马克思主义哲学”，建立好三生教育的马克思主义哲学基础。

① 见《昆明学院学报》2009年第1期，第1页。

五、“三生教育”的本义：“三生理性”教育

“三生教育”一经提出之后，无数教师在摸索、在实践，不少干部和学者在探索、在思考如何才能把“三生教育”进行得好。前面的讨论表明，“三生教育”的本义应当是“三生理性”教育，即重在进行生命理性、生存理性、生活理性的教育。这应当成为三生教育的深层意蕴。

教育虽然是一种复杂的现象，但它总是以一定的思想文化形式进行的。不论思想文化形式如何不同，塑造时代人格，传授时代知识，解决每个人前进道路上的精神障碍，是其三大任务，即所谓“传道授业解惑者也”。授业没有异议，解惑没有异议，关键是“传道”，即如何塑造代表时代精神的人格或者说人格理性精神。中国封建时代是“格物致知修身齐家治国平天下”“以天下为己任”，从而塑造了一代又一代的仁人志士。他们是历史上的民族精魂，使中华文化精神得以延续发扬。自由资本主义时代，是以个人主义、自由主义、人道主义、法的精神和科学技术知识武装每个人，使每个人成为新世界的独立开拓者。于是，资本主义得以风行世界。人类发展到今天，这些思想文化形式都已过时，无论是东方还是西方，都在酝酿着一种新的精神，这就是马克思以“每个人的自由发展成为一切人的自由发展的条件”表述出来的社会公共人本主义价值精神。作为成长中的时代精神，它不仅适用于“每个人”，也适应“一切人”，即全人类。中国作为社会主义国家，作为马克思主义的“传人”，应当首先弘扬这一精神，这就首先需要在国民教育中实施这一精神。“三生教育”作为一种人生教育，无论从生命本义、生存本义还是生活本义来看，它都应当深入它的精神底蕴中来，把人类生命、人类生存、人类生活及其对自然的生态理性要求作为它的终极价值精神。不以这一精神教育学生，中国人固有的只追求自家的“福”“禄”“寿”的封建散沙式的人生目标，就会

在人们心底抹之不去。① 我们不能像传统文化那样，把学生教育成只追求自己的"福""禄""寿"的人，也不能追随社会风行的市场拜金竞争文化，把学生教育成唯利是图者，而要让每个学生的意识都包含着一切人的意识，都有为祖国、为人民、为人类、爱人类的意识，有为每个人的自由发展和一切人的自由发展而奋斗的社会公共人本主义意识。而这也就是生命理性、生存理性和生活理性应当有的最高追求。有的人可能认为这又是"假大空"，但是，人总是要有一点公共理性精神的，没有公共理性精神的人也可以有成就，但不会具有时代人格、时代精神与时代价值。即使他将来有物质力量、权力力量或理论力量，他也只能是时代发展的绊脚石。有没有这种理性、这种精神，有没有这种气度，对于一个人的成长是大不一样的。只有抱负远大，才能不计个人得失、正直无私，拥其生命为其目标，把自己的生活与生存融于时代的生活、时代的发展中去，形成其完美的人生。据报道，瑞典对小学生的教育，就是长大能为人类做些什么。假若这一精神在青少年心中生根，他的"生命、生存、生活"，不是都有了人类学的公共理性价值目标了吗？一种社会的公共人本主义价值精神不就树立起来了吗？"三生教育"如果真能达到这一境界，应当就是一种理想的境界。

总之，"三生教育"作为一种人生哲理教育，它是有它的时代精神基础的。这种时代精神，显然既不能是封建时代的等级观念和只顾自个儿身家性命的"福""禄""寿"观念，也不能是资本主义时代的个人主义、自由主义的自我观念，而应当是当今人类追求自由、崇尚真理、趋向共生共容、力图实现全社会的民主和公平正义的社会主义价值精神；它应当是建立在马克思的人本理性哲学基础上的社会公共人本主义价值精神的体现。这种公共人本主义价值精神的教育，要求人们有教无类，因此，不论一个人的出身和社会地位如何不同，在今天他都应当具有如下的人格理性精神：

其一，是建立在其生命特殊性之上的自觉、自动、自主、自由的探索

① 据报道，最近在某个发达地区建起了40多米高的"福""禄""寿"三座大楼，可以看做这一传统观念在现代市场经济物欲形态中的复苏，同时也表明传统观念之牢固和人生境界之低下。

精神和奋斗建设精神。

其二，是建立在“每个人”和“一切人”的“四自”精神之上的社会公共人本主义价值精神、为时代真理而斗争的精神。

其三，是培养“每个人”和“一切人”的自然生态理性精神。

其四，是培养“每个人”和“一切人”为自由、为真理、为公平正义而奋斗的人类学价值精神。

这四种精神，是人的生命理性、生存理性、生活理性的集中体现。“每个人”只有把自己的“生命、生存、生活”与“一切人”的“生命、生存、生活”联系起来，他才是一个完整的人、有社会责任心的人，而不是一个只珍爱自己生命、只关心自己生存、只追求自己幸福的“渺小的人”。这就要求“三生教育”要深入到“三生理性”中去，通过“三生理性教育”，在深层次上实现个人的完美人生。

如果把“三生教育”上升到这样一种人类生存理性的价值高度，那么，它不是道德教育而胜似道德教育，不是思想政治教育而胜似思想政治教育。因为它作为具有时代精神的人生哲学教育，不能不从深层次上把这个时代所需要的思想道德融于自身。所以，对于“三生教育”来说，应当自觉地把思想道德教育、素质教育的基本精神提高到人生教育的高度融合进来，上升成为一种人生哲学教育。而作为人生哲学，它不仅在于引导学生的成长，更着意于其一生的受用。由此，所谓“三生”，实际上是每个人的终生问题。

（原载《昆明学院学报》2009 年第 4 期，第 1－4 页）

“性、爱、婚”的三元统合：“人的生产”前提的人类学考察

——从《基诺族传统爱情文化》说起

杜玉亭的《基诺族传统爱情文化》，向我们提出并回答了三个问题：原始时代有没有爱情？爱情的上限在哪里？爱情是什么？这正和我们的一些想法相关，因此也想就这个“三爱”问题说上几句话。

一、原始时代有没有爱情

如果说，摩尔根通过深入考察而形成的《古代社会》是当时最重要的人类学著作，他开创了人类学家对古代婚姻和社会的了解，奠定了婚姻人类学的基础的话，那么，杜玉亭先生的《基诺族传统爱情文化》（以下简称《爱情文化》）一书，应当说是爱情人类学特别是原始爱情人类学方面的重要著作。像当年摩尔根以融入方式长期泡在印地安人的社群以了解一个社会的深层婚姻状态那样，杜玉亭先生也以融入方式长期深入基诺族社会族群之中，实地考察达 30 次，时间跨度达 50 年。不仅对基诺族作了开创性的民族识别，以致其作为一个独立的民族能够被国家确认，更深度介入了其社会的爱情婚姻状况，对这方面作了透彻的观察和研究，为这一问题找到了可靠的出发点。

人类早期的爱情婚姻问题，对于人类学家来说是个难题。人类学家尊重实证考察，一般都要通过具体的案例说话。但是，史前的爱情婚姻问题不像其他物质文化那样，可以通过考古发现而做出推断。对于摩尔根而

言，他抓住了原始民族中残存的亲属称谓制度这一线索，分析了古代婚姻状况，无疑是比较有力的一环。但是，由于当时民族史实的局限，不能不出现许多问题。其中，性、爱与婚姻的关系问题，就是一个重大的人类学问题。

摩尔根对人类婚姻制度的出现形式，提出了血婚制、伙婚制、多偶婚制、单偶婚制的发展线索，并认为只有到了文明时代的单偶婚制，才出现了爱情，而在此前的血婚制、伙婚制、多偶婚制的原始时代，只有性的关系，还没有发展出“爱情”这样的高级情感。这种历史发展观在当时有很大的权威性，不仅马克思在自己的人类学笔记中作了摘要，恩格斯的《家庭、私有制和国家的起源》，更是主要根据摩尔根的研究成果而写就的。恩格斯对他的史前史的种种观点大都作了肯定，其中也包括性、爱与婚姻问题。然而，随着人类学资源的发现、对比和情理性推断，其所提出的许多问题都受到了挑战。而《爱情文化》一书，则针对原始时代没有爱情的观点做出了有力的否定。

在摩尔根看来，在古代社会，“男子寻找妻子，并不像文明社会中那样出于爱情，他们对爱情一无所知，他们还没有发展到足以理解爱情的地步”①。这就是说，在古代社会（实指原始时代），只有性和婚姻，没有爱情。他甚至认为，像父母包办这样的婚姻，也都没有爱情可言。摩尔根的断言，他的实例，成了恩格斯的理论根据：

> 在中世纪以前，是谈不到个人之间的性爱（即有爱情的性关系）的。不言而喻，体态的美丽、亲密的交往、融洽的旨趣等等，曾经引起异性之间性交的欲望，因此，同谁发生这种最亲密的关系，无论对男子还是对女子都不是无关紧要的。但是，这距离现代的性爱还很远很远。
>
> 在我们所知道的一切家庭形式中，一夫一妻制是现代的性爱能在其中发展起来的唯一形式。

① 摩尔根：《古代社会》，中央编译出版社2007年版，第329页。

在中世纪以前。是谈不到个人的爱情的。①

对于我国来说，这一观念成了一种经典观念。在许多研究原始社会的著作里都有反映，如林耀华的《原始社会史》等等。

像当时的许多学者一样，杜玉亭一开始也是把这一理论作为经典加以切记的。但是，深入的考察却提供了相反的事实，正是这一点，促使他把这个罕见的反映了原始时代爱情特点的实存事例，做成了一个经典范例。

《爱情文化》的调查，立足于还停留在原始社会阶段的基诺族社会，其所采信的，主要是20世纪50年代以前的、遗风犹存的原始爱情的发达形态。因此，它不是记忆中的变了形、过了滤、走了样的内容，也不是一种推断，而是被调查的当事人可见可感甚至亲身经历的爱情实事，有名有姓，实存实现，呼之欲出，这就不由人不相信。

杜玉亭先生首先详细描绘的，是基诺族青年男女爱情发展过程的三部曲：始发的、秘密的、通过眉目传情而实现交往的“巴漂”阶段，这是自己爱上对方又试探对方能否相爱的过程；一旦达成，就进入继起的、公开的、可以亲吻相爱的“巴宝”阶段，这时男女双方（及其家庭）都可以互赠礼物，互相帮助，这是在社会生活与生产活动中、在“尼高左”（公房）里与其他青年伙伴在玩耍交往中发展的阶段；通过这个感情深化过程，就进入了完成的、可以实现性交往和同居的“巴勒”“巴里”阶段。“巴勒”是“性的追求”，“巴里”是“恋人同居”，这就进入了青年男女的性爱交往过程。

“巴里”阶段是一个转折点。如果通过性关系双方热恋“有增无已”，更加相互依恋，不为外界的引诱和阻力所动，就会“海誓山盟，愿意结为终身伴侣”，于是走向婚姻。并且，“巴里”是走向婚姻的必经前提。如果不是这样，男女双方都有可能又与其他伙伴开始一个新的“巴漂”恋爱过程。

这些描述让我们看到，即使在当代，爱情虽然蒙上了种种社会和心理外衣，但其内在的由初始到成熟的典型发展过程也不过如此。这就是说，

① 《马克思恩格斯选集》第4卷，人民出版社1966年版，第61、67页。

在恋爱过程方面，即爱情的质的特点上，除了进入爱情的社会生活和思想内容不同之外，就其爱的实现过程来说，原始时代与现代没有什么区别。

从一个更深的层次看，这一爱情过程，是这样一种完美体现形态：它以人的生理的“性”（性成熟与性要求，来源于动物性的身体）为内容、以人的心理的“爱”（感官言语以及精神性的大脑）为形式，而以两性的社会结合体的“婚”（产生社会的基本结构）为形态的统合体。人正是在这种“性、爱、婚”的三元统合体中完成“人的生产”和生命的代际延续。基诺族的爱情三部曲，向我们传达出的正是这样一种完美的“人的生产”前提的构建过程。在这里，性—爱—婚三元一体，是完美爱情的真实体现。其中，无可否认，“性”是这一切的深层基础。

对这一透露了原始时代爱情特点的婚恋形态，杜玉亭总结出如下五个特点：

第一，“基诺族的婚姻是自由恋爱，并非父母包办”。

第二，“恋爱双方的年龄基本相当”。

第三，“基诺族的恋爱的三阶段反映了性爱的自然发展过程，所以，一切正常的人都能经历作为性爱特性的热恋”。

第四，“婚姻的基础是性爱而不是经济地位和社会权利”。

第五，“在爱情从低级到高级的发展过程中，有一系列互相考验的步骤，而且，双方在决定结为夫妻前享有充分选择的余地”。①

这五点所表明的，是一种自然的、没有任何爱情以外考虑的、纯粹的爱情。它表明，在生产简单、社会单纯的原始社会，爱情以它直接的应有的形式表现出来，并且，男女在成年礼即有了性本能之后，先有爱后有性，爱和性的结合即“性爱”是其婚姻的基础。可以说，这是真正完美的爱情，是爱情的应然状态或应然状态的爱情。它可以用“性—爱—婚”的三元统合来概括。

但是，像这样的以“性—爱—婚”的三元一体的完整形态体现出来的爱情或者说婚姻，并非在任何时代、任何社会都可能实现。它不像文明社会那样，由于社会的复杂化而导致的婚姻爱情的复杂化，以至于出卖肉体

① 杜玉亭：《基诺族传统爱情文化》，云南人民出版社2008年版，第11－12页。

的妓女，穷困潦倒的光棍，讲究门第等级的封建婚姻，妻妾成群的富翁和官僚，社会地位悬殊而出现的单相思等等大量涌现。这就是说，在任何时代和任何社会，特别是所谓文明社会，都会大量出现“性—爱—婚”的不完整状态：有性无爱、有爱无性的婚姻，有性无婚、有爱无婚的关系，性暴力、性垄断（后宫）的大量出现，等等，以及由此产生的形形色色的爱情悲剧。这倒反衬出原始时代单纯爱情的可贵和不易。

二、原始时代爱情的强烈与泛化

上述实证考察，不仅可以证明原始时代有爱情，而且结合笔者的了解，可以说，原始时代的爱情的强烈和缠绵程度也不亚于当代。《爱情文化》中研究了基诺族恋爱中的另一种现象：即被称为“巴什”的“氏族内爱情”。大多数基诺族已禁止氏族内婚，但是，有的村寨不能阻止亲兄妹之外三代以内的同氏族男女青年的相恋，但不能结婚。这一允许和限定，造成了一些青年恋者之间，要么想方设法如一方拜到其他氏族名下实现结婚，要么在与他人结婚之后依然长久保持对对方的思恋，双方互赠的礼物可以一直保留到坟墓。其生时不能结婚，死后也要到“祖先世界完婚”。这种终生相恋，产生了“动人肺腑的巴什长歌”。这种爱情的强烈持久，使笔者想起了同为原始社会末期（但出现了贫富分化）的傈僳族爱情长调《重逢调》。笔者最初听到它时，是作为中文系的学生正在傈僳族地区进行文学调查（1963 年）。其年轻时相恋、重逢时女方已成他人妻的男女主人翁的对唱相当感人，男方历数其为了聘礼而经历的种种磨难，女方历数其种种等待和思念，情调凄迷委婉，强烈动人。傈僳族传统文化中，男孩、女孩十二三岁后就要住到公房，男女青年恋爱结婚也大体类似于基诺族。其《重逢调》不能不反映了原始时代青年男女相爱的一往情深。

原始时代的爱情不仅是强烈的，更是弥漫一切的，爱情是原始社会生活中普照一切的光芒，这是笔者对傈僳族民间文学进行深入调查后的切身感受。《爱情文化》又为笔者提供了一个重要实例。

基诺族传统爱情文化中有一种“神性爱情”，说的是“当事男子在山地农业或狩猎中，奇遇神女求爱的预兆，继之是神魂不宁的病态，经巫师卜定是铁匠、祭司、巫师三位神女中的哪一位，当事人即按传统备办结婚礼物择定吉日与神女举行婚礼”。婚后，“当事人便由此取得巫师资格”①。巫师、祭司和铁匠这些神性人物都要通过与神女的爱情和婚姻才算合法，才能被承认，这不是一种简单的现象。它表明，这种在人间通行的爱情是如此重要，以至于宗教性的巫师、祭司资格，要靠与神女的爱情和婚姻来保障。这不仅是爱情的宗教化，也是宗教的爱情化。由于宗教信仰的神圣性，也给爱情披上了神圣的外衣，爱情取得了神圣的地位，人们的信仰假爱情而合法化。它表明，爱情不仅充满人的生活世界，它也进入了人的原始宗教信仰世界。它不仅是生活实践关系，也为宗教信仰关系提供合法依据。而在笔者所调查的傈僳族中，一方面，生活中不仅男女青年爱唱情歌，一般人也都喜欢唱情歌、说情话。晚上唱情歌，白天也唱情歌。在对话中、对歌中，情语情歌时不时就涌现出来。不仅在生活中、交往中充满情意，而且在生产活动中也充满了情意。特别是描述民族传统重要生产活动的长调《生产调》《狩猎调》《牧羊调》等，它同时也都是爱情长调。例如《生产调》，它从刀耕火种的砍树、开地开始，一直唱到播种和收获的详细过程。但是，在唱这种农业生产的全过程中，同时唱的也是男女青年相见、相爱的爱情活动以至结婚成家的全过程。所以，它既是生产调，也是借生产活动而表达的爱情调；既是《狩猎调》《牧羊调》，也是借狩猎活动、牧羊活动的内容而表达的爱情生活长调。这就是说，爱情不仅发生在生活中，它也泛化到一切生产实践活动中。没有哪里不充盈着爱情。而且，这种生产中的爱情，唱的不是哪一对青年的爱情故事，而是一伙青年的爱情成长过程（笔者当时就想，这是不是伙婚制的遗语）。对于一个原始民族特别是没有外敌需要以血保卫、生活平衡的情况下，爱情和婚姻是人们生活的主要内容。而生产，不过是为了生活的必要手段而已，生产不是目的。爱情、性、婚姻，人的、民族的交往活动，才是生活的主要目的和体现形式。所以，爱情必然弥漫到生活的一切领域。

马克思曾经指出，人对世界的生存掌握关系不外四种：“头脑用它所

① 杜玉亭：《基诺族传统爱情文化》，云南人民出版社2008年版，第23页。

专有的方式掌握世界，这种方式是不同于艺术的、宗教的和实践—精神的掌握的。"① 这就是说，人对世界的基本生存掌握关系，不外认识关系（头脑专有的方式）、实践关系、宗教信仰关系和艺术审美关系四种。换句话说，人对世界的全部掌握关系，人的生活的一切方面，不外这四大方面。而上面的考察表明，原始时代的性、爱和婚姻，除了生活的直接表现之外，都不能不以文学艺术的审美形式表现出来（情歌即是它的体现），但是，不仅仅如此，上述事实还表明，在原始时代，爱情还直接进入了认识关系（生产过程包括对生产和事物的认识）、生产实践关系和宗教信仰关系的世界，即爱情进入或者说泛化到了人的一切生存活动之中。再神圣、再劳累、再严肃的事情概莫能外。所以，在原始时代，不仅有爱情，爱情还可以以它的本然形态出现；不仅可以以本然形态出现，还是一种普照的光，渗透和泛化到了生活的一切领域。这是原始生活的欢乐、幸福和令人向往之所在。

三、依据当代科学最新研究的返古推论：爱情的根源、上限与婚姻制度

也许有人会说，上述基诺族、傈僳族的爱情状态，都出现在已经是单偶婚的时代，并不能否定摩尔根的爱情出现在一夫一妻制时代的定论。摩尔根只是认为，在漫长的伙婚制和多偶制时代不存在爱情。然而，杜玉亭恰恰指出，"爱情的上限"应该在"伙婚制"即所谓"普那路亚"婚姻时代就已发生。由于"伙婚制"的一种重要形式是氏族内除亲兄弟姐妹之外的一伙从兄弟与一伙从姐妹的互婚，以及氏族之外青年的伙婚，那么，在这种从兄妹之间，有没有爱情可言呢？杜玉亭从基诺族最为感动人的"巴什"长歌的情真意切得到启示："这支情歌是如此感人，以至不仅中年男女歌唱时眼中含着热泪，而且年届花甲的领唱者唱到动人处，也声音哽

① 马克思：《政治经济学批判》，人民出版社1964年版，第216页。

咽，竟然不得不多次停顿后才能继续唱下去。"[①] 他认为，这种对“巴什”情歌的亲切感，“是因为基诺族直到不久前仍存在着普那路亚血缘婚姻残余，而且不少人曾经亲身经历”[②]。正由于这样，前述氏族内的青年男女之间同样可以经历“巴漂、巴宝、巴里恋爱的三阶段”[③]。笔者想，这是一个有力的线索。此外，《爱情文化》提到妻子可以为丈夫介绍情人（多是自己的女伴），新婚之夜进入洞房的不是新郎，而是新娘的情人并且可以不止一个，这两处风俗可能也是不久前的伙婚制的残留风俗。然而，仅仅凭借这些“残留”，还不能证明伙婚制时代就已发生了真切的爱情。

今天，要想依靠田野调查解决这些问题就更难了。但是，科学则打开了明亮的窗户。[④] 近年，由神经科学家、人类学家和心理学家组成的团队，通过功能磁共振对热恋中的大脑进行了研究，初步的结论认为：热恋中被激活的是大脑中主管“奖赏”和“动机”的区域，这一区域富含多巴胺，这就为爱情找到了生理学的动力和依据。

神经科学家发现，大脑中的“腹侧背盖区”的 APEN 细胞，可以制造多巴胺——一种天然兴奋剂，并扩大到众多区域，而“腹侧背盖区”是大脑的“爬行类脑核”的一部分，它关系到“欲望、动机、专注与渴望”，这便是深藏在动物本性中的、比生死还强烈的性和爱的产生区域，热恋的基础就从这里产生。它是大脑的生理能力，与性的要求同样古老。

对磁共振的研究表明，维持长久爱情的人，大脑中有一个叫“腹侧苍白球”的部位活性较强，而固定配对的田鼠等动物，其苍白球的活性也较高，这表明，人与动物的专情居于大脑同一部位或属于大脑同一生理机制。海伦·费希尔指出：“通过对多年数据的加工分析，已经了解了人的爱情和动物的生理吸引力之间的延续关系”，即动物被特定异性所吸引与人的专一爱情，其“在大脑中的有关区域是相似的”。这是不是证明，人的专一爱情是由动物的“专一对象吸引”成长起来的呢？这一点应当得到

① 杜玉亭：《基诺族传统爱情文化》，云南人民出版社 2008 年版，第 14 页。

② 同上。

③ 同上。

④ 以下关于科学发现的一些引述，主要取自海伦·费希尔在 2008 年 2 月在美国对大学生的演讲《大脑中的爱情》，见同济网论坛以及其他网论。

肯定。爱情是从人的动物时代就开始的与生俱来的能力，是大脑通过生理功能促进的心理能力。调查发现，这种专一的性对象，在动物界已经存在。大多数鸟类、长臂猿、海狸，甚至狼，“都与单一的配偶形成长期关系”。“每一只动物都各有自己的心的归宿。”作为最高等的动物，作为灵长类，人类应当更是这样，它在人的精神中出现就是爱情。只有这样，才能在生物学上有利于种的繁衍，“人的生产”更是这样。

另外，不论性还是爱，如果是主动的，它都不能不是一种选择。生理学家注意到，即使在动物界，性对象也是有选择的，太老的、太年轻的、太脏的、太蠢的都不选择。因此，人的性要求、性实现，在存在选择条件的情况下都是有选择的。这种选择不论怎样都会有一种人类学价值，都会有一种持续性。即使其性选择由于繁衍的生理张力而可能趋向多样化，但其在性选择基础上的爱的选择，则往往由于“依恋”的出现而形成专一的对象。它在社会形式中就是爱情。

海伦·费希尔还进一步对爱情作了区分，认为它可以区分为“欲望、浪漫和依恋”。“前者是性欲，后者是爱情。”而“浪漫”就可能是一种恋爱活动。它们由大脑的不同物质所主导，如睾丸激素、多巴胺、复合胺、抗利尿激素、后叶催产素等。研究发现，爱情所激活的区域与性激活的区域只有小部分重叠。这重叠的部分应当是性与爱的共鸣，是真正的性爱。而不重叠的部分则表明，“爱和性分属于大脑不同系统管辖”。这就是说，性更与身体与生理相关，而爱更与意识与心理相关。它们在社会中的结合与实现就是“婚”，“性—爱—婚”三者虽不同源，但任何一方的出现都会力求并引致三方统合，这就创造了人的生命的再生产前提。

这里，还可以把费希尔所说的“依恋”，视为一种人性的心理情感。可以认为，这种产生于大脑深层的依恋之情，在亲人之间发生，就形成“亲情”；在异性之间发生，就形成“爱情”；在同伴之间发生，就形成“友情”；而在人与物之间发生，就形成专一性的“物情”。如对祖先发祥地的向往（死后要回到祖先居住的地方），对故乡的怀念（游子思乡），对宠物的宠爱之情，等等。如果我们的这一区分是成立的话，那就可以说，自从有了人类亲情之后，也就有了爱情。

总之，这些发现和推论表明，爱情是进化性的生成，不是社会性的生成，不论它处在人类文明发展的什么阶段或蒙昧野蛮阶段，它都由人的生理心理的以上特质所决定。换句话说，爱情是进化的产物，文化和社会发展不过是给它以实现的不同形态而已。就后一方面说，即使还在蒙昧时代，也不能推断说男女之间的爱情还不存在，只有性的需求。因此，说人类在漫长的伙婚制时代只有性关系，没有爱情，与现代科学的这些发现不符。所以，人类学家爱米莉·狄金森认为，“在人类百万年的进化中爱情都存在”。这也就是说，在最早的稳定婚姻形式出现以前，爱情就已存在。

如果上面的考察是可信的，那就是说，杜玉亭认为在“伙婚制”即普那路亚时代就有了爱情，应是不成问题的。但它的上限应当更早，即在人类有了亲情之后，也就有了爱情。

那么，这是不是说，在摩尔根所说的“血婚制”时代就出现了爱情呢？摩尔根认为，在“伙婚制”的外婚制或氏族内婚制出现以前，有一个最早的“血婚制”，即亲兄妹成婚繁衍后代的时代。我们是否把最早的爱情上升到了这里呢？

人类学家蔡俊生先生在其《关于血缘婚姻和血缘家庭问题的商榷》一文中就认为：摩尔根依据马来式亲属制度提出的兄妹血婚制，作为人类的一种长期的婚姻制度不可能存在。它不是氏族形成之前的婚姻形式，而是氏族瓦解时期的一种不普遍的现象。他援引美国人类学家里维斯的研究认为，“兄妹婚”应当是母系制与父系制合流时氏族外婚制被打破而出现的，这只是婚姻形式转化中的一些特殊事例。这种非常态的婚姻，至多只能散见于其他婚姻形态之中。对于兄妹成婚的现象，即使后来有了乱伦禁忌，也不能排除这种行为的存在。笔者认为这一见解是正确的。那么，如何解释大量的散见于各民族洪水神话中的兄妹成婚而繁衍后代呢？具体分析就会发现，这些兄妹结婚都属于不得已而权且为之，这实际上表明：在产生这种神话的时代，人们就在告诫同处一室的最方便发生性关系的兄妹之间不能发生这种行为，不能通婚，只有“万不得已”方可原谅。至于说它会形成为一种婚姻制度，人类长期借此繁衍，这更是不可能的。即使黑猩猩，也已可避免亲子之间、亲兄妹之间的性关系，何况人乎？而人的真正的性要求都是“外向性”的，向外扩散的，追求新异的，因此只有血亲之外的对象才会被优先选择。这种自然追求就会使婚姻的实现在可能的情况下自然趋向远缘。如果说，在蒙昧时代有一种“血婚制”（既然“蒙昧”就无所谓制度），早期的人类依靠这种制度而繁衍生息，那么，在“同姓不蕃”的生理规律作用下，人类在早期就应当趋于消亡。但是事实并不是这样。另外也要考虑到，既然是在蒙昧时代，没有什么伦理禁忌，那么，在原始人群稀少、不同氏族难觅的情况下，血亲之间的性关系应当比后来要多，所以才会有兄妹之间为繁衍后代而不得不结婚的神话。即使多有这种现象，它也不属于一种婚姻制度，更不能作为一种“人的生产”制度而长期存在。

所以，如果一定要把爱情与婚姻制度相联系，那么，它的上限应当在最早的伙婚制时代。或者说，人类最早的婚姻形式也就是他最早的爱情形式。

最后一个问题：爱情是什么？通过以上讨论，可以说，爱情是基于性选择而指向专一的生存依恋之情，这种性的选择和依恋，从深层生物性上说，基于对生物个体的完满性祈求；从感性表现层次上说，基于由对象的容貌、体态、情趣等体现出来的生物圆满性、社会完美性与自己主观心理意趣和要求的感情映合，并以性—爱—婚的三元统合形式完美体现出来。在这个意义上，正如杜玉亭先生在《爱情文化》中所总结的：“爱情是其（以上）特性和多样性充分展现中的人权自由平等，及其与社会礼俗的总体和谐。”① 可以肯定的是，这种恋爱中的人权自由平等与社会礼俗和谐，除了原始社会之外，只有在消除了经济政治地位影响或在比较理想的社会环境中才能以单纯的形式存在。（刘向民参与）

（原载《思想战线》2009 年第 4 期，第 27 – 30 页，《新华文摘》2009 年第 23 期转载）

① 杜玉亭：《基诺族传统爱情文化》，云南人民出版社 2008 年版，第 233 页。

参考文献

［德］马克思，恩格斯. 马克思恩格斯选集. 北京：人民出版社，1995.

［德］马克思. 1844年经济学哲学手稿. 北京：人民出版社，1979.

［德］马克思. 资本论：第1卷. 北京：人民出版社，1965.

［德］马克思，恩格斯. 马克思恩格斯论人性、人道主义和异化. 北京：人民出版社，1984.

［德］马克思. 关于费尔巴哈的提纲. 北京：人民出版社，1988.

［德］马克思，恩格斯. 德意志意识形态（节选本）. 北京：人民出版社，2003.

［俄］列宁选集：第2卷. 北京：人民出版社，1995.

［俄］列宁选集：第31卷. 北京：人民出版社，1972.

［俄］列宁全集：第41卷. 北京：人民出版社，1990.

［俄］列宁. 哲学笔记. 北京：人民出版社，1974.

邓小平. 邓小平文选：第3卷. 北京：人民出版社，1995.

［英］休谟. 人性论：上、下卷. 关文运，译. 北京：商务印书馆，1980.

［法］卢梭. 社会契约论. 北京：商务印书馆，1980.

［德］黑格尔. 小逻辑. 北京：商务印书馆，1960.

［德］海德格尔. 存在与时间. 北京：生活·读书·新知三联书店，1987.

［德］海德格尔. 尼采：下卷. 孙周兴，译. 北京：商务印书馆，2002.

孙周兴选编. 海德格尔选集：下卷. 上海：上海三联书店，1996.

［德］蓝德曼. 哲学人类学. 彭富春，译. 北京：工人出版社，1988.

［德］赫尔德．民主的模式．北京：中央编译局出版社，1998.

［德］舍勒．人在宇宙中的地位．上海：上海文化出版社，1989.

［美］阿历克斯·英格尔斯．人的现代化．北京：人民出版社，1985.

［英］波普尔．开放的社会及其敌人：第2卷．郑一明，等译．北京：中国社科出版社，1999.

［法］让－马克·夸克．合法性与政治．佟心平，等译．北京：中央编译出版社，2002.

［英］伯尔基．马克思主义的起源．伍庆，王文杨，译．上海：华东师范大学出版社，2007.

［法］埃蒂安·巴利巴尔．马克思的哲学．周小珊，译．北京：中国人民大学出版社，2007.

［德］哈贝马斯．认识与兴趣．郭官义，等译．上海：学林出版社，1999.

［法］汤姆·洛克曼．卡尔·马克思的哲学．北京：东方出版社，2008.

［美］托马斯·杰斐逊．杰斐逊选集．朱曾汶，译．北京：商务印书馆，1999.

［美］庞德．普通法的精神．唐前宏，译．北京：法律出版社，2001.

［美］摩尔根．古代社会．杨东莼，等译．北京：中央编译出版社，2007.

［法］雅克·德里达．马克思的幽灵．何一，译，北京：中国人民大学出版社，1999.

［匈］卢卡奇．历史和阶级意识．张西平，译．重庆：重庆出版社，1989.

［意］葛兰西．实践哲学．重庆：重庆出版社，1990.

赵剑英，等．马克思哲学论坛文丛：1－7卷．北京：社会科学文献出版社，2006.

孙正聿．思想中的时代．北京：北京师范大学出版社，2005.

陈学明，王风才．西方马克思主义前沿问题二十讲．上海：复旦大学出版社，2008.

吴晓明，王德峰．马克思的哲学革命及其当代意义．北京：人民出版社，2005.

李兵．生存与解放．北京：人民出版社，2007.

黄克剑．人韵．北京：人民出版社，1982.

王锐生，景天魁．论马克思关于人的学说．沈阳：辽宁人民出版社，1984.

王若水．为人道主义辩护．北京：生活·读书·新知三联书店，1986.

王南湜．人类活动论引导．天津：南开大学出版社，1993.

袁贵仁．马克思主义人学思想．北京：北京师范大学出版社，1996.

俞可平．全球化时代的“马克思主义”．北京：中央编译出版社，1998.

高清海，等．人的“类生命”与“类哲学”：走向未来的哲学精神．长春：吉林人民出版社，1998.

夏甑陶．人是什么．北京：商务印书馆，1998.

韩庆祥，邹诗鹏．人学：人的问题的当代阐释．昆明：云南人民出版社，2001.

邹诗鹏．人学的生存论基础：问题清理与论阈开辟．武汉：华中科技大学出版社，2001.

韩敬．马克思主义哲学与社会主义．昆明：云南民族出版社，2006.

郭湛．主体性哲学：人的存在及其意义．昆明：云南人民出版社，2002.

吴江．社会主义资本主义沟通论．北京：中国社会科学出版社，2003.

王南湜，谢永康．主体性哲学的视域：马克思唯物主义的当代阐释．北京：中国人民大学出版社，2004.

冯景源．人类境遇与历史时空．北京：中国人民大学出版社，2004.

汪信砚．当代视域中的马克思主义哲学．长沙：湖南大学出版社，2004.

边立新．社会进步与人的发展：发展的评价尺度．北京：党建读物出版社，2005.

郭艳君．历史与人的生成：马克思历史观的人学阐释．北京：社会科学文献出版社，2005.

李昌道，等．外国法律制度导论．上海：复旦大学出版社，2003.

刘建新．马克思现代性视域中的人的全面发展．北京：人民出版社，2009.

张一兵．马克思哲学的历史原像．北京：人民出版社，2009.

李立纲．马克思恩格斯人类学编年史．昆明：云南民族出版社，2009.

杜玉亭．基诺族传统爱情文化．昆明：云南人民出版社，2008.

［英］查理斯·泰勒．马克思主义哲学．国外社会科学动态，1998（7）．

贺来．马克思哲学与“存在论”范式的转换．中国社会科学，2002（5）．

俞吾金．海德格尔的现代性批判及其启示．江海学刊，2008（5）．

俞吾金．物、价值、时间和自由．哲学研究，2004（11）．

张曙光．人的哲学与生命哲学．江海学刊，1999（4）．

郭湛．论人类主体及其主体性．天津社会科学，2001（5）．

孙正聿．人的解放旨趣、历程和尺度：关于马克思的人的全面发展的思考．学术月刊，2002（1）．

孙正聿．哲学如何面向现实．江苏社会科学，2002（2）．

衣俊卿．马克思思想：人之存在的文化精神．中国人民大学复印报刊资料·哲学原理，2001（7）．

赵剑英．论人类实践形态的当代发展．哲学研究，2002（11）．

薛德震．“以人为本”的马克思主义证明．光明日报，2004－6－22.

夏兴有．论以人为本．光明日报，2004－5－27.

于欣．当代中国人学研究的问题与出路探析．理论学刊，2004（8）．

叶汝贤．唯物史观视域中的“以人为本”：兼与张奎良教授商榷．哲学研究，2004（10）．

张立波．实践的逻辑：从哲学到社会理论．中国人民大学复印报刊资料·哲学原理，2001（8）．

程彪．马克思哲学的“实践”范畴研究评析．哲学动态，2003（3）．

徐春．对马克思人的现实生存理论的当代反思．江苏行政学院学报，2008（1）．

李大兴．论马克思人的全面发展理论的根本变革．哲学研究，2006

（2）．

晏辉．论价值与意义的原始发生．学术月刊，2008（1）．

陈曙光．关于“以人为本”的形上之思．哲学研究，2009（3）．

袁祖社．新思维方式的实践生活维度及其“现代性”祈向：马克思人学理论变革的实质．理论学刊，2004（6）．

张奎良．马克思视域中的以人为本．马克思主义与现实，2004（3）．

徐亦让．马克思主义哲学不是“以人为本”：与张奎良同志商榷．哲学研究，2004（9）．

黄楠森．马克思主义与“以人为本”：回答以人为本研究中的几点疑问．北京日报，2004－3－1.

王锐生．“以人为本”：马克思社会发展观的一个根本原则．哲学研究，2004（2）．

张曙光．人的存在的历史性及其现代境遇：上．学术研究，2005（1）．

欧阳志远．从“人类中心主义”到“人的类存在主义”．教学与研究，2009（12）．

刘国胜．论马克思对作为历史前提的人的批判．广东社会科学，2010（3）．

高中建，张英姿．科学社会主义关于“人”的检视．人民论坛，2011（6）．

张奎良．关于马克思人的本质问题的再思考．哲学动态，2011（8）．

眭明泉．两种形态政治监督的比较及思考．广西社会科学，2002（5）．

任仲夷．政治改革需要勇气．南风窗，2004－7－16.

何俊志，等．社会中心论、国家中心论与制度中心论．天津社会科学，2003（2）．

韩安贵．略论马克思关于人与自然的价值关系的思想．中国人民大学复印报刊资料·哲学原理，2001（4）．

卜祥记．福斯特生态学语境下的马克思哲学．哲学动态，2008（5）．

杨发明，许庆瑞．生态性发展的涵义及其实现的基本条件与手段的探讨．自然辩证法通讯，1997（1）．

范柏乃，等．生态性发展理论综述．浙江社会科学，1998（2）．

张传奇．建设有中国特色社会主义的生态性发展体系．社会科学辑刊，1998（3）．

梦海．走向世界哲学的可能曙光：论卡尔·雅斯贝尔斯的未来世界哲学规划．哲学动态，2007（8）．

后　记

这本论文选集所选的论文，都是笔者近几年来对马克思哲学的新探索。在一定程度上也是“马克思对人类学哲学的理论构建研究”(08XZX001）这一国家课题的一种理论成果（专著已出版）。虽然是论文选集，但是并不散乱，而是集中于如何理解马克思的人类学—哲学，以及从它的内在精神向社会实际领域的深入，而这些正是当代世界所关心的问题。

论文的选择和编排力求围绕主题由点及面、由浅入深、较为系统地展开这一新的论题，目的是使这本文集更像一本专著。但作为同一个人研究同一个主题的论文结集，可能会这样那样地有重复之感，无论就主题还是就一些具体内容而言，都会为了每篇论文的相对完整而在不同论文中多次出现。虽然如此，笔者还是做了适当的增删修改，但作为论文集的不足难以避免，这里先向读者致歉。

文集对马克思哲学的新理解有几个术语，如“人类学唯物主义哲学”“人类学—哲学”“人类学—哲学范式”“人本理性哲学”“实践的人类学—哲学”人类学哲学等，这些术语都是根据不同论文要强调的不同方面的变通，其精神实质都是一样的。需要强调的是：之所以有不同的名称，在于无论中外都没有这种新的理解，因而在不同的探索中给予了不同的称谓。虽然我倾向于用“人类哲学等”。但文集作为一种探索，没有必要把不同论文中的术语统一起来。文中的“人类学—哲学”一词，短连线把前后两个概念结合成同一个新概念，表明马克思哲学的特质：它既是人类学的又是哲学的；既是在广义人类学基础上的哲学思考，又是在哲学基础上的广义人类学思考。正如同人们把马克思1844年的《巴黎手稿》概括为

"经济学—哲学"一样。可以说，马克思的哲学构建既表现在"经济学—哲学"方面，又表现在"人类学—哲学"方面。前者是大家都熟知的，本书没有讨论。我们这里只是对被曲解、被埋没的"人类学—哲学"的探索和研究，因为我们的时代已发展到了人类学时代，只有弘扬马克思的这一被曲解、被埋没的新的哲学理念，才能直接为这个时代提供马克思主义的世界历史发展方向，也更能表达马克思的哲学思想。当然，这些不过是笔者的一孔之见，不对之处欢迎批评。

个人的眼界总是有限的，如果有更多的学者能够全面理解马克思和深入理解马克思，这对于当代中国的改革发展来说是至关重要的。这本文集所选论文虽然有十年跨度，但思绪一直没有中断。集中在这里，只当是抛砖引玉，希望能激起一些批评意见、争鸣意见和新的探索，以便能对马克思哲学有更深入的理解。笔者担心的是：由于无论在中外，还是在过去和现在，尚未发现对马克思哲学乃至马克思主义哲学的这一理解，因而人们始终难以接受。比之于强大的有组织支持的思潮来说，它的声音还太弱，也许还会归于沉寂。

在一定程度上参与论文并联合署名支持本人的，还有以下同志：许鲁洲，曲靖师范学院教授，他是笔者构建的相关课题负责人；肖飒，云南省社会科学院哲学研究所所长，哲学博士，研究员，他是该课题组的顾问之一，可惜不幸英年早逝；李立纲，云南省社会科学院科研处副处长，研究员，他独立编撰了《马克思恩格斯人类学编年史》，成书80万字（云南民族出版社2008年版）；兰文华，云南省社会科学院马列研究所副研究员，哲学博士；马进，云南省烟草专卖局富有成就的经济师；刘向民，云南省世博旅游集团政工师；盛莉，云南师范大学图书馆馆员。我们希望有更多的同志参与这一研究，以扩大影响。

谨向《云南文库·学术名家文丛》的决策者、支持者、选编者和责任编辑深致敬意，向有兴趣于抽象理论的读者朋友致敬，在当前这种沉迷于物质利益和感官享受的风气里，能关心抽象理论并作理性思考，本身就是一种体现时代精神进步的高尚人格的体现。

学术年表

一、学习、工作经历

苗启明，河南省济源县人。于1958年昆明十一中初中毕业，被选送云南大学工农预科，理科的预备生，但因想以文学反映社会问题，故倾向文学；1959年，在《文艺红旗》发表短篇小说《旅途》。1960年，升入云南大学中文系，1964年毕业，分入昆明电机厂，1984年考入云南省社会科学院至今。

1961年，读《马克思恩格斯全集》第1卷，对马克思的思想和才华深为震撼，从此奠定了对马克思理论的热爱，也感到时行马克思主义哲学理论与其思想不符，遂立下研究志向。

1962年，受当时美学大讨论影响开始研究美学，创立"效应形态论"的理论体系，在两年多的时间中形成了《美学原理探》等百万字文学、美学、哲学手稿。

1963年，到怒江民族地区进行民族民间文学调查实习，写成《两寨情》电影剧本，受怒江州委宣传部重视，投《电影文学》，"文化大革命"开始后打回批判。原草稿后来由朱发德先生编入其《怒江电影文学剧本集》，于2012年在香港天马出版有限公司出版。

1964年，毕业前写《一分为二与合二而一：辩证法的完整形态》，反对当时强调"一分为二"的主张，投《光明日报》，"文化大革命"中被打回批判。

1964年，大学毕业分配到昆明电机厂中学任教。

1965年，因要处理美学范畴的逻辑关系问题而开始研究辩证逻辑。

1966 年，因“文化大革命”爆发，《美学原理探》等百万字手稿和批注过的书籍都被查抄，后在“武斗”中随工厂办公大楼爆炸而毁没。“文化大革命”中多受冲击，在车间、山上劳动 7 年。

1969 年，“清队”时第二次抄家，几年的读书笔记和手稿再次抄没被毁。但在文革高压下仍暗暗进行学术研究，主要方向是当时声称有待创立的辩证逻辑。美学和辩证逻辑成了早年研究的两大方向。

1972 年，平反恢复教学工作。1984 年考入云南省哲学研究所。

二、历年发表的著作和学术论文

改革开放后开始撰写和发表学术论文。历年著述如下：

1. 1981 年：

在《青海社会科学》第 2 期上发表自己提出的《论思维环节的融贯统协律》。

2. 1982 年：

与何名申先生组织成立云南省逻辑学会，任副会长。

参加在昆明召开的全国辩证逻辑讨论会，在国内首次提出了广义辩证逻辑与狭义辩证逻辑的主张，获不少人支持。

在《文艺研究》第 1 期发表《论艺术想象的本质特征》，《中国人民大学复印报刊资料·文艺理论》第 7 期转载。

在《福建论坛》第 3 期发表《论思维的认识特征与判断在认识论上的分类》，把恩格斯划分的三类判断发展为九类。

在《青海社会科学》第 6 期发表《论美学的对象与范围》。

此外，在《云南逻辑通讯》第 1 期发表《论思维的三重规律群》。

3. 1983 年：

写成的《辩证思维方式论——狭义辩证逻辑原理》，受省委宣传部梁文英部长重视，召集云南逻辑学者讨论。后送云南人民出版社，因无人能够审稿而搁置。

此处在《云南逻辑通讯》第 2 期上发表《论关于辩证逻辑的对象、实质与体系问题》。

4. 1984 年：

凭《论矛盾的类型与特征》一文，获省委宣传部理论处李维贵处长首肯，得以考入在省委党校成立的云南省哲学研究所工作，该文发表在所刊《云岭哲学文稿》第 1 期。

5. 1985 年：

在中国马哲史学会昆明讨论会上，提出马克思主义哲学是实践唯物论哲学，属于较早提出者。

在《河北学刊》第 6 期上发表《论社会主义文明的三维结构》，首次提出制度文明，获《新华文摘》等十余家报刊摘要转载，并获云南省现实问题研究理论文章二等奖。

在《云南社会科学》增刊发表《论人的需要层级——对马斯洛的改造》。

在《怒江民族研究》创刊号上发表《论傈僳族爱情长调的阶级色彩与社会意义》。

在《云岭哲学文稿》发表《论思维方式的发展与狭义辩证逻辑的产生》。

6. 1986 年：

评定为副研究员。

在《云南社会科学》第 6 期发表马哲史会议论文《论哲学思考重心的演变与马克思在哲学上的革命》，较早提出马克思的哲学是实践唯物论哲学，获《中国人民大学复印报刊资料·哲学原理》《新华文摘》等摘要转载，收入人民出版社出版的《新论点选编》和《社会科学大系》等书。

在《理论学习》第 2 期和第 6 期发表《论辩证思维方式与狭义辩证逻辑》《论抽象思维方式向辩证思维方式的转化》。

在《云南社科动态》第 6 期发表《教育发展与两个文明建设》。

在《云岭哲学文稿》第 2 期发表《论原始宗教与民族思想意识的联系》。

7. 1987 年：

在《民族学与现代化》第 2 期发表《从典型傈僳族村寨看怒江州的发展问题》。

在《昆明师范高等专科学校学报》第 2 期发表《论辩证思维方式的实

质和特征》。

8. 1988 年：

在《云南社会科学》第 1 期发表《论辩证逻辑的探讨倾向与体系分化》，获《中国人民大学复印报刊资料·哲学原理》《中国人民大学复印报刊资料·逻辑》同时转载。

在《思想战线》第 2 期发表《哲理逻辑：辩证法、认识论与逻辑的统一》，获《中国人民大学复印报刊资料·哲学原理》《中国人民大学复印报刊资料·逻辑》同时转载，《高校文科学报文摘》摘发，并获云南省社科院优秀论文三等奖。

在《江汉论坛》第 2 期发表征文《论马克思的人理哲学与改革的人理基础》，初步突破对马克思哲学的实践论理解而提出人类学方向的新理解。

在《学术论坛》第 6 期发表《从社会主义产生的历史背景看初级阶段的社会根本问题》，提出初级阶段的根本问题是现代化与不发达的矛盾和三个文明建设，获该刊全国征文第四名，二等奖。

在《云南社会科学》增刊发表《从人的需要层级及其规律看社会主义精神文明建设》。

在《怒江民族研究》第 1 期发表《论傈僳族的民族精神素质及其向当代的发展》。

在《大学文科园地》第 5 期发表《论多向度的思维方法》。

《哲学与云南民族》文集收录了《从人和环境的角度看怒江地区的社会发展方略》、《论科技应用与民族特色的两个文明建设及其方法论》、《从傈僳族传统文艺看原始审美趣味》、《论怒江的民族精神及其向当代文明过渡》四篇文章。

在所刊《哲学与现实》第 1、2 期上发表《论辩证逻辑的源流与原理》上、下篇。

9. 1989 年：

在云南大学出版社出版《哲理逻辑探要》一书，首次提出哲理逻辑学这一学科，获云南省政府三等奖，大学出版社优秀图书奖。

在《江海学刊》第 1 期发表《论主体对世界的哲学把握与哲理逻辑》，获《中国人民大学复印报刊资料·哲学原理》《中国人民大学复印报刊资料·逻辑》同时转载。

在《云南社会科学》第1期发表《论辩证想象、对立性思维及其在科学和实践中的功能》，获《中国人民大学复印报刊资料·逻辑》转载。

在《求是学刊》第4期发表《哲理逻辑：四大研究的统一》，获《中国人民大学复印报刊资料·哲学原理》《中国人民大学复印报刊资料·逻辑》同时转载，《高校文科学报文摘》《理论信息报》等摘发。

在《改革与战略》第3期发表《论政治体制改革的优化原则与可能模式》。

《社会主义初级阶段理论研究文集》收录了《社会主义初级阶段的社会机制与人的发展》。

在《理论辅导》第3期发表《初级阶段要建立激发人的积极主动性的社会机制》。

在《哲学与现实》第1期发表长文《辩证逻辑的对象、特征与体系问题》。

10. 1990年：

在高等教育出版社出版《辩证思维方式论——狭义辩证逻辑原理》一书，首次把混乱的辩证逻辑的对象确定为辩证思维方式，入选《新编逻辑学大词典》专条介绍，获省政府三等奖。

在《南京社会科学》创刊号发表《优化：宇宙中的高级发展方式》。

在《云南社会科学》第1期发表《哲理逻辑与马克思主义哲学》。

在《逻辑科学》第1期发表《狭义辩证逻辑：区别与界定》。

在《哲学与现实》第1期和《云南出版工作》第3期上分别发表《马克思〈经济学-哲学手稿〉的主要美学思想》和《一个重要的开拓——评〈当代教育哲学〉》两篇文章，前者为笔者学生时代的手稿。

11. 1991年：

评定为研究员。

在上海科普出版社出版《辩证逻辑的发展与分化——对三门学科的概略思考》一书，把传统的辩证逻辑研究首次区分为“辩证思维方式论”“思维辩证法（哲学思维学）”和“哲理逻辑学”三门学科，并分别构建了这三门学科。获省社科院三等奖。

在《求是学刊》第4期发表《论人类理性对社会优化的追求》。

在《云南社会科学》第2期发表《九十年代云南精神文明建设发展研究》。

在《现代化建设文稿》第4期发表《云南精神文明建设的层次区别与侧重面》。

在《云南社科动态》第1期发表《论有民族文化特色的社会主义精神文明建设》。

在《哲学与现实》年刊发表《感性、知性、理性与三种思维认识方式》。

12. 1992年：

在省逻辑学会下组织"辩证逻辑专业委员会"，并组织成员撰写《辩证思维方法及其应用》，意在把《辩证思维方式论——狭义辩证逻辑原理》一书通俗化。

在《哲学动态》第1期上以笔名"罗慧"发表《对80年代辩证逻辑研究的反思及对90年代发展的展望》，获《中国人民大学复印报刊资料·逻辑》转载。

在《思想战线》第3期发表《原始思维：三维混元思维》，获《高校文科学报文摘》摘发。

在《云南社会科学》第6期发表《对多民族文化特色的社会主义精神文明建设的分析》。

在《云南师范大学学报》第4期发表《原始思维的机制：从感性直解到灵实相关》，《高校文科学报文摘》摘发。

在《云南教育学院学报》第2期发表《原始思维的思维悖误》。

在《云南学术探索》第3期发表《论思想道德建设》。

8月24日在《云南日报》上发表《建设健康的社会主义文化》。

在《哲学与文化》第1期发表《审美世界的本质：效应形态论》。

在《历史的选择》研究文集中发表《科技发展与武定地区人境系统的推进》。

13. 1993年：

在上海人民出版社出版《原始思维》一书，中国第一本。

在云南人民出版社出版《原始社会的精神历史构架》（与温益群合著）一书。

在云南大学出版社出版《辩证思维方法及其应用》（主编，主撰）一书，获省教委学术著作二等奖。

为迎接世界妇女大会，也因想研究女性哲学，开始组织编写《云南民族女性文化研究丛书》，后来获得省委宣传部高发元副部长的支持而列入外宣办计划，并请高发元出任主编。

在《哲学研究》（逻辑学专刊）上发表《论辩证思维规律——兼谈辩证逻辑研究的误区》。

在《云南师范大学学报》第4期发表《原始思维：直感整合思维》。

在《云南民族学院学报》第2期发表《论原始精神的三维结构》。

在《贵州民族研究》第4期发表《论灵神善恶观念下的生存求优模式》。

《中华民族文化海峡两岸学术讨论会文集》收录了《论原始思维、原始宗教与原始求优模式的三位一体》一文。

在《理论辅导》第5期发表《在发展市场经济的同时，建设高度的社会主义精神文明》。

在《昆明师范高等专科学校学报》第3期发表《论具象、心象、意象》。

在《哲学与文化》第1期发表《论事物的审美特征与美的本质》，第2期上发表《对辩证思维方式及其若干本质的辨析》等三篇文章。

14. 1994年：

组织成立云南省思维科学学会，并出任首任会长（连任三届）。

在云南人民出版社出版《思维基础与思维规律论》一书，提出思维的三群九条规律。

在云南人民出版社出版《效应形态论——审美世界的特质》一书，主要理论为学生时代的研究，后来根据回忆写成的多篇论文组成。

中国社会科学院编的《毛泽东对马克思主义发展的贡献》文集中收录了《毛泽东的矛盾观与矛盾分析方法》。

《中华民族精神新论》文集中收录了《简论中华民族的凝聚力》。

在《云南学术探索》公开创刊号上发表《论审美世界及其特质》,《中国人民大学复印报刊资料·美学》转载。

在《云南教育学院学报》第4期发表《论思维的三重必然关系及其意义》,《中国人民大学复印报刊资料·逻辑》转载。

《云南发展战略研究》中收录了《云南精神文明建设战略研究》。

在《哲学与文化》第1期发表《审美范畴的区别与美的定义》,第2期上发表《论辩证思维方式》。

在《云南社科动态》第1期发表《辩证逻辑的研究现状与展望》,第5期上发表《毛泽东的矛盾观与矛盾分析方法》等文。

15. 1995年:

出任哲学研究所第五任所长。组织所里主要研究力量,以社科院名义联合省委组织部、省委宣传部三家四十多人共同研究邓小平理论,形成《邓小平理论的科学体系与哲学基础》《邓小平理论与云南发展》等三卷本丛书,并获得省委书记令狐安的大力支持,后又以院长何耀华名义获得省级重大课题立项。

在云南教育出版社出版中文版、英文版《云南民族女性文化丛书》26本,丛书提出和主持者,任常务副主编,获第十届中国图书奖,全国优秀妇女读物奖,省政府二等奖。

在《云南师范大学学报》第1期发表《审美世界的特质——效应形态论》。

在《云南学术探索》第1期发表《论艺术世界的特质:效应形态》。

在《云南民族学院学报》第2期发表《〈云南民族女性文化丛书〉编成絮语》。

在《云南学术探索》第4期发表《论中华古代的思维方式》。

在《云南社会科学》第6期发表《邓小平的精神文明建设思想与市场经济体制》(笔名田辉)。

《腾飞的思考》文集收录了《从精神文明建设看市场经济的二重性》。

在《云南社科动态》第1期发表《从思维的三重必然关系看思维的三重规律群》,第3期上发表《论社会主义的经济本质与改革的深入发展》。

在《哲学与文化》第1期上发表《论三维协同的思维活动》,第2期上发表《论识别与理解》。

在《曲靖师范学院学报》第3期发表《论精神文明建设的三个层次》。

16. 1996年：

获国务院专家特殊津贴。

以哲学所名义创办中国社会科学院研究生院云南办学点，历时三年，志在为云南培养人才。

在云南教育出版社出版《精神文明建设的理论与方法》一书。

在《云南学术探索》第3期发表《辩证逻辑：从传统话语中走出》（执笔），《中国人民大学复印报刊资料·逻辑》转载。

在《云南社会科学》第2期发表《精神文明建设应上一个新台阶》发言稿。

1月1日在《中国妇女报》发表《多姿的画卷》，介绍民族女性文化丛书。

在《曲靖社会科学》第5期上发表长文《论邓小平理论的一个核心三大论域的体系结构》。

《全面抗战的胜利——抗战胜利50周年文集》收录了《抗日战争：中华民族历史力量的现实展示》。

在《哲学与文化》第1期、第2期上分别发表《初级阶段的根本问题、重要矛盾与社会推进战略》和《论改革开放的三大崛起及其相应的群己协调道德规范》。

在《云南社科动态》第1期发表《邓小平哲学立场的时代起点》，第5期上发表《先进性与广泛性相结合——思想道德建设的两手抓》。

17. 1997年：

在《云南师范大学学报》第1期发表《辩证逻辑：从传统话语中走出》（续，执笔）。

在《云南学术探索》第2期上发表《改革开放的三大崛起及其相应的广泛性道德规范体系》。

在《哲学与文化》年刊上发表《论人类认识的逻辑深化》（执笔）。

《精神文明建设与社会全面发展》文集收录了《邓小平精神文明建设思想与市场经济体制》。

在《云南日报》发表《邓小平理论：伟大的思想开创力》。

在《曲靖社会科学》第4期发表《论邓小平理论的哲学基础》。

在《昆明师范高等专科学校学报》第2期发表《辩证思维方式的实质与特征》。

在《哲学与文化》合刊上发表《论人类认识的逻辑深化》（执笔）。

在《云南社科动态》第2期、第3期上分别发表《邓小平理论的哲学基础》和《邓小平的实效哲学与中国的健康发展》。

18. 1998年：

在云南民族出版社出版《邓小平理论的科学体系与哲学基础》（主编，主撰）。

在云南民族出版社出版《邓小平理论与云南发展》（三卷本），任常务主编，请省委书记令狐安出任编委会主任，院长何耀华出任主编。

在云南大学等出版社出版《邓小平理论与云南发展》地州卷（5套），任执行主编。

在云南民族出版社出版思维学会文集《思维变革探索》文集，任主编。

在《思维变革探索》文集中收录了《论思维方式的结构与其转换机制》。

在《学术月刊》第11期发表《论熵理思维方式与可持续发展》。

在《宁夏大学学报》第4期发表《论观念本位的思维方式：信念思维》。

在《云南民族学院学报》第4期发表《邓小平精神文明建设思想：一个完整的理论体系》（执笔）。

在《江淮论坛》第1期发表《从可持续发展走向中华新文明》，收入安徽人民出版社出版的《社会发展理论研究》。

在《辩证逻辑研究文集》（全国辩证逻辑研究会编）中收录了《辩证逻辑研究要从传统中走出》。

在《社会主义初级阶段与云南经济发展》文集中收录了《股份制：劳者有其资的共有制》。在《云南学术探索》第5期发表《邓小平理论的哲学基础：范围、起点、特质》（执笔）。

在《曲靖社会科学》第3期发表《论三大类思维方式》。

在《哲学与文化》第1期发表《论思维活动的调控要素与思维方式的形成》。

在《云南社科动态》第4期发表《论邓小平初级阶段理论的历史意义》。

19. 1999年：

在云南美术出版社出版思维学会文集《思维方式与地区形象建设》，任主编。

在《晋阳学刊》第4期发表《论思维方式的调控要素与思维方式的分类》。

在《学术探索》第4期发表《法轮功与现代文明背道而驰》，《昆明日报》1999年7月30日、《云南日报》1999年8月4日同载。

在《社会主义研究》第5期上发表《邓小平初级阶段理论》一文(执笔，笔名田辉)。

在《社会科学辑刊》第6期上发表《论辩证语义运动：辩证思维方式的本质特征》。

在《上海交通大学学报》(社科版)第4期上发表《论人境生态系统的和谐发展》。

在《邓小平理论研究》第6期上发表《邓小平初级阶段理论：社会主义历史发展的觉醒》(执笔)。

《云南社科院二十周年献礼论文集》收录了《论熵理思维方式的基本思维理念》。

在《昆明高等师范专科学校学报》公开创刊号上特约稿发表《论事实本位思维方式：实证思维》。

在《云南社科动态》第4期发表《邓小平理论与云南发展》编成出版感言。

20. 2000年：

在云南民族出版社出版《中国社会发展问题探索——社会现代化的问题与解决方式》一书(与杨志坚合作)。

在《浙江社会科学》第1期发表《熵理思维方式及其基本思维理念》。

在《南京化工大学学报》第1期发表《论思维活动的心象手段与思维形态的分类》。

在《学术探索》第5期上发表《制度理性：从不发达到现代化的主导力量》。

《哲理求索选》收录了《论中华古代的生存关系与思维方式》。

《云南民族文化大省建设论》文集中收录了《从民族文化大省到生态文明建设》，最早提出云南的生态立省和生态文明建设问题。

《思维方式与地区形象建设文集》收录了《辩证思维方式的公理和规律》和《论以抽象为手段的思维形态：抽象思维及其表现》两篇文章。

在《哲学与文化》第1期上发表《哲理逻辑：从黑格尔到马克思主义的发展》。

在《云南社科动态》第2期上发表《邓小平理论与云南发展》结题综述。

21. 2001年：

在云南大学出版社出版《哲理求索录》一书，是本人的学术论文选。

在《学术探索》第5期发表《论主体本位思维方式及其改进》。

在《青岛海洋大学学报》第6期发表《论抽象思维》。

22. 2002年：

受聘于中国海洋大学人文社会科学研究院，进行马克思主义哲学研究。提出对马克思主义哲学的"人类学哲学"的新理解并列入校级课题，成了退休后的主要研究方向。从此由对马克思哲学的实践唯物论的初步理解，深入了人类学哲学的理解而今已形成系列丛书。

在《云南社会科学》第1期上发表《论当代马克思主义哲学的根本理念：实践世界观》。

23. 2003年：

主持中国海洋大学的海洋科学文化丛书，后因回昆明而中途退出。

在《中国海洋大学学报》第1期发表《论创生哲学》。

在《云南大学学报》第6期发表《论马克思哲学的实质：实践人类学哲学》，最早提出了这一问题。

在《云南社会科学》第6期发表《论马克思哲学在具体境遇上的创

新：实践人类学哲学》。

24. 2004 年：

在《中国海洋大学学报》第 2 期发表《马克思人类学唯物主义的哲学立场与哲学方法》。

在《云南社会科学》第 6 期发表《论马克思创立的实践人类学哲学》。

回云南省社会科学院，受聘于马列所任学术顾问，进行重新理解马克思的哲学研究。

25. 2005 年：

在《云南社会科学》第 6 期发表《论马克思所开创的现代新哲学：关于人类世界的哲学》。

在《东吴哲学》2005 年号发表《论人对世界的生存关系与掌握方式——依据马克思的理解》(香港国际文化学术信息出版公司出版)。

在《云南政治文明建设报告》上发表《论现代政治文明及其核心：制度文明》(执笔)。

26. 2006 年：

在《学术月刊》第 1 期发表《双质五层结构：社会文明的完整形态》。

在《云南社会科学》第 5 期发表《论唯物史观的深层实质：唯物主义人类观》。

27. 2007 年：

在《学术探索》第 5 期发表《论马克思主义传统哲学理论的困境与其出路》。

在《云南政治文明建设报告》上发表《公平正义论丛》。

28. 2008 年：

在云南民族出版社出版《马克思人类学哲学构建管窥》一书。

在曲靖师范学院讲“马克思的人类学哲学”，以既有研究与该院许鲁洲教授联合申报国家课题“马克思人类学哲学构建研究”获得立项。

在《云南社会科学》第 2 期发表《论马克思的“新唯物主义”：人类学唯物主义哲学》。

在《学术探索》第 6 期发表《马克思主义哲学：从理解马克思的双重历史任务开始》(执笔)。

29. 2009 年：

在《思想战线》第 4 期发表《对“人的生产”前提的人类学考察》，《新华文摘》2009 年第 23 期转载。

《全国马克思主义论坛丛书》第 4 辑收录了《马克思主义中国化与时代化：需要全面理解马克思》。

在《云南社会科学》第 6 期发表《从对马克思主义哲学的据点式发展跃向整体式发展》。

在《昆明学院学报》第 1 期和第 4 期上发表《论马克思人本理性哲学的本体论——人的个体生命本体论》与《马克思人本理性哲学的应用伦理关怀——生命生存生活关怀》。

30. 2010 年：

在云南民族出版社出版《辩证逻辑的历史发展与当代理解》一书。

在《云南大学学报》第 3 期发表《马克思的生态理念及其对人—境生态系统的揭示》。

在《云南社会科学》第 6 期发表《当代世界需要马克思的人本理性哲学》（执笔）。

在《理论与现代化》第 2 期发表《论马克思的人类学哲学视野》（执笔）。

在《求实》第 8 期发表《马克思从人类学视野对“人类世界”的哲学把握》（执笔）。

在《红河学院学报》第 2 期发表《试论马克思人类学的社会存在基础》（执笔）。

在《大理学院学报》第 5 期发表《试论马克思人类学思维的着力点》（执笔）。

在《曲靖师范学院学报》第 1 期发表《马克思人类学哲学构建笔谈》（5 篇）（执笔）。

31. 2011 年：

在《思想战线》第 6 期发表《论复兴马克思关于人和人类世界的哲学的合法性基础与当代意义》（特稿）。

在《理论与现代化》第 2 期发表《马克思开创了追求公平正义的人类

学哲学》（执笔）。

《生态文明研究与“两型社会”建设》文集中收录了《马克思的生态整体理念与整体性生态发展》等两篇文章（中国社会科学出版社出版）。

《纪念中国共产党建党90周年文集》收录了《西方哲学的人类学转向与马克思对人类学哲学的开创》（合作）。

在《昆明学院学报》第2期发表《论三生教育的深层底蕴：“三生理性”教育》（执笔）。

32. 2012年：

由云南省社会科学院聘任为资深研究员，回哲学所从事学术研究。

申报“马克思的生态哲学与社会主义生态文明建设研究”国家课题，获得立项。

在云南人民出版社出版国家2008年西部课题完成稿《马克思实践人类学哲学探索》一书（执笔）。

《马克思关于人和人类世界的哲学构建》一书获省出版基金资助，在中国社会科学出版社2013年出版。

在《深圳大学学报》第3期发表《西方哲学的人类学转向与马克思对人类学—哲学的开辟》（特稿），《新华文摘》第20期摘要转载。

在《云南社会科学》第3期发表《马克思哲学理念的深层意蕴》（执笔）。

在《哈尔滨工业大学学报》（社科版）第5期发表《论文明理论的发展与生态文明的提出》（合作）。

在《当代学术发展研究》第10期上发表《论马克思生态哲学的产生与特质》（合作）。

在《昆明学院学报》第2期发表《论思维的三重制约关系与辩证思维方式》。

总计：已出版学术著作15部，主编6部（套），完成各级课题8项，发表论文180余篇。

三、历年主持完成并通过的课题

1. “对武定地区的人境系统分析”（国家科委课题子课题，1988年）。

2. “社会主义初级阶段的矛盾问题”（云南社科院课题，1988 年）。

3. “九十年代云南精神文明建设的发展问题”（云南社科院“七五”课题，1990 年）。

4. “云南精神文明建设发展战略”（云南省政府“发展战略”课题的子课题，1991 年）。

5. “邓小平理论及其在云南的实践”（省级重大课题，1998 年）。

6. “马克思人类学哲学构建研究”（国家西部课题，课题首席专家，执笔完成，2008 年）。

7. “马克思的生态理念与当代技术——生态文明建设”（省委“马工程”课题，2009 年）。

8. “马克思生态哲学与社会主义生态文明建设研究”（国家西部课题，2012 年），专著已成。

四、社会兼职

被选为全国辩证逻辑研究会、中国思维科学学会、历史唯物主义学会、人天观研究会等学会的常务理事，云南省思维学会会长。

五、其他

1. 小说：《旅途》，载《文艺红旗》（原《处女地》）1959 年第 5 期。

2. 书评：《一个重要的开拓：评〈当代教育哲学〉》，载《云南出版工作》1990 年第 3 期。

3. 译文：《为了人类社会的信息化》，载《哲学与文化》1992 年第 1 期。

4. 回忆：《从学“理”跳向学“文”——我在云南大学工农预科的转变》，收录《山国的儿女们》（文集），云南大学出版社 1998 年版。

5. 回忆：《我的学术生涯》，《哲理求索录》的后记，云南大学出版社 2001 年版。

6. 学术自述：《唯真理是求，格正义而张》，收录《云南省社会科学院专家学术自述》，云南人民出版社 2008 年版。

图书在版编目（CIP）数据

苗启明学术文选 / 苗启明著. —昆明：云南大学出版社，2014（2015 重印）
（云南文库 · 学术名家文丛）
ISBN 978－7－5482－1622－3

Ⅰ. ①苗… Ⅱ. ①苗… Ⅲ. ①马克思主义哲学—哲学人类学—文集 ②马克思主义哲学—文集 Ⅳ. ①A811.63－53 ②B0－0

中国版本图书馆 CIP 数据核字（2013）第 179543 号

出 品 人：周永坤
统筹编辑：柴 伟 陈 曦
责任编辑：刘 焰
责任校对：严永欢
封面设计：郑 治

书 名	苗启明学术文选
作 者	苗启明 著
出 版	云南大学出版社 云南人民出版社
发 行	云南大学出版社 云南人民出版社
社 址	昆明市翠湖北路 2 号云南大学英华园内
邮 编	650091
网 址	www.ynup.com
E-mail	market@ynup.com
开 本	787mm×1092mm 1/16
印 张	21.25
字 数	326 千
版 次	2014 年 5 月第 1 版 2015 年 8 月第 2 次印刷
印 刷	昆明卓林包装印刷有限公司
书 号	ISBN 978－7－5482－1622－3
定 价	64.00 元